进藏第一村

唐大山

XZCB 西藏人民出版社

2021年西藏自治区文艺创作扶持项目

图书在版编目（CIP）数据

进藏第一村 / 唐大山著 .-- 拉萨：西藏人民出版社，2022.12

ISBN 978-7-223-07325-7

Ⅰ.①进… Ⅱ.①唐… Ⅲ.①农村—社会主义建设—概况—西藏 Ⅳ.①F327.75

中国国家版本馆CIP数据核字（2023）第126678号

进藏第一村

作　　者	唐大山
策　　划	苏远尚
责任编辑	李　慧
封面设计	旦真那杰
责任印制	缪　攀
出版发行	西藏人民出版社（拉萨市林廓北路20号）
印　　刷	拉萨市明鑫印刷有限公司
开　　本	787×960　1/16
印　　张	28.5
字　　数	320千
版　　次	2024年12月第1版
印　　次	2024年12月第1次印刷
印　　数	01-1,000
书　　号	ISBN 978-7-223-07325-7
定　　价	68.00元

前 言

党的二十大报告指出："全面建设社会主义现代化国家，最艰巨最繁重的任务仍然在农村。"这一论断为全面推动乡村振兴提供了根本遵循和行动指南。

2020 年 1 月至 2021 年 3 月，作为西藏日报社派驻西藏自治区昌都市芒康县朱巴龙乡工作队领队，我在金沙江右岸的朱巴龙村度过一年多的驻村时光。我在做好工作的同时，结合乡村振兴实践，创作了纪实文学作品《进藏第一村》。该书以朱巴龙村为切入点，以点带面描绘了藏东大地在社会主义新时代发生的精彩变化，展示了生活在这片土地上的人民昂扬向上的精神风貌。

我为这部纪实文学作品取名《进藏第一村》。通过 318 国道或者说川藏南线进藏，自东向西穿过金沙江大桥，即到朱巴龙村，是名实相符的进藏第一村。全书以朱巴龙村为坐标，在面上铺展开来，形成村村比着干、周边取经验的乡村振兴图景。该书在描绘发展画卷的同时，注重结合历史，使美丽乡村建设有了纵深感。

《进藏第一村》，是西藏践行党的二十大精神的缩影。该书抓住乡村振兴这条主线，刻画了广大群众在驻村工作队带领下，学习贯彻习近平新时代中国特色社会主义思想和新时代党的治藏方略，建设美丽幸福西藏、共圆伟大复兴梦想的生动实践。全书处处体现出雪域高原的风土人情、历史掌故和山水之美，字里行间洋溢着对大美西藏的挚爱和对人民群众的深情。

序

听说大山再次驻村，我既惊讶又高兴。惊讶的是，按照他的年龄，已不在驻村人员之列，况且2012年他在芒康县山区驻过一次村；高兴的是，他每次蹲点，在完成既定工作任务的同时，必有文学上的收获。

事实正如我想，这次去金沙江畔的朱巴龙驻村，是他主动请缨的。原定一年驻村时间，由于突发疫情和村“两委”换届等因素的影响，他在朱巴龙村工作生活了一年多。他返回拉萨时，带回来的除了朱巴龙村乡亲们的深情厚谊，还有手写的书稿，这是沉甸甸的成果，也凝聚了他的心血。

翻阅纪实文学作品《进藏第一村》，我感到大山真是文从心出。这本书以金沙江西侧的朱巴龙为中心，辐射方圆百里的地方，对康巴地区的风土人情予以万花筒式的呈现，歌颂了劳动人民的淳朴善良，道出了基层干部的酸甜苦辣，描绘了乡村振兴的精美画卷。这是新时代的乡村记录，更是西藏人文风俗的真实描摹。

说康巴，道康巴，康巴是个好地方，自从进入新时代，山乡处处变了样。从318国道进藏，朱巴龙可说是金沙江的咽喉要道。独特的地理环境，低海拔的区位优势，赋予了朱巴龙别样的魅力。上山采松茸的村民、头脑活络的生意人、在此施工的桥梁建筑者、五湖四海的游客，他们的经历充实了朱巴龙的内容，他们的故事为朱巴龙锦上添花。

如果把目光局限于朱巴龙，那就不是大山的视野。《进藏第一村》不仅书写了朱巴龙发展变化的精彩华章，而且把视角延伸到西藏的林芝、四川的巴塘和云南的香格里拉，以一种宏阔的视野呈现了在党的领导下民族地区发生的翻天覆地的变化。文字中流淌的是人民安居乐业、社会和谐吉祥、各民族水乳交融的生动图景。大山在驻村期间，以自身为线索，把天南地北与进藏第一村连接在一起。

我识大山多年，实事求是地说，他的文采谈不上飞扬，但字里行间浸润着朴实与挚情；他的文学专著不多，但每一本书都是秉持初心写就；他在为人处世上不会高谈阔论，却用心采撷生活中每一朵带有诗意的浪花。西藏以驻村为素材的作品有一些，但《进藏第一村》却写出了新意，从琐碎的日常生活中，发现了浪漫和美好，一篇篇美文倾注了作者满腔的热情，勾勒出时代的画卷。文学作品并不仅仅是呈现，更需要人文的关怀与爱，唯有如此，文学才可以绵延不止。

大山，正如作者的名字，在文学道路上艰苦跋涉，耗去时间、生命，只为赢得一次辉煌。

2024 年 3 月 28 日

目录

前言 ……………………………………………… 001
序 ……………………………………………… 001

朱巴龙村

进藏第一村 ……………………………………………… 003
竹与朱 ……………………………………………… 006
学弦子舞 ……………………………………………… 010
受欢迎的培训 ……………………………………………… 014
这样帮扶挺带劲 ……………………………………………… 017
画出生活的色彩 ……………………………………………… 019
鱼儿尽情游 ……………………………………………… 022
卡玛组 ……………………………………………… 024
隔壁扎西 ……………………………………………… 027
生意经 ……………………………………………… 033
洒水员达瓦 ……………………………………………… 036
分红 ……………………………………………… 040
次旺杰美 ……………………………………………… 043
小翻译 ……………………………………………… 046
教育理念 ……………………………………………… 049
琅琅书声 ……………………………………………… 051
养护更重要 ……………………………………………… 053

秋味······056
菌子山······059
学党史······064
金沙江畔龙字多······067

驻村点滴

一路向东······073
驻村队员······077
爷们过日子······081
我们仨······084
拉水······088
做饭······091
松茸······093
小虎上山······096
进山方知情深······099
向秋麦朗······103
遇见曲珍······107
人口普查员······110
楚通组扎西······112
不要心慌······115
逃避噪声······118
别发了······122
坐班车去索多西······124
巡山······127

南来北往

川藏南线……133
夫妻游……135
圆梦……137
空乘的祖国观……141
宁静的芒康……144
眺望澜沧江……146
百年藏寨……149
如美烈士……151
格松江措……153
千年盐田……156
偶遇……159
听课……164
巴吉村……168
客车胡师傅……179
徒步自林贡村……182
吉村和拉姆……186
小桥流水人家……189
水磨沟小憩……192
驴友相逢……195

康巴风情

说巴塘……203
故乡……206
把家背在身上……209
阿姐……211
羊皮……214

错觉……216
登增土邓……218
耍坝子……221
圆舞曲……223
川藏一家亲……225

社会人生

乡村政治……231
带着使命竞选……236
扎西格乃的时间观……239
熏陶……242
护桥人……245
大篷车……248
卖菜者……252
父子工……255
兄弟……258
打桩人……260
捞锤子……264
牧民是亲人……268
友增的爷爷……272
西藏缘……275
援藏情……279
心中有盏灯……282
考研……284
单位……287
老编辑……289
老同志……294

送报刊……297
说话……300
头疼……303
装窗帘……305

全民防疫

钢架桥……311
过节……314
圆圈会议……316
山旮旯里的防疫……320
分餐术……323
送补给……325
云登老人……328
隔离……331
握手……334
牵挂……337
大黄狗……340
防疫不易……345
战士……347

感悟随笔

金沙江……353
用江水洗把脸……357
糌粑……360
根……362
卷柏……364
蝉……366

夜空……368
笔晕……371
启迪……373
听老杨说……375
知天命……383
梁家河……388
百年树党……391

家人亲情

情为何物……395
耐得住寂寞……398
瘦了……401
这一趟……405
格桑花……408
父与女……411
女儿飞……416
纸玩具……420
身教胜于言传……423
写给父亲的一封信……426
母亲的梳子……428
朝西看……432
那棵柳……435
热爱春天……438

后记 ……441

朱巴龙村

进藏第一村

金沙江西岸，西藏自治区昌都市芒康县朱巴龙；金沙江东岸，四川省甘孜藏族自治州巴塘县竹巴龙。

来之前看地图，怎么都看不明白。

当我站在金沙江畔时，这个困惑终于解开。

四川和西藏虽然是两个省区，但藏族长期居于此，古往今来金沙江两岸各民族居民交往交流交融，茶马古道不停地驮运着祖国内地和西藏各有所需的羊毛、皮革和盐巴、茶叶。在这里过江是商人共同的选择，起初在此逗留之人自然而然成为摆渡人。久而久之，他们在两岸定居，形成村落。此地本无名，当人们谈论它的时候，便顺口说道“朱巴龙”，即“船夫居住的地方”。

民国时建西康省，两岸的朱巴龙人干的是同一个行当，常常被看作一个村子的两个组成部分，他们相互亲戚交织，走动频繁。

后来撤销西康省，居住在江西的朱巴龙人成为西藏自治区居民，居住在江东的竹巴龙人成为四川省居民，同为中华人民共和国公民。

有意思的是江两岸地名的对应汉字。毫无疑义，两边的名称藏文是相同的，“朱巴龙”是藏语音译。隔江相望的两个村落，名称完全一致，分属两个省区，在汉字上予以区别是必要的。四川先用“竹巴龙”三个字，也有用“竹巴笼”的，甚至出现过“竹笆笼”的写法。或许，西藏这边的村子也这样用过吧。尤其是芒康县意识到这样用不方便，例如，无论说还是写“竹巴龙乡”，都搞不清楚是江哪边的竹巴龙，特别是在文字书写和地理标识方面。于是乎，西藏有人提议用“朱巴龙”三个字命名金沙江西岸的村落。一旦形成规定，外地人一看“朱巴龙”三个字，就知道指的是江西岸西藏的朱巴龙；见到“竹巴龙”三个字，就清楚指的是江东岸四川的竹巴龙。现在金沙江大桥西端竖的地理标识，所指即朱巴龙乡。

远眺朱巴龙村（唐大山／摄）

也许是地缘情结的原因吧，西岸的朱巴龙乡对“竹巴龙”三个字有特殊感情。站在乡政府大门前，人往往莫衷一是，两边挂着一串名称，关键词都是“竹巴龙”，如“西藏芒康县竹巴龙乡人民政府”。挨着乡政府的是学校，名称为“朱巴龙乡中心小学”。

我翻阅西藏日报社驻朱巴龙村工作队的材料，封面上书写的都是“竹巴龙村”字样。我问村党支部第一书记西热多吉，“朱”和“竹”哪个字用起来合适。他的回答是，“竹”字看起来舒服些。这种看法不仅是他个人看法，也是乡领导和大部分村民的感觉。乡政府门前的名称和乡里公章的用字足以说明这一点。

无论城镇还是农牧区，一些西藏地名音译对应汉字长期存在混乱现象，同一个地名往往出现两个甚至更多不同的汉文名称。这种现象给人们的工作生活带来不便。两千多年前秦朝能在全国范围内统一文字，新时代的西藏在这方面也要做到规范使用。

地名的规范是必须的。就像金沙江两岸的“朱巴龙”和“竹巴龙”，因为具体归属的省级行政区划不同在用字上区别开来是现实需要。

西藏周边有无数村落可称为“进藏第一村”。由于自东而来的318国道越过金沙江大桥就是朱巴龙村，把江西岸的这个村落叫作“进藏第一村”符合现实。同样道理，对经由318国道出藏的人而言，把江东岸的竹巴龙村叫作“入川第一村”也未尝不可。

竹与朱

村委会建好了，按照惯例，上面有一行包含村名的大字。

是竹巴龙村还是朱巴龙村，一直纠结着人们。我倾向用朱巴龙村。一是因为江对面有个竹巴龙村，一江之隔的这边再出现个竹巴龙村，极易给国道上过往的人们造成混淆；二是当初芒康县民政局登记时写的是朱巴龙村，它的“身份证”上是朱巴龙村；三是在中国地图上，金沙江东岸为四川省甘孜藏族自治州巴塘县竹巴龙乡，西岸是西藏自治区昌都市芒康县朱巴龙乡。

我在这里驻村，对此类事情可表态但不宜做主。我担心村名的藏语意思明确但书写出来的汉字不同，有的地方用“竹”字，有的地方用“朱”字。

在大家讨论即将竖起的字的大小与颜色时，我问乡党委书记：“我们的村名用竹子的竹还是朱红的朱？说这里是进藏第一村，要避免到时出现用字混乱现象。”

乡党委书记给出权威答案：“用朱红的朱。乡里的公章刻错了，现在报的材料用的是竹子的竹，等全面建成小康社会，乡党委和政府公章上的用字都得改过来。”

我长吁一口气，有了他的这番话语，朱巴龙村的牌子能够高高竖在金沙江边。

施工的一拨走后，装潢的一拨来了。

村委会大门两侧要挂起三个牌子。那段时间，我盯着村名用字，三块牌子分别写着中国共产党西藏芒康县竹巴龙乡朱巴龙村支部委员会、西藏芒康

朱巴龙村党员群众活动中心（卓玛／摄）

县竹巴龙乡朱巴龙村村民委员会、西藏芒康县竹巴龙乡朱巴龙村村务监督委员会。

天啊，这三块牌子上的用字够丰富的，我担心的混乱现象出现了：同一行大字，上“竹”下“朱”，这让过往行人尤其是背着书包的小学生怎么看呀？

我找到装潢方负责人：“你们这两个字用得奇葩，乡是竹子的‘竹’，村是朱红的‘朱’。我怎么看都别扭，你没有这个感觉吗？”

负责人年龄不大，能力较强：“我们往上贴时注意到两个字的不同，专门询问上级，他们两次发过来的都是同样内容。你看，在我微信里存着呢。我们是干活的，你们提供什么样的字，我们做什么样的字，不会乱改，也不敢乱改。这不是问题，以后县里说改，把竹子的‘竹’换成朱红的‘朱’就可以。”

我无语，尽管看着“竹”“朱”两个字心里疙疙瘩瘩，只有默然接受它们虽不协调却能共存的事实。

村委会里的“竹”与“朱”就这么存在着，工作中的“竹”与“朱”却不安静。

我来朱巴龙时，在给村民开的证明和材料上写的是“竹”；弄清“竹”与“朱”的原委后，我坚持用“朱”。在乡政府开会的签到簿上，只有我写着“朱巴龙村工作队”，其他人涉及这个字都用“竹”，如此用字加深了人们对我固执的认知。

在村里，材料多出于第一书记之手。我俩讨论过村名用字，我表态用“朱”，他说“竹”看起来舒服。经他审过的材料，均为“竹巴龙村”。我写的一些材料用的是“朱巴龙村”，展示出来的成品变为“竹巴龙村”。如此用字可见朱巴龙大地上的人们对“竹”字的深情。

朱巴龙村“两委”换届期间，县委组织部换届办公室工作人员到村里检查材料。他看完材料，发现村名在文字上的差异，多数材料用“竹巴龙村”，有些材料用“朱巴龙村”，所有材料上面盖的公章均为“竹巴龙村”。他让第一书记解释原因。

这个原因我俩都清楚，上级清单列的材料多，我们突击补。在我补的材料中出现的是“朱巴龙村”，第一书记没来得及审查，结果“竹”和“朱”轮番上阵。这一次，“竹”和“朱”的混乱用法，别说上级检查不批评，就是自己都看不下去。

检查组离开后，我和第一书记继续讨论村名用“竹巴龙村”还是“朱巴龙村”。

检查组的提醒是善意且必要的，我俩似乎有苦难言。第一书记说：“想不到两个字给工作带来这么大问题。我俩不能各行其是，观点不同虽没影响团结，却给工作带来混乱。你是队长，你说我们该用哪个字。”

他一直用“竹”，这句是顺口说的客气话。不管什么话，我有问必答：“我说用朱红的‘朱’，原因不复述。”

“我们之前材料用的是竹子的‘竹’，要用朱红的‘朱’，需全部重做，工作量大，还浪费纸张。”

“集体经济朱巴龙乡两河砂石开采有限责任公司的章子上以前的用字刻错了能改过来，村支部和村委会的章子早该重刻。我们再‘竹’‘朱’不分，会一错再错。”

“过年了，现在刻章来不及，主要涉及所有材料，麻烦，等村‘两委’换届结束再刻章吧。哦，队长，乡政府要求村委会在路口设防控疫情标识，你看村名用竹子的‘竹’还是朱红的‘朱’？”

我不知道如何作答。他自言自语：“用竹子的‘竹’吧。要是用朱红的‘朱’，到时来检查的又说我们用错了。”

一天上午，我坐在村委会大门外值班，一家人高高兴兴地从面前经过。

小女孩注意到我的存在，回头看一眼，又往村委会上方望望。

“爸爸，村委会上面的‘朱’是朱红的‘朱’，路旁的‘竹’是竹子的‘竹’。我们小学是朱红的‘朱’，挨着的乡政府是竹子的‘竹’。是乡政府用得对还是学校用得对？我们村该用哪个字？”

“不管哪个字，都是上级写的。你按时完成家庭作业，好好学习就行了。”

学弦子舞

“大山，现在是舞蹈老师和大家一起自由跳环节，快去吧，错过今天会后悔的。”

队友的怂恿只是诱因，我一边观舞一边寻找展示才华的机会。

为了迎接西藏全区首届弦子舞表演，朱巴龙乡政府从芒康县文工团请来两位舞蹈老师达珍和拉珍，教全乡参演选手跳舞，为期三天，地点选在朱巴龙村村委会大院。

作为舞蹈爱好者，我加入了训练队伍。

我对弦子舞不陌生，跳起来却是第一次。

看着他们手舞足蹈，我觉得能学会。我学过锅庄，虽未成才，对步法略知一二。我问从拉萨来的西热多吉，他说，弦子舞与锅庄不一样，步法是两个概念，即使会跳锅庄，弦子舞也要适应一下，才可能跳得像模像样。

开始，右脚在地面轻轻踏两下，小腿抬起，向内弯曲，收回，放下，左脚接着重复右脚的动作。这样随大溜跳两圈，感觉对没有舞蹈天赋的我来说，照葫芦画瓢，同样能掌握要领。

在看似简单的起步阶段，我的动作却显出不规范。在小腿放下的瞬间，我是直来直去踹在地面。多数男选手在放的过程中，小腿顺其自然向外弹出一个弧度，再收回放下。这个细小的差别给观众的感觉不同，跳得好的人留下的是形体美，我给人的印象是动作生硬。

我与这些青春舞者围成圆圈跳起来的初衷是锻炼身体并收获快乐。舞蹈的前半部分节奏相对舒缓，动作能模仿得差不多。越往后节奏越快，动作幅度大起来，加上连续不同方向的旋转，我手足无措，弄不清楚左转几圈右转几圈。

我的愿望很快实现了。第三天是星期六，乡党委书记扎西格乃一家来看排练。欣赏一会儿，他给两位舞蹈老师建议，出场时男女两列从不同方向相对而来，男演员手拉弦胡边舞边唱，女演员轻轻挥动衣袖在歌声中出场。不管男女，要让跳得好的、唱得好的、形象好的靠前站，很快舞成一个圆圈，给观众的第一印象相当重要。

对照三好标准，我一个不占，只好自觉走到后面。

舞蹈老师看到我坚持训练，面露难色。

扎西格乃对我笑笑，似乎说，反正不参加正式演出，想练就练吧。

我赖在队列中，无意中看到乡政府练舞组织者赵建英和艾永雄着急地盯着我，一个抓耳朵，一个挠腮帮。他们担心我影响整体效果。

我一闪身撤出即将开始排练的队列。舞蹈老师和扎西格乃几乎同时送我一个微笑，不远处的赵建英和艾永雄向我竖起大拇指。

与观众在一起，我得以换个角度看舞蹈。朱巴龙村的达瓦是舞者中年龄最大的，1972 年人，比我小三岁。我之所以勇敢地参加训练，在一定程度上受他的影响。他能舞起来，我就能跳起来。再一看，同是跳舞，他舞步不乱，旋转及时得当，动作规范。往后退时，他腾出手来抹把额头的汗。他虽然努力，跳得也好，但在体力上已减当年。

达嘎顶村的达瓦正值跳舞好年龄。开始我认为他的动作有些夸张，弹出去的小腿弧度比其他人大得多，旋转时两腿动作快而美，手中的弦胡剧烈抖动，跳到激动处发出一声吼，弦子舞的动感、美感和震撼与之俱现。

达瓦跳得好很快被舞蹈老师的慧眼发现，他成为男子队列中的排头。练完一曲，不管康巴汉子还是女子，大都擦着脸上的汗找地方休息。达瓦水都不喝，他趁此机会向老师讨教。拉珍高兴地给他开了几分钟小灶。

拉珍说，康巴地区人人会跳弦子舞，有的跳出气概和美感，有的是随心所欲。像达嘎顶村的达瓦，他有基础，又用心去跳，给他一说需要改进的地方，立竿见影。换个角度看，从县里来教舞，能发现一些有歌舞天赋的农牧民演员，只要有平台，他们就能提高技能、充实自我，同时给群众带来欢声笑语，丰富农牧区的精神文化生活。

坐在我身旁的是草地村的扎巴，他拨弄着弦胡。我问他这种乐器看起来像二胡，又有些像弦子，是不是当地人就给它起名叫弦胡。他给我说几遍手中乐器的藏语发音，其他方面和我一样不知其所以然。后来一想，不必纠结，能知道弦子舞中男演员拉的是弦胡，接近专业了。

正与扎巴等人聊着，再次听到赵建英喊我加入自由跳舞的圆圈中。这不是排练的内容，却是康巴人熟悉的舞蹈。

看到我回归舞队，圆圈中发出善意笑声，和音乐融在一起，合奏出一首独特的圆舞曲。

我学舞的态度是认真的，跳舞的情形让人忍俊不禁。为了学得真切，我跟在拉珍后面，模仿着她的动作伸手前行、顿脚旋转。同样一个动作，在她

学弦子舞（唐大山／摄）

那里让人赏心悦目，在我身上令观众捧腹大笑。她利用一个舞蹈动作给我一个笑脸，应该是鼓励吧。我自嘲乱跳，她说可以自由发挥，跳出身心的喜悦就达到舞蹈效果。

自由舞结束，观众对我大声说跳得好。

舞场上的我尽管是个丑角，但用真诚对待自己、用善良对待他人，“与众乐乐”，同样是一种享受。

受欢迎的培训

为了发扬光大弦子舞，传播优秀传统文化，芒康县文化局举办国家级非物质文化遗产弦子舞培训班，地点选在朱巴龙村村委会。

弦子舞为民族舞蹈，西藏芒康和四川巴塘一带的弦子舞具有代表性。朱巴龙乡参训的50名学员均有基础。师生先在二楼会议室演奏，后在大院里排练。

刚来到芒康时，我对这种弦子的声音不适应，甚至想起一句古诗“呕哑嘲哳难为听”。它听起来单调、枯燥，与其说是乐音，不如说是噪声。

转而一想，既然是国家级非物质文化遗产，老师教得那么投入，学员学得那么有劲，其中必有吸引人的地方。

带着这种心理，我与乡政府组织人员艾永雄泡在现场，坚持让这种难以接受的弦子声敲击着耳膜。听了一上午，我没享受到快乐。临近中午，觉得不那么刺耳，勉强能够接受。下午接着听，感觉不一样。我听到的好像不是弦子的声音，而是当地人的一声声倾诉。

这种声音苍凉中蕴含着雄劲，雄劲中渗透着一丝苍凉。他们演奏的是弦胡，拉出的是芒康山区特有的风情。

藏东川西一带在地貌上要么高山横亘，要么峡谷纵贯。恶劣的生存条件造就了康巴人的性格，即苍凉与雄劲兼具。天苍苍，野茫茫，举目四望心悲凉。为了活下去，他们战天斗地扎下根，自然而然生发出一种英雄气概。天长日久，这种苍凉与雄劲融入民族歌舞，就是弦子舞。

专心练习的学员（唐大山 / 摄）

跟着听几天，我想体验一下过把瘾。这种拉弦乐器和二胡相似，当地人直呼“弦胡”。我拉几下，不得法。旁观者听不下去，直言“别拉了”。多么奇怪，同一种乐器，在他们手中时而如泣如诉，时而如万马奔腾；在我手中，拉出的声音让人难以忍受。

我对艾永雄说：“想不到这种培训挺受欢迎。”

“这次参训学员基本上是参加过西藏自治区首届弦子舞展演和昌都解放大庆文艺演出的村民。他们有基础，愿意学，况且每天有补助。”

“多么好的事，村民接受培训，拉拉唱唱跳跳，还有补助。具体有什么补助，标准是多少？”

“每人每天生活补助 80 元，误工补助 100 元，合计 180 元。”

休息时，我看到尼玛仍在自得其乐地练习。待告一段落，我说：“你是村主任，带头学。”

“我从小喜欢弦子舞，自我感觉拉得跳得还可以。参加几次正规培训，对照老师教学，发现自己有拉得不准、跳得不规范的地方。”

“你觉得现在的弦子舞和小时候的弦子舞有没有区别？”

“区别不大，还是有的。主要是在唱词方面，县文工团的老师教了一些反映新时代幸福生活的内容，听着真实俏皮入耳。老词里一些缺少生命力的内容没人喜欢唱，慢慢淘汰了。”

“参加培训的学员有补助，有没有滥竽充数的？”

“朱巴龙乡想提高舞蹈水平的大有人在。县里给50个名额，乡里把名额分配到五个村，每个村再分给小组。你想想，能参加的是跳得不错的。平常对着手机里的教程能学，没有真人教得好。”

“以后类似的培训还参加吗？”

“只要有机会，没有补助也参加。这样的培训，我们都欢迎。”

这样帮扶挺带劲

下午两点半，手机嘟嘟地响了，我心想是村民打过来的。

瞄眼号码，显示是贵州的，接通："你好，请讲……"

"我是给你们村送智能光伏发电机的，两个小时就到了。请你把接受帮扶的人召集到村委会，统一发放，谢谢！"

四点刚过，一男一女驾车来到西藏自治区昌都市芒康县朱巴龙村村委会。

男的挺爽快："我叫刘刚，她叫张琴。在分发前，我给他们说一下这次帮扶政策。"

我挥手："尽管说，他们听得懂。"

刘刚开讲："这次帮扶是落实国家光伏巩固脱贫成果要求，解决农牧区用电困难，节约电费，建设美好乡村，我们送过来的智能光伏发电机市场价4980元，政府每台帮扶3100元，申请户只需出1880元，为了避免出现受帮扶人高价转让倒卖现象，申请人要填写身份证号码和名字，此次帮扶为限时量帮扶，你们已在规定时间内向村委会申请，每户限购一台。"

村主任尼玛："你们太快了！昨天下午看到村组群里的通知，我报名申请一台，今天就到了。"

我有同样感触："昨天晚上我把帮扶信息收集好，今天上午让组长签字，10点多把申请表拍照发给你们，下午就见到货，比快递还快。"

刘刚说："我给你打电话时，在索多西乡的达海龙村，你们的申请表传得及时，不然的话只能下次送过来，那是一星期之后的事。"

张琴把申请人喊到一起，打开一台智能光伏发电机，为他们讲解："这里有说明书，我给大家说一下注意事项。这次帮扶的智能光伏发电机轻便，光伏板是折叠式的，便于去牧场、耍坝子使用。正常情况下6个小时蓄满电，阴雨天也能蓄电，只是慢些。第一次充电要充满，像使用新手机一样，如果充一半，以后就充不满了。要保护好主机，不能被风吹日晒雨淋。不要同时使用两种电器，比如，插上电视机，不要再用洗衣机，最好轮换使用；不要连接烧水壶等功率超过1500瓦的电器。"

看着机身上标示的深圳晶昶能新能源有限公司和青藏高原专用光能发电机标识，我明白这是为农牧民量身定制的新产品。村民非常喜欢这类物美、价廉、实用，还送货上门的智能光伏发电机。

想起前不久收到政府无偿发放的光伏发电机，我问尼玛："上次的光伏发电机不收钱送到家，这次虽然送上门却象征性地收些费用，你觉得值不值？"

"政府送给农牧民的东西很多。近期，低保户从乡政府领来砖茶，西藏自治区代表团在庆祝昌都解放70周年活动时赠送盛糌粑的黄金罐，家家都有。一星期前获得的光伏发电机，是政府送的，说是给不通电的村。全乡700多户，送来400台，不通电的草地、达嘎顶和松瓦三个村每家都发了。朱巴龙和西松两个村通了国网，也领了不少光伏发电机，但不像那三个村每家都能分到。在分配时，村干部犯了难：不要钱的东西，像从天上掉下来的馅饼，都想要，家里通了国网，也可以用光伏发电机，省电费。只好采取抓阄方式，才解决分配难问题。这次帮扶的光伏发电机更先进，好携带，每台收些钱，想要的不在乎这1000多元，不需要的没意见，多好的事。"

"政策好而多，但如果躺在金沙江边晒太阳只想着等靠要，反而养出懒汉来，结果适得其反。如今我们已脱贫，但巩固脱贫成果，还有很长的路要走。"

"我们知足。上级如将落实优惠政策与调动群众的主观能动性结合起来，哪个人都不能坐享其成，哪一家都会想着把日子过好，哪个村都不愁发展。"

看着尼玛和几个正在往车上搬智能光伏发电机的小伙子，我和刘刚、张琴欣慰地笑了。是呀，帮扶必不可少，能帮出干事创业的精气神，调动大家共同参与建设团结富裕文明和谐美丽的社会主义现代化新西藏。

画出生活的色彩

村委会大院里有四个人正在忙碌着，地上放着五颜六色的盒子，里面装着液态颜料。

老村委会在2018年被金沙江堰塞湖泄出的洪水冲击，已成危房。新村委会主体工程2020年春节前已完工，但受疫情影响，附属设施及彩绘等停工。今天来了彩绘人，我们对搬进新村委会有了盼头。

他们把彩绘叫画画，通俗易懂的说法。邓增是工头，他边干活边与我聊着。

“我今年32岁，画画已有十多年。”

“你是哪里人？”

“帮达的。”

“我熟悉那个地方，每次来芒康或者从芒康回拉萨，邦达都是必经之地，茶马古道上响当当的地名。”

“你说的是八宿县的邦达镇，我说的是芒康县的帮达乡。”

“我在这里驻过两次村，不知道芒康县有个帮达乡。”

“那么有名的地方，你不知道？”

“想起来了，那里走出了响彻康巴大地乃至西藏的大商人。”

“是我们家乡的。”

“你怎么学起画画的？”

“帮达乡挨着盐井，那一片以前是出商人的地方，如今好多人会做生意。我长得壮，不通那一行，家人让我学唐卡。芒康县南部的人，很少有闲着的。

这有传统做生意的因素，也与政府鼓励发家致富有关。开始给人家房子画画，我觉得身上被颜料溅得花里胡哨的，心里有些不舒服。慢慢地，我喜欢上画画，因为房子在画前与画后区别很大。画前虽是新房，只是新房；画后的新房，藏族风格鲜明，给人一种美感。现在，画画是我掌握的一个技能，也是我吃饭的行当。”

“给村委会画画和给其他建筑画画一样吗？”

“给村委会的房子画画简单，图案是常见的几种。有的需要用墨线弹出标记，有的凭感觉就能画好。生活富裕了，讲究的人家越来越多，他们把房顶和四周的图案设计成一个整体，对花纹的要求精致，看起来有种富丽堂皇的感觉。

“你们的工钱怎么算？”

“他们每人每天有 300 元的收入，由我支付。这只是村委会的附属建筑，我把这部分的画画包下来，3000 元。上面的房檐 1 米 40 元，窗户周边有具体的计价标准。我们今天中午来的，明天下午三四点能画完。”

“画完了回帮达乡吗？”

“去芒康县城，那里有活等着我们，后天可以干那边的活。这里的画画算小活，在两项大些的工程间见缝插针就干了。”

“你们今晚住哪里？”

“住在村委会的房子里。我们车里装着被子。”

“在哪里吃饭？自己做？”

“江对岸有馆子，到那边去吃。”

“有意思，你们在金沙江这边的西藏干活，去金沙江那边的四川吃饭。”

邓增摊开花花绿绿的手：“叔叔，哪里有水可以洗手？”

“这么多颜料能洗掉吗？”

“这种产品发明四五年了，我不知道叫什么，反正不是涂料，也不是漆。我手上的东西暂时洗不掉。如果一下能洗掉，我们画在上面的画，遇到雨水就跟着掉了。实际上，我第一次用这种颜料画的画，现在看起来还像刚画上去的一样。”

“它会永远长在你手上？”

“要是那样的话，这么多房子，手比墙还厚。过两三天，它在手上干了，慢慢揉搓，能掉完。”

看着他浑身上下色彩斑斓的颜料，我忽然意识到，他们用彩绘技艺给千家万户送去赏心悦目的颜色和图案，也为自己的生活画出美好幸福的色彩。

鱼儿尽情游

近年来，渔政部门在一些江河地段进行增殖放流已成常态。

2020年8月3日上午，我有幸目睹一次渔业增殖放流全过程。牵头单位是西藏自治区农业农村厅，增殖放流地点在朱巴龙村村委会前的金沙江边，放流鱼类是短须裂腹鱼和四川裂腹鱼。

我蹲在塑料袋旁，观察这两种鱼的幼苗。它们约两指长，长条形，看起来和我家乡的鱼儿无异，实质上差别很大。首先是生活环境不同。放流鱼生活的水温较低，短须裂腹鱼喜欢在河川急流中戏耍。在了解它们之前，我曾对着浊浪翻滚的金沙江面感慨，虽然“子在川上曰，逝者如斯夫”，你也不必手忙脚乱地前行，在这又急又凉的江水中，能活下去吗？现在看来，我的担心是多余的，一方水土养一方人，一方水土同时养着一方鱼，此地特有的鱼儿必须在这种环境中才能生存。如果怕它冷、怕它被急流冲晕，把它们放在水温高出10℃且水流平缓的淮河中，并让我家乡的鱼儿陪它们嬉戏，它们会非常痛苦，很快死去。鱼是这样，牛也是这样。我在村委会附近没见到牦牛。这里海拔2500米左右，夏天温度有时可达33℃，牦牛在这种环境中会热死。当然，在海拔三四千米的牧场，牦牛生活得很自在。作为人，对温度同样敏感。我在西藏工地上见到一些四川人，问他们为什么不去内地打工，他们说夏天内地热得受不了，在西藏感觉正好，因为这里大部分地方夏天高温低于30℃。

以短须裂腹鱼为例，正常情况下，它的卵产在流水中。很难想象，鱼娃出生前就随水流东碰西撞，刚一露头，又被冲出老远。岸上的人们不必为水中的鱼儿担心，它们不仅不会得脑震荡，而且感觉适意。

一位老阿妈加入放流行列。对她而言，装着人工孵化鱼苗的塑料袋有些重；对她来说，袋中鱼可亲可爱。工作人员把袋子送过去，她提着袋子看着里面的鱼儿，似乎忘了是为放流而来的。不，她没有忘，她瞅着欢蹦乱跳的鱼儿，这些鱼儿像她的后代，子子孙孙无穷尽。不同的是，鱼儿生活在江中，她的后代生活在这片大地上；相同的是，鱼儿和她的子子孙孙喝的都是金沙江水。

在工作人员协助下，老阿妈把一袋袋鱼苗放入江中。老阿妈说，当年十八军进藏路过这里，带的粮食不多，他们不向当地人征粮，有些人饿得浮肿。江河中的鱼儿好抓，但没有一个战士违反纪律去抓鱼。藏族人敬畏鱼，不捕鱼，不吃鱼。解放军尊重当地风俗，即使饿死也不抓鱼充饥。

老一辈的光荣传统把西藏各族人民像糌粑团一样紧紧捏在一起，如今新时代又传来人与自然和谐相处的喜讯。为了恢复金沙江鱼类资源，政府下了为期十年的禁渔令。当地人呵护野生动物，政府依法保护鱼类资源，金沙江中的鱼儿，一如既往地在惊涛骇浪中尽情畅游吧。

卡玛组

到卡玛组不难，走遍它的居民点却非易事。

从朱巴龙村村委会出发，沿着金沙江西岸上行，二十多分钟后，摩托车停在村民益西吉村家门前。

这里是卡玛组？怎么只有三四户人家？与我掌握的户籍信息相差甚远。

同行者多邓笑了：“村委会的户口登记没错。这里是山区，难以找到平整地方，村民居住分散。你想走遍每家每户，一天不行。从村委会到这里，我们有村民骑摩托车相送；11 年前，我参加工作时第一次到这里，走了整整半天。”

多邓在中国农业银行朱巴龙乡营业所工作，这次是宣传精准扶贫小额到户贷款政策的。作为驻村工作队的一员，我与他一起走村入户。

多邓说：“这里以前封闭得令人窒息，而今成为富豪花多少钱都买不到的住处。”

以益西吉村家所处位置为例，这栋两层小楼的后面是山，仰头望去，山腰上有户人家，在蓝天白云映衬下好似一幅画。那句熟悉的诗“白云深处有人家”慢慢在眼前展开。真是少时背诗不知意，如今身在诗画里。

回望来时路，看到的是一块宽度十多米的条形麦田。目光稍远，金沙江扭着身子自北向南流去，对面江边如游龙一般的长带，是 318 国道，那里隶属四川省甘孜藏族自治州巴塘县。我们的来时路被麦田遮住，麦田侧下方用石块垒砌的坡面有七八十度，所以摩托车刚才是绕路过来的。

我不信风水，如果初来乍到，也会选择依山傍水的地方建房居住。住宅周边有几棵枝繁叶茂的核桃树，在离南侧核桃树不远的地方有约十平方米的菜园，一簇簇辣椒苗正对着我笑。

我想近前一看究竟，一条黄狗猛地一蹿，带着突如其来的叫声，吓得我本能地后退，险些摔倒。万幸的是，黄狗脖子上有条绳，另一头牢牢地拴在核桃树上。益西吉村家有两条这样的狗，待遇一样，都拴在树下。

我们走进巴桑次仁的家，他是骑摩托车载我而来的骑手。女主人热情地倒上酥油茶，室内的铁炉里烧着火。我接过女主人端起来的酥油茶，缓缓地喝下去三分之一。碗中物的外形与味道，让我想起小时候逢年过节才能喝到的酥糖茶。

女主人笑眯眯地问："喝得惯吗？"

我说："酥油茶、甜茶、干肉，我都没问题。"

她笑得更甜了。我说的是实话，以前在芒康县昂多乡曲塔村时，已品尝到芒康干羊肉的滋味。当时，村支书拿来一条羊腿放在桌子上，羊腿表面有细小的洞，隐约能瞅到霉迹。他用刀子削下几块，分给在场的人。我接过干肉条送进嘴里，咬不动，一股臭气直冲咽喉，感觉有些臭豆腐卤的味道，经提示，慢慢嚼，终于吃进肚里。不管别人感觉如何，我感受了芒康干肉"不臭则不香"的含义。

我们又去了一户人家，在院墙外看到一匹马。多邓说："这匹马的欢迎方式有些特别，怎么把屁股对着我们？"

我要感谢这匹马。好多人喜欢看孔雀开屏，没几个人在关键时刻去寻找孔雀的头在哪里，都是对着孔雀的屁股连声赞美。不管哪个部位，动物和人一样，都是把最美的一面展示出来。

曾见过马尾巴上扎着彩条，那是远观，今天得以近距离欣赏。这匹马整条尾巴被梳妆打扮过，从根部的毛开始，分六七股辫成扁平状，在尾巴中间用彩带束扎起来，如此装饰可见当地人对马的热爱。马能静静站在那里，让主人花那么长时间辫尾巴，心里可能知道这是一件美好的事情。对马和主人而言，双方都是一种享受。

在院子另一个门的外面，我看到小时候熟悉的物件，一块木墩、一把刀和一堆草。这些情景，勾起我的儿时记忆。幼时放学后，我们兄弟要干的活就是把草剁碎喂牲口。今日所见的这般情景，颇能感觉到主人家的耐心细致。

我们继续寻访散落在山间的牧户。在砂石路的拐弯处，听到远方传来摩托车的声音。原来，住在稍远些的牧民听说农行有人来宣讲，干脆骑着摩托车来听，反正那里就他一户人家。多邓坐在路边一块石头上，跟他聊起来。

我站在此处往山谷一望，低凹处一排排郁郁葱葱的树木，想必主要由核桃树组成。核桃适合在这里生长。依着山势，一条羊肠小道向江边延伸。观望地势之后我清楚了，那条路通车没问题，但需小心谨慎驾驶。

这里海拔 2600 米左右。随着基础设施建设的推进，牧民进山出山易如反掌，散落在山间的牧户有可能成为游客深度体验藏家生活的理想选择。

隔壁扎西

我叫扎西，在西藏到处能听到这个名字，好记得忘不掉。我家生活实现小康，村里比我富裕的有的是。要说不同，我起初不是本村人，发家致富在朱巴龙村算早的。

不要惊讶，朱巴龙是什么意思？藏语为船夫居住的地方。这里是茶马古道经过金沙江的古渡口，朱巴龙村是来自各地的人在山谷里住下来慢慢形成的。

扎根朱巴龙

中国人好寻根。我的根在澜沧江边的纳西民族乡。说起纳西，很多人知道是一个民族。在芒康县说纳西，指纳西民族乡这个地名。我们习惯上不说自己是纳西民族乡的，而说是盐井的。

我是藏族，左邻右舍纳西族很多。会走路，和纳西族孩子一起跳舞；会说话，与他们一起唱歌。十多岁时，我学会赶骡子、捡核桃、干农活。没人意识到谁是藏族谁是纳西族，只晓得一起玩耍高兴、共同劳动快乐。后来无论走到哪里，我能与不同的人搞好关系，不问他们从哪里来，不问他们是哪个民族。懂得相互尊重，与人和睦相处，在哪里都能站稳脚跟，这是我早期生活的经历，也是处世秘诀。

纳西民族乡为什么被称为盐井？因为那里有千年古盐田。小时候不知道什么叫生意，却晓得买盐要付钱、卖盐能赚钱。盐井人吃苦耐劳，会经营。从盐井走出来的生意人多，其他方面的能人也不少。受环境熏陶，我不管到哪个地方，总琢磨着怎么干能赚到钱。

1978 年，在县城工作的亲戚说林业局招工，问我愿不愿意去。当时苦于赚钱没门路，上班挣工资有吸引力。来到芒康县城，第一件事是学开拖拉机。第一次坐在拖拉机上的感觉，现在还记得，双手紧紧握住方向盘，教我的师傅提醒放松些。我觉得一放松，拖拉机就不是我的了。

学会开拖拉机不久，我被分配到朱巴龙木材检查站。到了这里，好像回到家一样。我在盐井的家离澜沧江不远，在朱巴龙上班的地方在金沙江岸边。两地海拔差不多，地形相似，气候大同小异，都有核桃树，出产橘子、梨子和苹果。

在朱巴龙待了几年，政策放活，盐井那边做生意的越来越多。因为是聘用工，我看不到转为正式工的希望，心里想着回盐井发展。

心情正在波动的时候，一个女孩把我拴在了朱巴龙。她叫达瓦拉姆，比我小 11 岁，家住白洋组。她随家人到乡政府办事或去四川巴塘，都要从木材检查站通过。那时她刚长大成人，很漂亮，我把她当作妹妹，后来成为我的妻子。

结婚成家后，我打消回澜沧江边的念头，在金沙江边扎下根，成为朱巴龙人。

成立施工队

与西藏其他地方相比，盐井人出外闯荡的劲头大，往往打拼成功在外地发展。我在潜移默化中传承了这种精神。

朱巴龙村四个组，达瓦拉姆住的白洋组离我上班的地方有十多公里，在山坳里，路不好走。那里成了我的家，我要在两地间奔波。我的单位在 318 国道旁，看着天天跑着汽车的大马路，达瓦拉姆同样感到住在白洋组不方便。

机会来了，我的一个朋友全家搬往巴塘，他要处理朱巴组的房产。他的房子离我的单位只有几百米远，宅基地宽阔，背后是山，前面是路，过路就是金沙江，位置真好。我拿出多年积蓄，又从盐井家里借些钱，把使用权买下来。

积蓄花完，工资不多，除了拥有一片院落，我成为朱巴龙村的穷光蛋。达瓦拉姆没有嫌弃我。我对现状不满意，发誓要在经济上打个翻身仗，让全家人过上好日子。

天天上班使我连朱巴龙村都走不出去。我辞掉在木材检查站的工作。有什么留恋的？那点工资不足以养家糊口。在双方家人支持下，我买辆东风货车，跑运输，为商店拉百货。

现在的路好，越野车从朱巴龙 11 个小时可以到成都，当年我的货车要三天才能跑到。正常情况下，我一星期去趟成都，开夜车是常事，再苦再累为的是多挣钱。

有一年冬天，在理塘附近，车子的水箱冻裂，那时没有防冻液，出现这种情况不奇怪。晚上在车里冻得发抖，还好人没冻坏。第二天中午，我把水箱拆下来，折腾几小时没修好。正在发愁，一位过路师傅停下车，问明情况，掏出一包烟，抽出两支。我以为他给我烟吸，连连摆手。他笑了，把烟递给我，让用烟丝试试能不能堵住裂缝。我将信将疑把烟丝捏紧，慢慢塞进去压实。有效果，车子跑起来了。早期路况差，车子质量没现在好，在 318 国道上跑车的师傅热心，形成互相帮助的风气。

跑长途挣些钱，身体和精神上的消耗不是一句话两句话说得完的。不久，318 国道拓宽，大型机械派上用场。我从基础设施建设中看到商机，想买台挖掘机，需要 40 万元。我没有那么多钱，不想错过挣钱机会，便与另一人合伙在 2013 年购买一台挖掘机，雇人开。随着揽活增多，我不再跑长途拉货，把精力放在工程上。现在我家有两台挖掘机，正过春节和藏历年，施工人员返回内地。这两台挖掘机冬天晒太阳，开春要到工地干活挣钱。

经济上宽绰了，朱巴龙人对我这么好，自己能不能为村里做些事？全国都在脱贫攻坚，西藏政策好，自治区规定 400 万元资金以下项目交给当地农牧民施工队做。目的明确，通过项目带动当地群众增收致富。

2016 年，我取得成立农牧民施工队资质。朱巴龙属半农半牧区，村民在家门口打工方便又实惠。

我很快接了两个项目，一个在达嘎顶村，另一个在草地村，都是安全饮水工程。根据工程量大小，农牧民施工队有 18 人到 20 人不等，一人一天 150 元。后来随着行情变动，工资适当上浮。

年轻力壮的村民，只要愿意干，我都接收。几年下来，很多村民在农牧民施工队干过，成为熟练工后，我鼓励他们外出打拼。我的农牧民施工队成为村里的短期劳动技能培训班。村里一些大车司机是跟我学会驾驶技术的。

我对朱巴龙有感情。我觉得对有劳动能力的人，送钱送物不如送门技术，他们才能从根本上消除贫困，走上致富路。

建设新家园

我喜欢和周围人打交道，普通话是那些年在往成都跑长途的路上学会的。我在朱巴龙的一切，是靠脑子想出来的，靠双手干出来的，靠双腿跑出来的。

我的每一分钱都是劳动所得，天上不会掉馅饼。有人说我家房子好，认为炫富。那就错了，我从不做那样的傻事。

当初我没打算在建房上动脑子，觉得老房子住着挺好。2018 年金沙江堰塞湖泄洪，把老房子冲坏，一家 6 口人只好住在厨房里。

我必须盖房子，还要让新房产生效益。2021 年元旦，主体工程完成。原址上的新房建成两层半，共有 450 平方米。藏式民房结构多是这样，二楼上面一半建房子，一半作阳台。前排上下两层，建筑面积有 380 平方米。

我在建房上的投资很大，不说花多少钱，工钱都有 40 多万元。我建房不单为住，不跟谁比富，建成后想办法让固定资产变成流动资产，才能生出钱来。

我的强项是组织施工队，盖楼目的为出租。我让儿子在网上打广告，四川雅安卢姓商户找上门，想承租前排一楼做生意。他们生意做得大，苦于找不到合适的经营场所。我的楼房建起来，正合他的心意。双方很快谈妥，前排一楼租给他，一年租金七万元，签订十年合同。这样算来，前排两层楼的成本，我轻轻松松收回来。他在一楼开超市、餐馆兼批发商品，成为方圆十多公里的大商户，生意好得没法说。二楼不会闲置，我的孩子想用来开茶楼。

扎西家的新房（唐大山 / 摄）

我这一代发家致富，靠的是脑壳活手脚勤快。下一代发展仍然靠脑壳，知识和技术越来越重要。

我有两个儿子，大的叫格桑，南昌工学院会计专业毕业；小的叫昂珠，四川文化产业职业技术学院营销与策划专业毕业。他俩没去挤公务员独木桥，而是想着怎样在家创业。

我问咋创业，他俩设想开网店卖土特产。我支持他们的想法。朱巴龙五六月份有虫草，七八月份出菌子。每年虫草季，村民挖的虫草要么低价卖给在山脚下等待的商人，要么去县城卖给开店的生意人。如在网上直销，可以实现三赢：自己赚钱，村民收入提高，购买者得到真货。这些不是神话，物流发展快，连村民都能收到快递。318 国道朱巴龙到巴塘段正在改造升级，修好后，车程不到半小时。朱巴龙的菌子多，这样的鲜货不易保存。多年来，村民从山上林子里采下来，卖给在金沙江桥头蹲点的外地商人。谁都知道松茸好，干的一斤卖四五百元。满林子的杂菌，鲜的一斤两三元钱。牛肝菌加工成干片，当地每斤卖 75 元；运到成都，身价翻两番。他俩合计购置一套烘烤设备，把鲜菌子加工成干片，通过网店卖出去。

格桑和昂珠盯着虫草和菌子，没忘朱巴龙的其他特产。以核桃为例，金沙江两岸核桃树多，果小壳厚，在市场上卖不出价。味道再好，没变成商品，不能产生经济效益。他俩琢磨着联系厂家，把核桃收起送去做原料，加工成核桃粉或者饮料，朱巴龙家家户户能增收。

我放手让他们干。干成一件事，能带动多人就业，在家门口把生意做起来，还能把朱巴龙的名声传出去。

从澜沧江边的盐井来到金沙江边的朱巴龙，我的体会是，无论在哪里，只要肯动脑子抓住机遇甩开膀子干，财富和幸福会像江水一样源源不断流过来。

生意经

卢树虎与我成为邻居，看似偶然，实为必然。

既然是邻居，晚饭后，我常到他店里溜达。慢慢地，我俩无话不谈。

“卢老板，真是越有钱越会过日子，自己铺地板砖呀。”

“啥子老板哟，都是出来混饭吃的。正月十五刚过去，趁着顾客少，把饭店里的地面铺了，在里面吃饭感觉舒服。在这个地方，花钱找不到干这活的人。我会铺地板砖，将就着做了。工地的人很快来到，有人气才有生意做。”

“我知道你家在雅安，来这里多长时间了？”

“我们以前在芒康县城开了十多年铺子，那里海拔高，五十多岁的人了，前年来到金沙江东岸的四川竹巴龙。”

“你在江对岸生意挺好，怎么想起把生意做到西藏朱巴龙？”

“生意人想着赚钱，哪里盈利就到哪里去。我超市饭店一起开。去年想租你们村委会前排的房子，考虑到面积有些小，没签合同。”

“你们现在租下的铺面有多大？”

“一楼 190 平方米，我在考虑要不要把二楼租下来。”

“你和扎西实现精准对接。你想找位置好面积大的铺面，他的楼房盖好了，想找个大商户整体租出去。好多人说你藏历年前的批发赚惨了。”

“当地人和内地过年的方式不一样，消费理念不同。他们从藏历年初二到正月十五，每家轮流坐庄，天天有吃有喝。这里政策好，他们不缺钱，不管买多少，我店里的商品都是优惠供应。我刚在这里开店子，春节没回家，为的是把生意做起来。”

“有人说你在这里开个大店，朱巴龙村十多家小店的生意没了。”

“我租房前问过扎西，算市场调研吧。他告诉我，不管大店还是小店，只要证件齐全，政策都支持。在去乡政府的路旁，村里的小店一家挨着一家，商品同质性严重，几乎卖不动。在这里开个大店，对他们的生意有影响，有冲击能促使他们转变观念。我在这里开饭店，村里原先有饭店，两家生意都好，因为两家经营的饭菜不一样。我主打川菜，村里的饭店以藏餐为主。我的饭菜比村里饭店的价位高些，但消费群体不同，不存在竞争，形成互补，顾客的选择多了。”

“你觉得这里的老百姓怎么样？”

“这里的人好。以房东扎西来说吧，谈房租时，他让我说多少钱，我说一年 6 万元，他说 7.5 万元；我同意，他主动减去 5000 元，以 7 万元成交。他问我租多长时间，我说十年八年都可以，他说十年吧，我说好。他比我大几岁，经常抱着孙子来转悠。他的普通话说得好，我们成了天天见面的好兄弟。”

“你们这叫生意是生意，友谊是友谊。村民对你和你的店是什么态度？”

“你刚才说我赚惨了，他们对我不好的话，我就亏惨了。我从成都进货，卖出去的商品和巴塘的价格一样，买成件的就是批发价。这里离巴塘三十多公里，村民在家门口花一样的钱买同样的东西，当然高兴。他们想吃藏餐，去村里的饭店；想尝川菜，来我这里。我发现朱巴龙人喜欢藏餐，也喜欢川菜。”

“与他们交往，你有什么感受？”

“我提供物美价廉的商品，供他们选购。他们付钱我收款。要说感受，就是用良心做生意才能换来顾客的心。”

“有些人认为生意人昧良心，讲良心赚不到钱。你说用良心做生意，违背生意场的潜规则呀。”

“我做的是店面生意，不是一锤子买卖，要讲信誉，才能站稳脚跟长远发展。谁是傻子？朱巴龙地理位置好，村民见过世面，商品的好坏、价格的高低，瞒不住他们。做生意光靠嘴甜不行，必须用真货实价作支撑，才能赢得顾客信赖。你要把顾客当傻子，生意没法做，因为真傻的是你。你本着良心去做，生意才能兴隆。都知道做生意要赚钱，不赚钱谁跑这么远来这里？赚钱不是从人家口袋里掏钱，而是人家心甘情愿举起手机扫码付款。”

“我听明白了，做生意要以心换心，才能轻轻松松赚大钱。”

“对头。无论做啥生意，转来转去都是和人打交道。通过做事与周围人融为一体，没有做不成的生意。”

听了卢树虎的一番话，我略有所悟，做生意要讲良心和方法，做人何尝不是如此？

洒水员达瓦

今天是村集体经济砂石场发工资的日子，来人喜气洋洋。

我到现场，震撼了，桌子上金山银山呀，总额近90万元。

一个中年人从村会计手中接过一把钱，认真数起来。

村党支部第一书记西热多吉对我说："他叫达瓦次仁，朱巴龙村岳巴组人，是三户合一。"

"什么三户合一？来了这么长时间，我没听说过这个词。"

"他家是建档立卡户、易地搬迁户、低保户。"

西热多吉喊声达瓦，他转身走过来。

他一走动，我吓一跳，原来腿跛得那么严重。离得很近，他什么时候进来、什么时候走过去领钱，我全然没有注意到。

他的普通话挺好，不需要翻译，交流顺畅。

"你在工地做洒水员，就是平常说的冲洗砂石。这个活的劳动强度怎样？"

"论辛苦，装载机和挖掘机驾驶员的劳动量大。开车是有风险的，靠的是驾驶员的胆大心细。洒水员没法和他们比，从工资能看出来，装载机手月工资6000元，挖掘机手月工资7000元，洒水员月工资4000元。电力公司买砂石的钱给了，修护坡堤的施工队来了，我们的砂石不愁卖。"

"你的腿在场地干活受得住？"

"不影响洒水。控制住水管，砂石是目标，把握住大方向，保质保量完成任务。洒水怕刮大风，这里的风有时挺大，不能停工，砂石要接着洗。喷出的水打旋，溅一身，要用劲调整水管，才能射到砂石。”

“我用水管浇过麦子，比你的洒水管细多了，两腿夹住，双手抱紧，总是力不从心。从远处看，你的手不停操作，用腿助力。你的腿是怎么回事？”

“2017 年，家人用拖拉机耕地，我在旁边帮忙，一不小心，犁刀把我的腿卷进去。要不是及时转院，这条腿难保住，不会有后来的洒水工作。”

“在哪家医院治疗的？”

“先到四川省雅安市天全县医院，伤势太重，又转到成都市华西医院。华西医院水平高，救了这条腿。没想到病人那么多，去华西医院的都不是小病，连床位都紧张。在康复阶段，我转到西藏自治区人民政府驻成都办事处医院，那里服务真好。”

“花了不少钱吧，报销了吗？”

“一共花了 26 万元，自己家出 4 万，其他都报销了。”

“你这种情况可以办理残疾证，能享受一些福利待遇。”

达瓦猛地终止聊天，不再说话，似有难言之隐。

西热多吉插话：“上次统计残疾人时系统里没有他的信息，他的情况经鉴定完全可以办证。达瓦，村委会给你开证明，最近几天把这件事办了。”

达瓦嗫嚅着：“我不想办那样的证。”

我有些奇怪：“有些人明明脱贫，瞒报收入不肯退出建档立卡户；有些人已在城市买房子，仍以易地搬迁户名义领套房子。达瓦的腿跛成这个样子，不愿办残疾证，让人想不通。”

西热多吉若有所思：“去年砂石场开工前招人，达瓦报名洒水员，没人同意。他找到驻村工作队，说自己不是去混工资。那是体力活，不用劲混不下去。这条腿看起来不能承重，有没有力气自己知道。先试着干一天活，确实不行，不用别人劝，自动放弃。要是不费劲干下来，谁都没有理由拒绝他。村干部只好同意他的请求。他在洒水时，没有大幅度地移动身体，看不出腿有毛病，也看不出费劲。他是靠坚持和努力赢得这份工作。”

我望着达瓦：“你在这里做工，不影响办残疾证，多少能增加些收入。”

达瓦不好意思地说："从各种各样的政策性收入说，我家基本符合退出建档立卡户条件。我的腿不好，干起活来不比别人差，挣些钱心里好受。我想考驾照。听人说，残疾人不能开车。我要是办证，残疾身份会跟我一辈子，驾校不敢收我。"

达瓦不去办残疾证的原因水落石出。对一个深山中的牧民而言，我不想用身残志坚之类的词形容他。我感受到的是，他用心理健康来证明自己的能力。现实中，他的能力不比别人差。

达瓦的爸爸已去易地搬迁点居住，那里离县城很近。因为在砂石场上班，达瓦仍住在原来的家中。

从深山中的家来到上班的地方，实际距离不到 20 公里，但路太烂，骑摩托需要一小时。有时下班晚了，他在村委会里住一宿。

达瓦有四个孩子，两个大点的在四川巴塘读小学，两个小点的由妻子在家里带着。

领到工资的达瓦（左）（张济荣/摄）

达瓦说：“我看重孩子的教育。巴塘的教育质量好些，两个孩子由亲戚代管，知道学习，不用大人费心。我没上好学，说啥都没用。朱巴龙村上学走出去的挺多。小弟考上西藏大学，全家高兴。”

我说：“你要强。你在物质上是贫困户，在思想上早已脱贫。”

达瓦消除顾虑：“我家的政策性收入加上我的工资，已达到脱贫标准。在我心里，小弟大学毕业后有了工作，从家庭角度说，将有一笔稳定的工资性收入。再过十年，我的两个大孩子会走上工作岗位。那时，不要现在享受的政策性收入，我家在经济上也能站起来。话说回来，如果没有这些政策性收入，我小弟上大学和我孩子读小学都成问题。教育中断，难以摆脱贫困；上学有出息，好日子有得过。”

达瓦说的是实话。优惠政策帮助达瓦的家庭渡过一道道难关。他感恩这些政策，但没有躺在这些政策中等靠要，而是力所能及地依靠双手增加家庭收入，赢得做人尊严，撑起大家庭。

我注视着达瓦的双眼，看到了他的阅历与坚强、希望与幸福。

我想，越来越多的达瓦汇聚在一起，必能强力推进西藏乡村振兴。

分 红

春天来了，朱巴龙的桃花红了，梨花白了，一树树柳叶被春风剪绿了。

看到村组群里的通知，郎加几乎叫起来：“分红啦，大家快看呀，群里通知分红啦。我说今天浑身热乎乎的，原来是钱在村委会里等我去取呀。”

这是朱巴龙乡两河砂石开采有限责任公司第二次分红。自 2019 年 3 月各村砂石场整合为全乡集体经济成立公司以来，砂石的开采规范有序，购买双方签合同交易，周边环境得到净化，股民利益受到法律保护。

根据砂石资源分布状况，位置优越的朱巴龙村负责公司的经营管理。本着共同富裕原则，公司刨去运营成本和留存资金，把利润的 80% 分给朱巴龙村，20% 分给草地、达嘎顶、西松和松瓦四个村。

全乡五个村，为什么朱巴龙村拿大头？这要从朱巴龙乡两河砂石开采有限责任公司成立之初说起。

乡里整合砂石场时，采取的方式是股份制。乡政府动员村民入股，得风气之先的朱巴龙村积极响应，一股 1 万元，有 104 户购买股份，成为股民。其他四个村的村民思想转不过弯来，认为从小长这么大知道的是政府给老百姓发钱，决不干掏钱给政府的傻事。

乡长边俊生嘴皮快磨破了，反复解释不是给乡政府交钱，而是公司把大伙的钱收在一起购买设备和车辆、给员工发工资，以少聚多才能办成大事。按照正常情况推算，公司一年后给每家分红一万元，实际上是返还本金，以后每年都可以分到集体经济发展带来的红利。

边俊生的话很快得到验证。2020年春节前夕，乡集体经济分红，很多人听说朱巴龙村每户能分一万元，后悔已晚。乡党委召开紧急会议，认为其他四个村虽未入股，但砂石资源属于全乡人民，建议公司拿出20%的利润分给草地、达嘎顶、西松和松瓦四个村的村民，朱巴龙村的股民享有80%的利润。

朱巴龙村理解并同意乡党委的分配建议，其他四个村皆大欢喜。用边俊生的话说，集体经济发展得好，乡党委和政府脸上有光，全乡人民得实惠。

手捧红利的股民吉村笑了（唐大山/摄）

在朱巴龙村分红现场，看着桌子上码得整齐的一沓沓人民币，股民抑制不住满心喜悦。

“去年分一万元，本金还给我们。今年分多分少都是赚的。”

“村干部说了，今年和去年一样，都是一万元。”

“按说藏历年前就该分给我们。”

“村支书和村主任年前解释了，当时全国忙着防控疫情，老百姓不扎堆、不聚集。疫情那么可怕，命重要还是钱重要？”

“全国总算消灭了多数高风险区，国外仍很严重，咱不能大意。其实还有一个原因，有些砂石款元旦时没收回来。买砂石的越多，公司赚钱越多，咱们分红才能越多。”

“兄弟，你真背个包来的。”

“你的包比我的大多了。哎，郎加，这回你能领多少，有五六万吧？”

“没有那么多，也不少。我算给你听，分红一万元，大车运输费两万多元，加上工资，有四万元。吉村家得到的钱比我家还多。”

“咱两家差不多。”

“你不说我也能算出来。怕什么？没人抢你的，我不向你借钱。朱巴组22户能领到另外一笔钱。”

“朱巴组比我们特殊？”

“前年乡里整合砂石场时说得明白，当初朱巴龙村为砂石场办证跑手续花了不少钱，那些钱是朱巴组的22户凑起来的。还有一些设备，整合时折价卖给朱巴龙乡两河砂石开采有限责任公司。当时公司没钱，说盈利了就给朱巴组。说话算数，今年给了，算补偿费吧。”

“乡里和驻村工作队为要砂石款出了不少力。”

“听说了，有些砂石款是他们出面帮着要回来的。”

“他们功不可没，说到底是国家政策好。多数买家签了合同就把砂石款付清，个别人由于种种原因没能及时兑现，没有赖账的，谁要拖欠集体经济的砂石款谁就犯法。”

“以前说依法治藏，弄不明白咋回事，通过这些事，总算清楚了。依法办事好，有标准，还见效。”

听到大家的话语，村党支部第一书记西热多吉兴奋得脸都红了。他示意全场安静，清清嗓子说起开场白：“对全村，不，对全乡来说，今天值得高兴。在这个春暖花开的日子里，全乡的集体经济朱巴龙乡两河砂石开采有限责任公司第二次给大家分红啦……”

次旺杰美

次旺杰美个头不高，一看是个精明能干的人，这次回村小住，遇见驻村工作队，便聊起来。我们一起听听他聊的内容吧。

两三家合伙买的大货车，干活时间没有晒太阳时间长，真可惜。不能只守着眼前那点活，要注重信息，这个地方干完了，接着干另一个地方的活。本钱那么大，放在那里不动弹，折旧费得多少钱呀。

你问我小时候的经历？我挖虫草厉害。有一次，我和朋友一起上山挖虫草。我俩互相看得见。一天下来，我挖 140 多根，他只挖 12 根。还有一次更搞笑，我们七个人去挖虫草。一个虫草季节，我一个人挖 2100 根，其他六人总共挖 1800 根。

你问我有什么诀窍，怎么说呢，算有吧。我在山上放牧，了解那里的资源分布状况。还有一种说不出来的感觉，不同的地方，我知道分别生长什么；同一片地方，我比别人先发现要找的东西。没人告诉我怎么做，我只是直觉比别人精准。

1999 年，我和姐姐在山上放牧。不知怎么回事，一头牛莫名其妙地死掉，我俩费好大劲就地挖个坑，埋了。天黑清点个数，发现少匹马。那匹马什么时候没的，不知道，反正丢了。

我思来想去，不能那样守着深山放牧。我已经 18 岁，即使牛不死、马不丢，一年到头能得到什么？农田就那么一点，把收获的两千斤玉米全卖了，能得多少钱？那时不懂啥叫青春，只是觉得一直窝在家里，不会有出息。

我去投奔做生意的大哥，开始闯荡外面的世界。

说起第一次去阿里，差点死了。

我从拉萨冲赛康市场批发百货，拉到阿里地区改则县去卖。那里的人真好，那么多天的赛马会，没有人打架，有事坐下来商量。当时那里有些成年人不认识钱数。你把商品递给他，他从怀里掏出一把钱给你。我看着好笑，从那一把钱中取出说好的数，把其余的还给他，有些人竟然不要。我想的是要做长远生意，人得守信用。一个地方再落后，总有发展进步的时候，只是所需时间长短不同。

改则那一带生存条件差，但牧民纯朴。他们把我拉进帐篷，一起吃饭。那里天寒地冻，牧民从小溪里取回冰块，背进帐篷，放在锅里，用干牛粪烧化。等冰化开了，善良的牧民会用抓牛粪的手捞锅里漂起的碎草。水烧开了，他们热情地让我喝，我喝不下去。我吃方便面喝饮料。一天两天没关系，时间长了，方便面不顶事，饮料不想喝，只好咬着牙闭上眼和他们一起喝漂着草末的水吃半生不熟的肉。

拉来的百货卖完，钱赚了一大把，肚子却难受起来，出现吐血现象。我吓坏了，以最快速度回到拉萨，好长时间才恢复正常。

无论去哪里做生意，我们的车子不会跑空趟。比如，从拉萨进商品去阿里，边卖百货边收皮子，商品卖完皮子装满车，然后拉到格尔木卖皮子，再拉着格尔木的紧俏货回拉萨。生意人走到哪里谈的都是生意，商人做梦都在寻找商机。

说出来别笑我骄傲，我的村庄在茶马古道上，我的家族传承着商人基因，家庭成员念的是生意经，说话具有商业味道。在这种氛围中长大，还需教吗？只要有条件和机遇，脑子里会冒火花，心中有一定做成这笔买卖的欲望。

经常为了生意千里奔波，赚不少钱，累得够呛。大哥在拉萨发展得不错，我在那里扎不下根，后来回到芒康，开起公司做起工程，干得风生水起。

芒康县水利局找到我，想让我承包松瓦村的饮水工程。我去过松瓦村，村里老人说，那里的房子还有一百年前建的，墙面像马蜂窝一样，好像随时要掉渣倒塌。去松瓦村只有摩托车道，人坐在上面蹦蹦跳跳，不知什么时候就可能跳下悬崖，太险了。

我做生意的时候，爸爸告诉我，有些钱要赚到手，有些钱一定不能赚，盗猎分子卖的野生动物皮子，利润再高不能收，那是违法犯罪。做工程的时候，我心里有条底线，生命的底线，有危险的活给多少钱都不接。

松瓦村的水利工程利润空间清清楚楚，但我还是谢绝了。

县水利局领导的一句话打动我："你不冒这个险，谁去冒这个险？你的村和松瓦村同属一个乡，老乡都不帮老乡，我们指望谁给松瓦村送去干净水？"

我彻夜难眠，第二天给县水利局打电话，接下来这个想起来就让人头皮发麻的饮水工程。

我从 20 公里外把水引到松瓦村。在整个施工过程中，除技术人员外，其他工人来自松瓦村。我是这样考虑的，村民为自己村修饮水工程，解决的是日常生活问题，会全身心投入；他们熟悉地形，为管道排放提供参考。还有，这个工程能为参与者提供直接可观的现金收入。

感谢政府和村民，工程终于完成，没出现意外。

在家待几天，我发现村民的思想观念需进一步转变，那么多大车怎能闲置？年轻人跟我打小工，水电什么的，没资格证的一天 200 元，有证的 300 元。头脑精明的，开装载机挖掘机什么的，我一年把他带成熟练工，三年后自己当老板。不跟我干也正常，年轻力壮会说普通话，出门打工总比躺在江边晒太阳强。

小翻译

村里在收医疗保险费用，乡村振兴专干卓玛正忙这件事。

放假了，卓玛想回三十多公里外的家。但村民来缴费是不分节假日和时间点的，怕我听不懂藏语，她有些为难。

我对她说："我们驻村回不去，你要享受节假日，回去和家人团聚。不要担心收费出问题，遇到听不懂的，我找乡干部翻译。"

卓玛匆忙挎起包搭车去了。我的心一紧，看来考验我的时候到了。

大部分村民的四川话说得可以，但有一部分人不会说也听不懂普通话。

起初来的是几个年轻人，他们根据需求缴费，我顺顺当当收钱。我写上人数、钱数，他们一一签名按手印。我心中窃喜，村里的事儿同样能搞定。

高兴没超过十分钟，白洋组的郎加来缴费。看参保信息中的身份证号码，知他 45 岁。开始我俩能交流几句，当涉及关键信息时，比如他的弟弟尼玛在外地务工，需不需要缴费？我反复说如果在外地没参保，可在户籍所在地朱巴龙村参保；如果在务工地参保，家里不用再缴医保费。

我的普通话不标准，他的"川普"说得断断续续。由于彼此表达不清，理解困难，他急得脸发红，我感到难为情。

正在着急之际，乡卫生院医生卓玛拉姆的儿子丁增桑布来了。他上小学四年级，住在附近，经常找我玩。

我像见到救兵一样，赶紧让他坐在椅子上，担任翻译。

"你问清他的弟弟参保不参保。"

“他说弟弟在外面有保险，今年不在家里缴医保费。”

“我把花名册上的人念给他听，念到多吉拉珍时，他说的是什么？”

“他说想给妈妈缴医保费。”

“他的妈妈七十多岁，不用缴费，同样享受医保政策。”

“他说老年人身体不好，缴费能多报销，合算。”

“老年人有相应的医疗报销规定。你跟他说，阿妈不用缴医保费。”

听完丁增桑布的翻译，郎加满意地笑了。

郎加刚按下手印，又进来一位和他年龄相仿的男子。

他手里捧着头盔，一看就知道是骑摩托车来的。我和他的语言交流同样不顺畅。

他似乎知道坐在我对面的丁增桑布是翻译，对着十一岁的小学生说个不停。

“他有什么特殊情况？给你说那么多。”

“他说家里有八口人，除了一位七十多岁的老人，其他七人全部缴费。他问，这七人中有个不到三岁的小女孩向秋措姆，她可以缴吗？”

“花名册中有的，可以缴；花名册中没有的，只要是朱巴龙村人，都可以缴，我在新增人员中写上她的名字就可以。”

“他说，知道有60元、120元、250元三个档次，晓得多缴报销的医疗费多。有人认为身体好，不会生病，不想缴医保费。他这几年都是白缴，还是自愿缴费，只不过选的是60元这个数目。一年交420元，有病了能报销大部分，没病是帮助别人。政府通过这种方法让大家做好事，有病的人家减轻了负担，我们已经看到了。现在420元算个啥，到巴塘转一圈，没了。缴医保费，一家人管一年，心里踏实。”

“难为你了，翻译这么长。他怎么还往外掏钱？”

“他说有个叫加安的一家三口人，在拉萨，回不来，让他代缴医保费。”

“这是邻里相助。”

看得出，丁增桑布为我和村民翻译，神情犹如在做一件值得骄傲的事情。

事实的确如此，如果没有他的翻译，我只能拿起手机向卓玛求助。可以断定，卓玛说得再清楚，远水解不了近渴。

如果是语言交流顺畅的村民来缴费，丁增桑布失去发挥作用的机会，好像有些失落。

待工作告一段落，我俩聊起他的学习。除了藏语文，他的每门课程，我都能说上几句。

我没有语言天赋，想学几句藏语，让丁增桑布大伤脑筋。

他用藏语教我“女生”怎么读，我跟着发音“嫫”。

他用藏语教我“男生”怎么读，我跟着发音“泼”。

满怀信心的丁增桑布（唐大山／摄）

他听着我说的不准确发音，无奈地说：“教你好几遍还不会读。当老师太难了。”

日常生活中的汉藏对话互译，丁增桑布游刃有余；为了教我几个藏语词汇，他急得团团转。可见，凡事说起来容易做起来难，教会别人更非易事。

教育理念

终于等来开学季。2020 年 3 月底，由于疫情防控的需要，来村委会开证明的学生越来越多。

大体上分两拨，先是高三和九年级的学生开学，很快其他年级的学生也要背起书包走进学校。

在驻村工作队分工中，开证明是我的一项工作，这让我得以接触朱巴龙村在外就读的学生。

在芒康县范围内的学校中，去盐井中学就读的居多，其次是去芒康县中学就读。盐井中学位于芒康县南部，教育教学质量长期在藏东领先。

读高中的学生，主要去昌都，那里有四所高中。还有相当一部分不同学龄段的孩子在拉萨、林芝或者四川巴塘等地就读。

朱巴龙属半农半牧区，村民对教育的重视程度远超我的想象。我多年前在芒康县北部的一个牧业村待过半年。当时为了控辍保学，我们把能想到的方法用尽了，效果并不理想。

要说教育政策，西藏全区是一样的，从幼儿园到高中十五年免费教育全覆盖。退一步讲，即使不成才，送孩子上学是合算的，至少吃穿住不用家里负担。

从全村现有的二十多个大学生的情况推算，朱巴龙村的人们在享受十五年免费教育之前就主动送孩子上学了。这是村民的视野不同，对教育的认知不同。当一些地方的家长被动送孩子入学时，朱巴龙村的人们已经主动出击。

朱巴龙村地处金沙江畔，与四川巴塘为邻，318国道穿村而过，常得风气之先，对孩子的教育自然走在前列。

有没有优惠政策，丝毫不影响他们送孩子上学的热情。当然，这么多的优惠政策送给教育，又对孩子的未来大有好处，何乐而不为?

我想，要不了多少年，朱巴龙村定会愈加人才辈出。

琅琅书声

隔壁小学没有铃声，所有指令通过哨子发出。

天刚亮，哨声响起，不怎么大，路人不注意听不到。在寂静的校园里，这几声如同鸟鸣的哨音又是那么清脆，好似刮来一阵风，把孩子们从睡梦中吹醒。

十分钟后，操场上传来跑步声。那只会说话的哨子吹出节奏感：嘟嘟嘟，嘟嘟嘟，嘟—嘟—嘟—嘟，嘟嘟嘟—嘟。伴随着哨音而来的是孩子们的号子声：1—2—3—4，123—4。

学校位于金沙江畔，操场靠近江边，我住在一墙之隔的侧上方。我往窗前一站，透过榆树的枝叶，望着他们像森林中的鸟儿一样往来穿梭。

面对朝气蓬勃的孩子，我取来相机，拍下他们与江水赛跑、与鸟儿争鸣的情形。

我没有征得家长的同意，怪就怪我童心未泯吧。这些西藏的孩子，好似离我千里之外的儿女，我把看到的美好装进镜头。

跑完步，孩子没有离开，而是从放在操场边的书包里掏出书本，一字儿散开，席地而坐，像百鸟朝凤一样读起来。

我第一次见到这样的晨读。从我的视角看，近前是榆树，在榆树的枝叶间，这一撮，那一堆，操场上传来的读书声分明是一首协奏曲。树上的鸟儿已经习惯了，在枝叶间跳动，相比之下，它们的鸣啭是那么柔润。

目光越过校园，五百米外的那片蓝，是金沙江水。从这里看，像一块蓝绸子铺在校园外。如果走到江边，能听到后浪推前浪的波涛声。

能辨出朗读内容的，离我更近，她是乡卫生院医生的女儿，与我们同住一层楼。她不需在学校住宿，但生活节奏与学校同步。

同学们在那边读书，她坐在这边楼梯的一层台阶上。小姑娘的声音很大，大到整层楼能听到她诵读的内容：五十五万年前，人类开始寻找能够遮风避雨的地方，后来找到了山洞。山洞是人类最早的房屋。

她太投入，不知道把楼梯旁房间里的一位叔叔给震醒了。小姑娘的晨读坚持得好，可说雷打不动。那位叔叔实在受不了她准时的闹铃声，不好意思说人家孩子影响自己睡觉，后来悄无声息调到别的房间去住。

无论汉语还是藏语，小姑娘的朗读对我而言是享受。有时，我的工作告一段落，不管坐着还是室内散步，耳边会响起小姑娘的朗读声。其实，她正在教室里上课。这种不绝于耳的声音，与其说是书声，不如说是她的独唱。她像我的女儿，怎么会烦？从她那里，全家分明看到小鸟掠过枝头飞向蓝天的希望。

与学生同步的，还有我的室友西热多吉。校园书声响起，他站在金沙江边的小路上，手里捧着一本藏文书籍。没有教师的吩咐，没有家人的督促，没有工作队的安排，他的自学是一种习惯。

村里的事每天都有，大到集体经济的运营与分红，小到村民来开五花八门的证明。有没有走出村委会的时候？当然有，那是去结对帮扶家庭宣讲政策、了解情况。

7 点到 9 点，无人来访，无须参会，多么宝贵的时光，一定抓住。从 2018 年底开始，西热多吉每天坚持晨读。

他曾对我说读书的感受：无聊时读书，可以忘我；劳累后读书，可以解乏；想念家人读书，可以慰藉；高兴时读书，可以益智；为提高自己读书，能够成长。

太阳照在金沙江面，波光粼粼。在琅琅书声中，太阳越升越高，越来越灿烂。

养护更重要

临近中午，西热多吉接到乡长边俊生电话，让我们把树苗从乡政府拉回来，立即栽植。

我刚煮好米饭："树苗拉回来后，吃完饭再栽吧。"

西热多吉："吃饭不重要。乡长说，这些树苗来自成都苗圃，600 公里路程，大汽车跑了两天，才运到西藏朱巴龙。为了保证成活率，要尽快栽植。村委会组织村民在游客接待中心等着呢。"

来到游客接待中心，村干部正与村民一起挖树坑。

游客接待中心是村集体经济，政府投资 100 万元建成，目前正在招租中。

边俊生看着附近干枯的风景树说："村游客接待中心位于 318 国道旁，位置好，是这条线上的进藏第一站。为了留住进藏的人们在此餐饮或住宿，先营造一个宜人的环境。去年主体工程施工时，乡政府安排你们村在附近绿化。这么贵的树、这么好的花，当时看起来活了，现在却成了柴火棒。"

村支书痛心地说："2020 年植树节，我们按照乡政府要求栽下那些树，安排护林员每星期浇透一次水。坚持了三个月，迎来雨季，树顶长出一拃多长的枝叶。一直到秋天，看着那些风景树真让人高兴，觉得能成活。朱巴龙的春天来得早，按节气去年栽的树该冒芽了，谁知没有一棵发芽的。到跟前一看，全旱死了。我后悔冬天没安排护林员定期浇水。损失大不用说，耽误一年时间呀。"

村民曲增说："去年我与大家一起栽树，觉得至少能活一半吧。要是没参加的话，感触没有这么深。看着自己费了那么大的劲栽下的树一棵没活，不说一棵树苗政府花了多少钱，心里总有说不出来的难受。话说回来，公家的钱也是钱，况且树是栽在咱村的。”

西热多吉接过他手中钢钎使劲挖着树坑。休息时，我对他说：“驻村工作队已经尽力了，你不必赌气。”

“我们尽力是应该的。工作有没有成效，有没有尽力是一方面，关键是有没有实现预定目标。我从 2018 年底来到朱巴龙村，至今已跨四个年头。要说赌气的话，今年栽的这些树，一定实现上级要求 85% 的成活率。”

“除了成活率，上级在植树方面还有哪些要求？”

“从全区范围讲，2021 年至 2023 年间海拔 4000 米以下地区户均种树 50 棵。朱巴龙村大部分居民区海拔 2500 米左右，有 88 户 782 人符合条件，需要在房前屋后植树造林、栽花种草。从全村说，2021 年 4 月 20 日前需完成植树 2200 棵，造林任务 44 亩。”

“我感觉村民的植树热情挺高。今天说在游客接待中心和村委会大院里植树，村干部一声令下，有 25 人带着工具来了，都是尽心尽力按照要求去做。”

“正是因为村民的劳动积极性高，想起以前植树的教训，我才感到内疚。”

“我们面对现实，展望未来。这些树栽下后，你有哪些养护措施？”

“我打算下午召开村‘两委’会议，专说植树造林和日常养护问题。我先理下大概思路，你看有没有需要完善的地方。村里有专职护林员，每年领着政府发的工资，必须发挥作用。把所有护林员根据所在组编成四个护林队，按月轮流值班养护。从 2021 年 3 月 16 日起，就是今天开始，朱巴组护林队就要履行职责。每星期浇一次水，要浇透。到了雨季，根据具体情况决定浇还是不浇。即使不需浇水，护林队也要巡查一遍，如发现被风刮歪的树，要及时扶正；有可能受到山上落石损坏的，需采取防护措施。关键是雨季过后，在漫长的冬季，由于高山峡谷干热气候的影响，朱巴龙特别干燥，护林队要保证定期浇足量的水。明年这个时候，今年栽下的风景树能正常生长，才能说明它们真活了。”

村民在游客接待中心植树（唐大山 / 摄）

“对村民有没有要求？”

“养护树木不只是护林员的事，所有村民都有责任和义务。教育孩子不要攀折花木，看好自家的牛，途经林木地带严防牛儿啃食。如有违反，要么损坏一棵罚栽三棵，且保证成活；要么根据损坏树木种类，处以购买价格三到十倍的罚款。所有措施都是手段，目的是养护树木，保证成活。”

听了西热多吉的养护措施，边俊生满意地点头：“在游客接待中心沿公路北侧装上围栏，做些有文艺味的越野标识，营造‘此生必驾 318’旅游氛围。这些风景树成活后，既美化了朱巴龙村的环境、为游客养眼，又给村民带来经济效益、巩固脱贫成果。”

秋 味

朱巴龙的树木会说话，通过枝叶间的果子告诉我，秋天到了。

秋天是有味道的，飘着清香。

小姑娘卓玛做完作业，让哥哥给她摘核桃。哥哥够不着离头一米多高的枝条，便攀着树干爬上去，费了好大劲才扭掉几颗核桃扔下来。

卓玛捡块鹅卵石有节奏地砸着青青的果实。哥哥把厚皮剥掉，顺手用小石块接着砸。鲜核桃张开嘴，果仁断开，横截面像牛奶一样白，好像要渗出汁液来。

哥哥取果仁，卓玛说你手上有灰，接过来剥着。她的手灵巧，左手五指并拢捏住一半果仁，右手的拇指和食指轻轻掐住边上撩起的浅黄色胞衣，慢慢一扯，露出一身白。哥哥张开嘴巴等着，她把果仁送过去。

哥哥咂咂嘴，似乎在说，那一半该你吃了。

这里的梨子个头不大，结得密。密到什么程度？密到远看像蜂窝，近瞧几乎无叶。我担心枝条能不能承受住果实的重量，整棵树给人一种无论如何也结不出这么多梨子的感觉。硕果累累描述的就是眼前所见。

有一棵梨树，树龄够大的，它的一些枝杈已枯断。虽已老朽，它仍在以独特方式向自然界展示活力。如果不是一嘟噜梨子悬在空中，那根连着果实与树干的枝条很容易被人误认为枯枝。它高高地挂在那儿，说是一嘟噜梨子，仰望却像一嘟噜葡萄。我从不同角度数，不少于 25 个。另一面没法数，因为是悬崖，过不去。我对着那嘟噜梨子看了许久，觉得似在哪儿见过的一幅

硕果满枝头（唐大山／摄）

画。一根细细的枝条，画家给它画上那么多果实，没有叶子衬托，太假。对着大自然中的梨树，我才相信那位画家见过这般抱团结果的情形。

村旁有座白塔，白塔旁有棵大核桃树。几位老人围着白塔而转，信仰有，锻炼身体更重要。他们明白一个道理，新时代政策这么好，健康就是幸福，有什么比过好今天的生活还好的事情？

几头牛从一家院子里出来，后面跟着一个少年。从村里的树叶看不出秋天的到来，十月份了，仍是那么绿。山坡上的灌木已失去生机。牛儿知道，少年把它们送出村，是去啃些枯黄的草儿。

把牛送出去，不用照看，傍晚时，它们能找到回家的路。

达瓦把拖拉机开出来。几个妇女开始清理牛粪，积攒了几个月有一拃厚。有人用工具把牛粪刨起来，接着砸一下，散成小块。有人扯过来编织袋，有人往里装肥料。装满了，扯袋者会扎紧袋口，往身上一背，放进停在不远处的拖拉机车厢。

没人嫌牛粪脏。在他们看来，此时的牛粪没有臭味，反而散发出一股粪香。我走到跟前闻闻，和小时候在皖北地里施的农家肥确实不一样，感觉牛粪的味道容易接受些。我想起老西藏王璐给我说过 1960 年代经历的事情。那时以干牛粪为燃料，有时没得捡了，看到牛想拉屎，她在旁边等着，一落地，伸手抓起来糊在墙上，晒干用来烧炉子。以牛粪做燃料的年代一去不复返，朱巴龙人早已用电器煮饭。

达瓦开着拖拉机来到地里，坐在粪袋上的妇女跳下来。有人到车厢后站好，有人往她背上掀袋子。她们把牛粪均匀地倒成堆。

上季收的庄稼是玉米，下季种的庄稼是冬小麦。风吹日晒，地里的玉米茬已经干枯，野草变成黄色。牛儿在享受着一年里最后的盛宴。它们悠悠地寻觅着，艰难地啃啮着。金沙江边耕地少，土壤中有大量砂石。施上农家肥，能在一定程度上改良土壤。

一位老阿妈拄着两根棍子来到地边。这是她熟悉的地方，曾在这块地里劳作几十年。朱巴龙的秋天不冷，甚至有些暖和，只是有时伴着风。今天天气不错，趁着腿脚还行，她出来活动一下，看着孩子们拉粪，瞅着牛儿吃草，望着金沙江水从村旁流过。

老阿妈知道，以前她靠着活命的土地，孩子们侍弄着，只能算作一种乐趣。种下冬小麦后，有人开起大车跑运输，有人去四川务工，挣到手的钱是一把一把的。

这或许是另一种秋的味道吧。

菌子山

记者节宅在村委会里，名不副实，我要去爬菌子山。

菌子山本无名，因村北的那座山上雨季时到处是菌子，当地人美其名曰菌子山。

天色放亮，金沙江上方的北斗七星隐去身影，我从朱巴龙村朱巴组穿过。

天气微凉，核桃树叶泛出黄色。这里的深秋不冷，树叶通过颜色告诉我，冬天的脚步不会太远。

核桃树掩映的土路上走过来几头牛，后面跟着吉村。他和我年龄差不多，过五十的人了，瞌睡虫跑得快，天一亮，便把牛儿赶出来。

“吉村啦，你让牛儿起得这么早？”

“它们和我一样，早睡早起，到江边找些好吃的。你要去哪儿？”

“我去爬菌子山，夏天你们采菌子的地方。”

“要走半天。这些年我们骑摩托上山，我都走不上去了。”

与吉村一挥手，我接着往前走。山路挺好，可以通行越野车。

无论山路弯到哪里，金沙江都在我的视野中。早知道“一衣带水”这个成语，真正感受它，是站在高处眺望金沙江。放眼南望，江身大体是直的，但处处有身子扭动的痕迹。我想起冬天母亲棉裤管上的布带，每次给她扎起前，会扯着带子的一头抖几下。眼前的金沙江，特别像扯着抖动的那条带子。

一衣带水，一个来自生活的成语。金沙江，一条纵贯芒康山区的水带。

距江面数百米的上空，有一层薄薄的水汽。我断定它是水汽，而不是雾。

此时此地干燥程度和拉萨差不多，不具备雾生成的条件；因为无风无工业污染，不是尘埃之类的东西。高山峡谷特有的这种干热气候，使我经过的山腰连灌木都难以生存，只有稀稀拉拉几棵枯黄的野草。

九点半，我特意看下时间，太阳爬上东山顶，那是江对岸四川竹巴龙的山。

站在西藏朱巴龙山腰上的我惊呆了，东方射来万道光芒。

我想仰视它，太阳用带有色彩的光线告诉我，怎能用人眼直视呢，那要付出代价。既然如此，我饱览阳光照耀下的万物吧。我的侧下方，是一户人家，房顶全是玉米，阳光射过来，真是一片金黄。牛儿离圈，附近地里有一堆堆的农家肥，那是用来种植冬小麦的。

在农田下方，有一片滩涂，由江水冲击而来的细沙组成。妙的是有一簇树木在那里生长着，柳树必不可少，杨树与其做伴，相拥在一起犹如沙漠中的绿洲。

江面没有出现想象中波光粼粼的情形。江水的颜色是有规律的，春秋天如泥巴水的状态，夏天是沙尘暴的颜色，冬来江水才能绿如蓝。由于距离原因，浑浊的江水没有影响我的情绪。阳光照在临水的沙滩上，让我睁大双眼，反射过来的是一道道金光。我恍然大悟，金沙江的名字原来是这样得来的。

下面传来人的吆喝声和“嘚嘚嘚”的马蹄声。我驻足观望，很快从转弯处蹿上来两匹马，上面的两个青年手舞足蹈地催马前行。

他们骑马上山干什么？难道山上有住户？一小时后，答案出来。两个青年牵着马下来，与我再次相逢。

“你们这么快下来了，是给山上的人送信？”

“我们驯马。”

“马儿还有用吗？训练它干吗？”

“自从有了各种各样的车子，马确实没用了。就是因为平常用不到它们，才要训练一下。整天懒洋洋地吃草晒太阳，到了藏历年或者明年夏天耍坝子，想参加赛马，它们连走路都抬不起蹄子。你一个人走这么远的路，干什么？”

我不禁莞尔：“我训练自己。”

千百年来行走在茶马古道上的骡马一旦无用武之地，要训练一下才能保持活力。怀揣记者证的我要自我训练一下，才可能使手中笔保持流畅。

三个小时过去了，眼前所见再次证明我处于荒山野岭中。灌木几乎没有，疏草连山羊胡子也比不上，路旁能看清碎石多于泥土的山体结构，干燥得张开嘴巴。

左上方山头上有些许青冈，看起来有路，而脚下主路的方向通往右上方。我困惑的是右上方的山看起来光秃秃的，甚至开始怀疑自己的判断。

正在为难时，左上方传来摩托声，从拐弯处驶来两个人。他们是朱巴龙村人，认识我，在这个地段见到我有些诧异。

“哪里去？坐摩托，送你回村。”

“你们来的山上有人住吗？采菌子的地方往哪里走？”

“我们从牧场来，没人，只有牛。早没有菌子了，菌子山是另一边的路，有些远。”

“夏天没来成，今天我要去看看。”

两个人启动摩托，似信非信地看看我，走了。从下一个弯拐过来，他们出现在我的侧下方，再次停下，邀我坐摩托下山。我谢绝他们的好意，向右上方走去。

前行的方向没有错，总能走到菌子山。

一时不见了金沙江。转几个弯，金沙江又跳出来。由于转过一个山头，看到的不是南边的金沙江，而是从北而来的金沙江。两岸的几个村庄犹如跟着父亲奔跑的孩子。人们把长江称作母亲河，在我看来，它的上游金沙江却似父亲的模样。江水浑浊，江岸苍凉，山顶有青冈、松树，金沙江缺少母亲的温暖与慈祥，拥有的是父亲的雄壮与奔忙。

阳光照得我眼睛有些晃，想到一句诗“唯见长江天际流”。我极目远眺，好像看到了巴塘县城，那是不可能的，只是恍惚在诗的意境中罢了。

快中午了，赶紧上山吧，此次不见菌子山，今生再难登此山。

在此地行走，峰回路转是常事。这一次转身，虽然感觉有些累，脊背上出些汗，侧前方却出现期待已久的景象。

青冈林，离我只有几百米远的青冈林，边缘是稀疏的，能分辨出一棵一团青来；往上是稠密的，连成一片一直长到天上去。

我想奔跑，理智告诉我，此地海拔接近4000米。不知兴奋还是海拔高的原因，左耳出现耳鸣现象。我在西藏这么多年，海拔5000米以上的地方去过多次，出现耳鸣是第一回。

我要在可能的情况下走近青冈林。我不做冒险之事，又不愿放弃到村民每年捡菌子的地方看个究竟。

深秋的菌子山有鸟在飞翔，小路依然通。我不慌不忙向青冈林靠近，除了轻微耳鸣，没出现其他症状。我看下手机，居然有信号。这增加了我的勇气，万一出现意外情况，可以向村委会的人呼救。

意外情况还是出现了。

目光顺着青冈林移向天际，奇迹出现，它的上方挂着半个月亮。

正午时分，喷吐着紫外线的太阳，蔚蓝的天空，青青的山冈，点睛之笔是那淡雅的半个月亮。

青冈林与中午的半个月亮（唐大山／摄）

我在民歌里听过“半个月亮爬上来”，在生活中见过它慢慢爬上来的情形。半个月亮爬下去，没听说过，以前也没见过。今天早上我见到它的时候，比这明亮得多。今天是农历九月廿三日，这是一轮下弦月，黎明时那么明媚，正午时这么羞涩。如果不在意，有可能忽视它的存在。美就是这样，它常伴随在你的身旁；如果不知道寻找美，不懂得欣赏美，很多人视而不见。

置身青冈林，我忘却耳鸣，这里与山腰是截然不同的两个世界。山下干燥得人的鼻孔有些发痒，山上的青冈林下落叶踩上去有些软。要不是山高路远氧气少，菌子山是个休闲的好地方。

再一次远眺，正应了人们常说的一句话：没有金沙江哪有青冈林，没有青冈林哪有菌子山。

学党史

尽管村民能听懂普通话，给他们讲党史不是容易事。

准备讲授内容时，我感到自己的党史知识贫乏。好像什么都知道些，但难以具体化，说不出有滋有味的内容。

知识储备是一方面，如何讲得有感染力更重要。为了把党史说清楚、把道理讲明白，我在村里学起党史来。

《中国共产党简史》通读一遍，对党史有个概括认识。我掌握的这些内

朱巴龙村党员升国旗（卓玛 / 摄）

容，全国人民都晓得，照本宣科地讲达不到预期效果。

《习近平的七年知青岁月》通读一遍，对总书记的青年时代有了感知。把这些讲给村民听，他们可能不知所云，因为陕北的地貌、生产生活情形与朱巴龙村差别很大，我要找到契合点。

精神？想起这两个字，我茅塞顿开，习近平总书记说过革命理想大于天。共产党人因为有了革命理想，才具有革命精神，才充满大无畏的冲天干劲。

站在村委会前，望着金沙江水，我突然发现把党史与村民连接起来的桥梁。

和平解放西藏的前奏是解放昌都。1950 年 8 月 2 日，中国人民解放军第十八军解放四川省甘孜藏族自治州巴塘县。很快昌都战役打响，解放军在川藏交界处渡过金沙江，其中一处渡江点位于巴塘县竹巴龙乡与我所在的芒康县朱巴龙乡之间。两个乡分别属于四川省和西藏自治区，仅一江之隔。

后来的事实证明，我选择这个知识点给村民讲党史是合适的。村民这才意识到从小到大生活的地方是片红色土地，自己的奶奶烧好开水迎接解放军到来、爷爷为解放军摆渡。

这不是想象，而是真切的事情。四川竹巴龙有个叫友增的村民，她的爷爷参加过渡江，只不过后来部队为了后勤保障需要安排他留守竹巴龙。四川竹巴龙与西藏朱巴龙本来一衣带水，两地村民互有亲戚，实为一家。讲到这里时，朱巴龙的一位老人说：“我小时候见过友增的爷爷，都喊他老西藏，说的是当地话，吃的是糌粑，待人乐呵呵。”

不需我点题，村民把老西藏和精神连在一起，老西藏精神自然而然出现在脑海里。

金沙江水长又长，318 国道在身旁。无论四川竹巴龙还是西藏朱巴龙，为世人所熟知，先因茶马古道后因 318 国道。朱巴龙意为船夫居住的地方。我们常说古往今来，古往时船夫把东来西往的人们摆过江去，今来了村民把解放军官兵渡到西藏。

进藏部队边进军边修路。在四川巴塘县与西藏芒康县之间，茶马古道依偎在金沙江身旁。部队官兵与民工修呀修，1954 年终于修到拉萨，这就是西藏连接内地的交通大动脉——川藏公路。为了把千年茶马古道修筑为 318 国道，当年每公里牺牲一名解放军战士，倒下的民工难以计数。

说到眼前的朱巴龙，认真听讲的村民想到的可能是自己的爷爷加入修路大军、奶奶成为民工中的一员。

看着一双双动情的眼睛，无需我多说，部队官兵与群众一起修筑了川藏公路。这条公路与翻越唐古拉山的青藏公路在拉萨交会。在这两条公路上表现出来的昂扬斗志，汇聚成一种精神，就是人们耳熟能详的“两路”精神。

2021 年，318 国道迎来新一轮改造升级。道路畅通后，从西藏朱巴龙到四川巴塘县城，车程仅需二十多分钟。

我们在金沙江边享受着优惠政策，感受着生产生活方面的发展变化，从而认识到没有中国共产党就没有社会主义新西藏，由衷地听党话、感党恩、跟党走。

在学中讲、在讲中学，通过党史学习教育，我与村民产生共鸣，在思想上提高了对党史的认识，加深了对中国共产党的感情。

金沙江畔龙字多

从朱巴龙村村委会坐班车沿金沙江东岸南行，在四十多公里的地段内，出现的地名有竹巴龙、曲弄龙、呷亚龙和苏洼龙。如果继续往南，两岸带龙字的地名还有很多，如雄龙、美荣龙和曲龙等。

这些地名后面的龙字均为藏语音译。在青藏高原，末尾发“龙”音的地名翻译成汉字时，有的用龙，有的用隆（如隆子县），个别的用砻（如雅砻）。我偏爱龙字。

看中国地图，把目光投向金沙江，它大体上自北向南沿着川藏边界摇摇摆摆流入云南。它裹挟着惊涛骇浪在高山峡谷中穿行，身子弯弯曲曲，正是一条翻滚跳跃的水龙。

从金沙江北端到它的南端，海拔落差三四千米。它呼啸而来，奔腾而去。它的力气大得惊人，可说龙劲十足，水力资源丰富。在金沙江上筑起一个个大坝，把龙的力量转化为可资利用的水电。金沙江这条飞龙，为了子孙后代的永续发展，温顺得犹如慈父一般。

无论站在西边西藏朱巴龙的山顶还是东侧四川竹巴龙的制高点，北望金沙江，它从天际线钻出来，更多时候是从众山缝隙中挤出来，像敦煌壁画中飞天的飘带从天上甩过来。南眺金沙江，它从眼前飘逸而去，在群峰中慢悠悠转过几道弯，消失在远山中。

无论春夏还是秋冬，金沙江的水量都没有我想象的多。江水一年四季的颜色变化明显，夏天黄中泛着红，不是紫，是沙尘暴一头栽进江中的颜色；

北望金沙江（唐大山 / 摄）

冬天绿中带着蓝，不是青，是游泳池中水的颜色。用手撩水，总有天上的冰激凌掉到江中融化的感觉。

我曾向藏族兄弟请教，龙字在藏语中是什么意思。他对我说，有人说龙是山谷，有人说龙是一群人居住的地方。

对后一种解释，我明白，朱巴龙的意思是船夫居住的地方。对龙是山谷，亦能想通，看一下金沙江两岸的居民区，均坐落于山谷中。奇妙的是，几乎每个山谷都或多或少地有人居住。

还是登高望远吧，金沙江这条龙的姿态才能尽展雄姿。

它的身体总的说来是顺的，但看局部，没有一处是直的。它一会往东弯，一会向西拐，弯来拐去大方向是从北流向南。眺望金沙江，既要有近距离细致入微的观察，也要有放眼长空的大视野。爬上江边一座海拔超过 4000 米的山峰，金沙江完全是另一副模样。江身灰白色，两岸的山体泛着浅黄，层层叠叠的视觉效果犹如龙身上的细鳞。往上看，一片片青冈林和松林点缀在一座座山峰上，呈现出青灰色，龙身上的鳞片相应变大。

环顾周边，会发现某一处地方，山顶的青灰色绵延下来，愈接近江身，愈发绿意盎然，那是山谷。有山谷必有溪流，再大些成为小河。有了水，贫瘠的砂质土壤长出合抱粗的大树，干燥的红岩石开出绚丽的小花。这么具有诗情画意的地方，怎能不留住几户人家?

在大视野中观察，我面前的金沙江陡然动起来，恰巧天空飘来几朵云彩，增加了它的生气与威猛。

在人们的想象中，龙能呼风唤雨，给干旱带来滋润。金沙江这条龙夏天还原一下本性，但吐出来的水泛着黄，稍一用力，喷出一片红山脉，繁育出一群龙子龙孙。它从青藏高原一下跳到云贵高原，昂首东去。哦，炎黄子孙原来是这样出现在世界的东方。

春秋季节，金沙江这条龙能呼风但唤不来雨。这时的它不再像夏天那样朦胧，而是清晰地盘伏于大地。到了冬天，它是那么安静，似乎在冬眠。即使这种状态，它的刚烈仍寓于内。它的柔情在眼睛里，你看那一衣带水多么明澈。

说起龙，常用张牙舞爪来形容。金沙江这条龙，它张牙，但从不咬人。我在它身旁生活了春夏秋冬一个轮回，感受到的是舐犊之情，谁让我是它的后代呢。它舞爪，但从不抓人。金沙江畔山谷里的一个个村落是它伸出来的一只只爪子，寒来暑往，像羽翼一样保护着里面的居民，因为他们是炎黄子孙。

金沙江，一条赤龙。为什么它的身旁有那么多带龙字的地方？因为中华大地生活着龙的传人。

驻村点滴

一路向东

2020年1月19日中午，在林拉公路上驰骋四小时后，我们途经一个叫卡定沟的地方。

看地貌，这里离林芝市区不远。

天不阴不晴。疙瘩云占据了大部分天空，阳光偶尔射向人间。这是林芝在天气上有别于拉萨的地方。

比拉萨优越的，还有满山坡的树木。在西藏，判断一个地方的海拔高度与是否宜居，有无树木与数量多寡是直观的衡量标准。卡定沟的山峰有模有样，上面的树木为山的造型增加美感。奇妙的是有些凹下去的地方，能看穿依着山势长出来的树，坡度上扬，犹如马脖子上的鬃毛。是呀，林拉公路把林芝与拉萨连在一起后，这一带的发展正像一匹奔跑的绿色之马。

光有林子，显然不过瘾。远山的一层雪给天际描上一道白边。近处山坡自上而下的山沟好像害了羞，把昨天夜里飘来的雪花捧来，好似给森林挂上一条条洁白的哈达。绿白相间，这是林芝特有的景观。大自然的美容师深知，没有雪花点缀，林芝会逊色许多；如果漫山遍野是厚雪，与东北的林海雪原没有区别。林芝的雪不多不少，让你领略到它的姿色，不至于多得影响交通。

猛听到前方挡风玻璃上传来轻微敲击声，细看，有白色颗粒撞过来。这是什么？车中人共同辨认，是雪粒。难以想象，灿烂的阳光普照车身，雪儿来凑热闹。太阳雨，很多人经历过；太阳雪，我是第一次见到。仰头看天，一坨暗黑色的云在上方浮动。这里的天气让人捉摸不定，一片乌云来，一阵风儿刮，眼看着山中飘雪花。

下午，快到通麦，我努力辨认着眼前的一切。

2012 年 5 月底，我去芒康县昂多乡曲塔村驻村经过这里。当时的通麦大桥摇摇晃晃，单车通行。桥的两端各有一位手拿旗子的疏导员。一辆车过去，对面摇旗示意，放下一辆通行。为了确保安全，在过桥之前，乘客下车，徒步前行，这是为了减轻桥的负重。走在用横木搭成的桥面上，我虽不像有的人心惊肉跳甚至尖叫，也担心万一掉下去……后果只有鱼知道。那时，如果遇到阴雨天气，路面泥泞不堪，在桥两端堵上两三天并不稀罕。常走川藏线的人知道，车里备用食品主要是在这一段路途派上用场，有时吃完了，想买包方便面却无处寻觅。

当年底离开芒康从这里返回拉萨时，隧道已经施工，车和人仍需从老桥通过。

正在寻思，没来得及把头从右侧移向前方，我们的车子钻进深不可测的隧道。我判断，这是当初见到的正在施工的隧道。虽没看清名称，它却早已深深印在我的心中。

大概十多分钟，前面露出自然光亮。我感觉它很长。隧道的长缩短了老路的长，蕴含着修路架桥打隧道的技术含量，折射出我们的综合国力。

我想让车子慢点走，给我留些遐想的时间和空间。张济荣说："唐哥，我们够慢的，再慢后面就要追尾了。"

刚出隧道口，车子驶上一座特大桥。我见过一些河流、峡谷，但从没在这样的河流上方穿越过。桥下的江犹如一条游龙，蜿蜒而去。桥的造型赏心悦目，气势如虹。实践证明，中国人没有解决不了的问题。

车子驶离桥面，一头钻进帕隆 1 号隧道。在里面的感受不再赘述。在相距不远的地方，依次通过小老虎嘴隧道、飞石崖隧道。听名称，可以想象这一带山势的陡峭、山路的危险。

通麦特大桥终于出现在眼前。天堑变通途，无险可述，行文好像失去诸多精彩。道路通畅，人车安全，我宁愿舍弃所谓的华章，就像茶马古道一样，让那些故事封存于记忆中。

在拉萨渴望下雪，老天总是那么吝啬。在赴芒康驻村途中，巴不得一路晴天，毕竟路上的安全是头等大事。

20日清晨，走出波密的宾馆，惊呆了，大街上一片银白。让张济荣傻眼的是，他驾驶的猎豹车因缺电而无法启动。我们两辆车是一个团队，在途中谁也离不开谁。

张济荣和谢洪军都是年轻的老司机，年轻，岁数不大；老司机，驾龄很长。西藏的艰险之路练出了他们的胆大心细。谢洪军熟练地从后备厢掏出工具包，三下五除二把他车上的电输送过来。

雪花飞舞中，我们谨小慎微地驶出波密县城。

如果说卡定沟的雪似羞涩的少女犹抱琵琶半遮面，这里的雪如成熟的少妇张扬开来。路旁的树冠顶着厚厚的一层，伸出的枝条被压得略往下沉。雪景无心欣赏，我们担心的是冰雪路面。

在然乌湖前后一百多公里的路面，被冰雪覆盖。见到的车辆大部分沿着318国道一路向东，他们是自驾回家过年的。停在路旁的车辆，有人在拨弄四驱，有人在上防滑链。谁都清楚，在路上出现任何麻烦，都使回家的路更加艰难，让家人生出无数牵挂。

这么多车辆在公路上行驶，有人遇到问题在所难免。

前方不远处，有三个人对着缓缓而过的每辆车打着手势。我们不解其意。待到近前，听一个人说:“慢点开，千万别踩刹车。”他们的身份一时难以判断。

接着往前，拐过一道不大的弯，路面出现下坡，一辆奔驰车斜冲在路旁，左前轮恰好滑入排水沟中。

至此我们方才明白，那三个人原来是从奔驰车里下来的。张济荣给出解释:“车子在冰雪路面行驶，拐弯下坡，出现打滑现象，司机本能地猛踩刹车，失去控制，斜刺过去，遇到障碍物才被迫停下来。”

我对开车一窍不通，有些纳闷：“遇到危险踩刹车是自然而然的动作，不那样做有其他办法吗？”

张济荣说：“在冰雪路面行车，放慢速度是第一选择。如遇打滑现象，千万不能踩刹车，而要沉着地把控方向盘。如打滑时间长，可快速点下刹车，随即松开。关键是提前把速度降下来，才能化险为夷。”

我坐在车里不知所措，他竟演示给我看。车身意外一颤，甩下屁股，好在他有把握驯服手中之物。

继续行驶半小时，一辆大客车斜在路边，后面的一个轮子卡在排水沟里。五六个乘客协助司机往车前方的路面撒防滑沙，其他人站在路旁焦急地等待着。

我们小心翼翼地绕过去。

在一个坡度不大的路面上，几个人一起在后面推着一辆小轿车。我问张济荣是怎么回事。他说：“在有冰雪的上坡处，车辆忌讳停下来。坡度大，车子有可能倒回去，甚至失去控制；坡度小，再想爬上去甚为困难。那辆轿车属于停下来爬不上去的情况。”

昔日李白在《蜀道难》中感叹行路之难，今天在川藏线上开车依然存在危险。无论春夏秋冬，每年川藏路上都有事故发生。这正像来去匆匆的一群蚂蚁，有几只遭遇意外，整个蚁队依然前行。

在这支由车辆组成的东行队伍中，他们是回家过年，我们是去位于金沙江畔的驻村点。明知前方有困难，又见到路旁抛锚的车辆，我们的选择只有一个：继续前进。

21 日 18 时，与我们相伴而行的小河汇入前方水带。

张济荣说快到了，我如梦初醒，那条横在我们眼前的水带是金沙江。

金沙江，世人皆知的长江上游，如今就在我的面前。

三天行程，一路向东，金沙江是我们心中的路标，依偎其旁的朱巴龙是我们工作生活的地方。

驻村队员

西藏日报社在芒康县朱巴龙乡有两支驻村工作队，一支驻在朱巴龙村，一支驻在草地村。六名队员各具特色，让我来画一幅幅人物速写。

驻村队员在金沙江钢架桥上（自左至右：洪国伟、刘枫、张济荣、西热多吉、旦增晋美、唐大山）（向世宁/摄）

西热多吉坚持吃糌粑。

每天早上八点半，从金沙江边读书回来的西热多吉拿起碗，放上一小块酥油，加些白糖，舀上一碗糌粑，倒进开水，开始抓糌粑。

他是真抓实吃。左手端着碗，右手食指和中指朝中间的糌粑戳几下。拇指抵住碗外侧作支撑，手心贴着碗沿，其余四指弯曲。在弯曲的四指中也有分工，食指中指无名指并排拢在一起，齐心协力地在碗里揉捏糌粑；小指头微翘，偶尔沾些糌粑，主要起平衡作用。

在这个按照顺时针方向运动过程中有三动：手动、碗动、糌粑动。托着碗的左手在外面动，抓糌粑的右手在里面动；在两只手的共同作用下，碗像陀螺一样旋转着；经过一抓一捏，原先粉状的糌粑变成一个个橄榄形的小团。

他拿起一个小团，慢慢送进嘴里。他咀嚼的仿佛不是糌粑，而是人生。

张济荣喜欢纸质照片。

一心援藏的向世宁沿着川藏线进藏，因为与我相识，在村委会逗留几日。他是一位摄影师，相机已经伴随他四十多年。他提出为我们拍照，通过微信发过来。除了张济荣，大家都高兴不已。

我问张济荣为什么不要电子版照片，那样不会丢失变质可以永久保存。他说不喜欢电子版照片，不管在手机里还是电脑里看都没意思，不如捧在手里的纸质照片看着过瘾。我们对他的这种想法不可思议，甚至认为想得到纸质照片是在做白日梦。

第二天，向世宁从车上抱来个纸箱，打开一看，是一台打印照片的设备。看着打印机慢慢吐出来的照片，张济荣高兴得像个孩子一样笑了。

刘枫是个夜猫子。

我们在单位时，由于记者经常外出采访、编辑分白班夜班，对坐班没有硬性要求，有些人养成后半夜睡觉的习惯。刘枫就是这样的一只夜猫子，多数情况下在凌晨两三点入睡。

天天在村里，有活就干，没人强调严格执行作息时间表。据说，一位工作队员骄傲地对人讲，有一天她起得最早。那人问她什么时间起的，她昂起头来说10点起的，听到的人差点笑岔气。作为草地村工作队队长，刘枫提议大家都起早些，给村民留个好印象，无奈连自己都无法改变晚睡晚起的习惯。

除非有开会办事等情况，刘枫的工作时间集中在下午和晚上。他说，一到晚上，好像吃了兴奋剂，精神倍儿爽。掐指一算，从晚上8点到次日凌晨2点，有六个小时工作，而且效率特高。

刘枫说他的习惯不可效仿。他羡慕我早睡早起，我佩服他这只夜猫子精力充沛。

洪国伟开起农家乐。

工作队内部和谐相处弥足珍贵。在去驻村点的路上，我对洪国伟说，工作有明确分工，但不是绝对的。大家在一起工作生活，人太懒不好，太勤快也不妥当，因为懒人有可能认为所有的活都是勤快人应该做的。洪国伟说他不骑马不骑牛，骑个毛驴中间游。意思是，他不懒也不会勤快，做好分内事足矣。

来到村里，洪国伟忘了自己说的话，把餐具、灶台和周围墙壁擦洗一遍。草地村没通电，用的是太阳能光伏电板，做饭烧朽木烂枝。他是个早睡早起且闲不住的人。早上起来，他做的第一件事，是点起火烧炉子，其他人起来就能喝上热茶。

我们觉得用电做饭省事，洪国伟却说用柴火做饭高级。你看，一些饭店打着农家乐的招牌，实际上是把饭菜用电做熟后倒进铁锅里装成柴火烧的样子。我们这里不用装，千真万确是用柴火做熟的，味道真与用电煮的饭不一样，香多啦。

洪国伟在条件有限的情况下，变着法子改善生活。和他一起驻村，简直是一种享受，不仅享受着农家乐，而且实现了大家乐。

旦增晋美微信头像多。

驻村生活有繁忙的时候，也有寂寞无聊的时候。特别是草地村，海拔3800多米，盘山路有30公里，在上面住着，如在云端过着神仙般的日子。旦增晋美性格豪爽，要打发这种只有神仙才能过上的生活并非易事。

旦增晋美的微信头像多变。通过朋友圈，基本上能对一个人做出初步判断。他的头像与朋友圈配图多是自己的照片。回忆过去，旦增晋美深有感悟，酒肉朋友靠不住，事情来了，只有自己扛。微信头像立即变成他背着大垃圾桶走在旷野上。是呀，人到中年，上有老下有小，不能漫无目的到处游荡，要脚踏实地干工作，要让心灵有个停靠的港湾。

旦增晋美说到做到。有时其他人去巴塘买菜或者去乡里开会，他一人在山顶的村委会里值班。可以轮休，他给队长声明，把机会让给别人，自己要在村里坚持到底。驻村，一定自始至终住在村里。

唐大山醉心爬格子。

要问我有什么爱好，小时候喜欢写作文，长大了水平提高有限，还是坚持写下去。

我在电脑上几乎敲不出想要的文字，只好拿起笔来延续传统方法，似乎说是看到白纸黑字才能说明在写作。以前有稿纸，上面是方格，一个方格写一个字，所以把写作叫作爬格子。我没有那样的方格稿纸，来的时候从单位办公室垃圾箱里拣出一沓废弃的大样纸，在上面写字很惬意。久而久之，我看用了多少张大样纸，就知道大概写了多少字。平均下来，一张纸上能写1500个字。

通过这样的爬格子，我爬出两本文学专著，爬出中国西藏网上的“大山驻村见闻”，爬出在村里充实的生活。

通过一个个人物肖像，管窥一斑，你对我们有初步了解吗？

爷们过日子

乡村振兴专干做完工作去乡政府。在金沙江畔的村委会里，全年住着工作队的三个爷们。

6 点，我与外面的天空一起睁开眼。在朱巴龙的睡眠效果明显好于拉萨。在拉萨往往睡不实，早晨三四点钟醒来，两小时后再眯一会。这里比日光城低 1000 多米，温度的回升和花草的苏醒，比拉萨提前一个月。

7 点是西热多吉起床的时间。他拿起那本翻得有些破旧的藏文书籍，去金沙江边跑会步、读会书。我问那本书的内容，他说是藏文单词和语法。驻村期间坚持学习，说明他有追求。

8 点，张济荣手拿牙刷出现。他刚到即声明，睡眠不好，单独住个房间，不影响他人。他在这里的睡眠略有好转。各人的生活习惯既有可塑性，也存在不易改变的部分。

读者看到我们仨在仲春的起床时间，可能会哑然失笑。坦率地讲，在朱巴龙乃至整个西藏，我们起得较早。

早饭自行解决，要么糌粑，要么汤圆，要么昨天的剩饭熬成粥。中午是米饭，一荤一素两个菜，掌勺的是张济荣。在饮食方面，我和西热多吉都感到吃得好。在家吃饭有时将就一下，这里的午饭晚饭从未将就过。

由于生活习惯或者勤懒不一等因素，有些工作队出现不和谐现象，在做饭方面表现得较为突出。一个队中有没有会做饭的人，在炒菜与刷锅洗碗等具体事情上如何分工合作，考验着队长的智慧与队友的团结。

进村路上，我说起做饭的事。张济荣说，一个人喜欢做饭，一年到头让

驻村队员的早餐为吃糌粑（向世宁 / 摄）

他做，好烦哟。不经意的一句话暴露了他的饭做得不错的事实。

西热多吉已在这里待过一年，工作干得好，能炒几个菜。平常他俩联手，虽未明确分工，做饭时以张济荣为主、西热多吉为辅，大家吃得有滋有味。

我觉得要在做饭方面尽些力，请求做顿午饭。

我让张济荣说说炒菜的步骤、准备的食材、下锅的次序以及如何把握火候，他总说“都可以”“怎样都行”“反正都是吃呗”。我不得要领，只好硬着头皮乱放乱炒。

趁他俩不在厨房的瞬间，我舀一小勺辣椒粉撒进菜里。他俩都吃辣，我虽不吃辣，但为了遮掩炒菜技术，只好用辣忽悠一下。

炒土豆丝时，张济荣走进来。他的眼神告诉我，纯属糊弄。锅底煳了，他终于忍不住说：“唐老师，切好的土豆丝没用清水泡吧。”

我确实没泡，只好承认。他说：“泡一下，淀粉洗掉，不会煳锅。”

这顿饭，张济荣吃得很少。他夹起一根土豆丝，送到嘴边一咂，就说：“这个菜没放盐巴。”

我陡然想起，炒完荤菜看他进来，一紧张，把盐巴给忘了。

我说："怎么弥补？我取些盐巴撒上面。"

他仍是那句话："都可以，我怎样都能吃。"

据我的生活经验，经常说"都可以"的，有两种人，一种是我这样一窍不通只好说"都可以"，一种是他那样做得很好却碍于情面用"都可以"搪塞他人实则自己不满意。张济荣是那种活做得好在为人处世方面聪明的人。

我不会干，对他的那句话有些不适应，于是顺着说："好吧，就这样。"

出现几秒钟的尴尬，西热多吉端起盘子，去厨房再加工。几分钟后，冒着热气的土豆丝回到我们仨面前。

我不是不想干，而是干不好、不会干，勉强干些活还需他俩返工。比如我切的莴笋，厚得很。西热多吉拿过去重切，反而没有自己从开始切顺当。

我把午饭后的刷锅洗碗包下来，早起拖地，晚上烧水，尽力在其他方面做些事情，不然时间一长混不下去。

吃完晚饭，西热多吉去和乡政府工作人员打球。这是几个年轻人唯一的一项体育运动。在这里工作的人，活动场所就这么大，下班后，单身汉与篮球为伴。人们高兴时打它，郁闷时打它；想家时打它，休假回来还是打它。当一个年轻人长期不在篮球场出现，队友晓得，他已经抱起娃娃，在朱巴龙安下家、结出果。

我与张济荣沿着金沙江边散步。我们大江南北漫无目的地聊着。这是他第五次驻村，前四次在那曲，这一次来到金沙江畔。他常说："老婆孩子在四川省成都市大邑县，我一个人在西藏，在哪里都是工作生活。这里海拔低、气候好，说不定明年再来一年。"

晚上，我把消磨时间的文字在电脑前打出来，11 点休息。西热多吉在电脑里学习买来的课程，12 点就寝。张济荣回到房间，先给家人打一通电话，然后追剧，什么时候入眠具有不确定性。

2020 年，西热多吉 32 岁，张济荣 39 岁，我 51 岁。深山里三个爷们的生活，是一部乡村题材的电视连续剧。

我们仨

转眼间，在朱巴龙村待了一年多时间。回顾与西热多吉、张济荣在一起的日子，感慨颇多。

我是工作队队长，西热多吉是村党支部第一书记。上半年我领导他，下半年他领导我。

不清楚的人感到奇怪，驻村工作队居然存在这样的分工方式。

按照惯例，我负责工作队的全面工作，尽管只有三个人。西热多吉身为第一书记，却处处敬着我，可能是由于年龄悬殊的缘故。随着相互了解的加深，我发现他的工作能力强，会协调与乡工作人员的关系，在群众中口碑好，具有汉藏双语优势。

我有自知之明，觉得由他负责全面工作较为合适，况且他是朱巴龙村名副其实的一把手。

“西热多吉，你去年已在这里工作一年，群众基础好，在村干部中有威望，能与乡政府工作人员打成一片，以后有工作尽管安排，不必考虑我的感受。要说有感受，就是怎样有利于工作怎样做。”

“老师，你是单位安排的队长，我理所当然属你领导。”

“以前向老同志学习，因为老同志有经验；现在要向年轻同志学习，因为年轻人接触的新事物多。以我俩情形来说，在办公软件的使用上你得心应手。你掌握村情民意，各种数据、表格在资料库里，干起工作来事半功倍。还有一点，开村民大会你直接用藏语宣讲即可；你尊重我，让我说几句，我说的内容在你的范围之内，还需你翻译，浪费大家时间，没必要。说来说去，村里的担子你早已事实上挑起来。我把话说清楚，让你甩掉思想包袱，脚踏实地走下去。从今天开始，村里的领导人是西热多吉。有需要的工作，尽管安排我。时间长了，你会发现，我是很好领导的。”

“老师，村里的全面工作我会一如既往抓下去。在材料报送上你多费些心，特别是文字方面，尽管修改我写的东西，有利于我进步。”

我和西热多吉就这样平稳地实现了权力过渡。在场合上，我是队长；在工作中，以他为主。

西热多吉入职时间不长，却驻了三次村，时长共有三年。他在西藏日报社的部门是印务中心，心里想的是驻村结束返回单位后调到业务部门上班。驻村期间在做好村里工作的同时，他坚持学习。去年他向工作队队长巴桑次仁学习藏语言文字，今年与我交流汉语言文学。他的学习目标，是进一步掌握汉藏双语知识并熟练运用。

说起学习，我俩进行了一次长谈。

西热多吉为村民送上慰问品（唐大山／摄）

“按照你的劲头与进步，完全胜任业务部门工作，单位早晚会圆你这个梦想。”

“我的家庭条件不好，有两次险些辍学。”

“政府的政策好，不管家庭条件怎样，能确保每一个孩子完成义务教育阶段的学业，怎会出现辍学现象？”

“我的家乡在羌塘草原，那时家里的财富以拥有多少牛为标准。教育政策好，但爸妈的观念没转变过来，硬让我去放牧。我向老师求助，老师来家访。老师说这么聪明的孩子不上学可惜了，以后后悔都来不及；家人说读完初中没用，这么大的孩子放牛正好，能为家里节省个劳动力。老师说不让孩子完成国家规定的义务教育是违法，要把家长送到派出所接受教育；家人说让他混两年，从学校毕业还是放牛的料。”

“你的九年义务教育差点没完成。”

“高中遇到的情形更难办。”

“你上高中家人没反对，难道这个过程出现意外？”

“我的成绩还可以，顺利考上高中。那时家人看到上学比放牧有出息，转变了对我的态度。一年后，意想不到的事发生，一个哥哥出了车祸，家中好像塌了房。爸妈看着已长成个头的我，想让我填补哥哥在家中的位置。我清楚那意味着什么，将离开学校，一辈子与牛为伴。痛定思痛，我没有答应，执意读完高中。”

“爸妈后来理解你了吗？”

“爸妈内心是矛盾的，他们明白我的选择决定着什么。还好，爸妈咬紧牙关，度过经济和心理上的双重艰难期。”

“现在爸妈还在羌塘草原吗？”

“我在拉萨定居后，很快把爸妈接过来。老婆身体健康状况不佳，孩子上幼儿园大班。我在单位和家里都像陀螺一样不停旋转，但看到爸妈开心的笑容，觉得一切都值得。”

与西热多吉相比，我自愧不如。我在心里默默祝愿他夫人身体健康，好生二宝；老人快乐长寿，享受天伦之乐；孩子活泼可爱，长大成才。

我和西热多吉共同的队友是张济荣。他聪明，肯付出。在驻村生活中，我们难以离开他。

我们这一批驻村工作队快轮换了，他说出感受：“有人嫌朱巴龙离拉萨远，1200 公里，我喜欢这里，愿意接着驻村。”

我坦言：“这对下一批工作队来说是好事。你在这里待过一年，了解村里情况，人际关系好，利于整体工作的开展。”

张济荣是四川人，不仅川菜做得有滋有味，面食做得也不错。难得的是他已成为驻村生活中的开心果。无论面对什么人，他能应对自如；无论遇到什么事，他做得恰到好处。

这一年，在金沙江边的我们仨，辛苦并快乐着。

拉　水

从乡政府开完会出来，刘枫和谢洪军说去朱巴龙村村委会拉些水上去。我尤为诧异。

“山下夏天有水不能喝，山上冬天会没水？”

“草地村海拔高，早结冰了。安全饮水工程去年通到山上，夏天正常，冬天水管冻坏了。”

“从小河里取冰块，我以前有过这样的经历，融化成水。水是生命的源泉，为了活下去，总有办法。”

“我们在小河里砸过冰块，化成水有层草末。恼火的是村委会离小河有些远，车子开不过去，两个人抬冰块累得上气不接下气。”

“你们没水吃，村民吃水怎么办？”

“大家一样，靠冰块生存。他们习惯了冬天敲冰背回家吃有杂质的水。还有一点，他们离水源近些。人们选择居住地时，首先考虑的是水，所以大多临水而居。”

“山下的朱巴龙村海拔 2500 多米，冬天的水反而好，尽管来拉。”

“我们下来开会时顺便拉水，平常和村民一样吃冰水。”

看着刘枫红扑扑的脸，我有种说不出来的感觉。我们是同事，西藏日报社派驻的两个驻村点，一个是山上的草地村，一个是山下的朱巴龙村。他负责山上村，我住在山下村。两个村相距不远，由于海拔原因，气候与生活环境悬殊。他不到三十岁，我五十出头，这是单位把他安排在山上我在山下的年龄因素。

他们车上有6只塑料桶，谢洪军面带微笑接着水。我转过身来与他聊天。

“一桶水有100多斤吧？”

“不到100斤，装满95斤。6桶水能用一个多星期。”

“能用那么长时间？”

“我们节约用水。洗漱尽量少用水，做饭与烧开水不限量，刷锅水用来冲厕所。”

“你挺乐观。”

“谁让我是红军呢？恰巧在草地驻村。当年红军爬雪山过草地，有时只能吃皮带喝马尿，渡过难关，革命胜利。现在村里条件好，老百姓的收入超过上级划的贫困线，我们过的是小康生活。有意思的是村委会建在山顶，名为草地，没有沼泽，冬天连水也见不到。”

刘枫接过来说：“到处是山，找块平地建房不容易。我问过乡长，为什么把村委会建在山冈上。他说只有那块地方可以利用，村委会建好，饮水工程随之而到。他的话实现了，想不到冬天水管被冻裂。刚才我给乡长反映，他说已把草地村的饮水情况上报县水利局，待天气转暖，问题会很快解决。”

“照这样规划，要不了多长时间，草地村能实现一年四季不愁喝的目标。”

目送刘枫和谢洪军远去，想起我们也经历过不愁吃却愁喝的日子。

我们的饮用水来自大自然，连颜色都是随着季节的转换而改变。

夏天是芒康山区的雨季，雨水颜色由山体颜色决定。芒康山是什么颜色？看看马丽华一本书的名字就知道，《藏东红山脉》里山体的颜色是红的，芒康县有座红拉山可以佐证她的书名。红色山体不失为美景，但它的结构松散，一有暴雨，会坍塌，形成地质灾害。

雨季给万物送来滋润，也给我们的生活带来烦恼。夏天的金沙江比黄河还黄，含沙量激增。我们的饮用水是用水管从白洋组接来的，与金沙江水的颜色及含沙量保持一致。我们试着放在桶里澄清，结果令人失望，桶底铺着一层细沙，上部的水澄三天仍是浑浊的。

说来也怪，江对岸四川竹巴龙村的饮用水同样从山上引来，却是清澈的。为了维持在西藏的生活，我们去四川拉水。

“同是一样的山，下着同样的雨，仅隔一江，为什么你们的水不浑，我们的水不清？你们用的是不是经过净化的自来水？”

“上面的橡胶管看得清清楚楚，我们用的水是从山上引下来的。你问为什么江东边的水清、江西边的水浑，我解释不了。像澜沧江边的盐田一样，一边出红盐，一边产白盐，谁能明白咋回事？”

“我们的生活离不开盐，更离不开水。我们来拉水，你们收费吗？”

“你们来接水，我们高兴。一家人不说两家话，接多少都可以，保证供应。”

时间过得真快，我们在朱巴龙迎来了第二个春天。几个月滴雨未下，金沙江水变清，我们的饮用水可以正常饮用。在山上生活的兄弟，快喝到正常的水了吧？

做　饭

在做饭方面，我没有发言权。西热多吉的菜快炒到张济荣的水平了。这一招我不能用，必须扬长避短才行。

我确实无长可扬，但要做顿饭表明我干活了。思来想去，西热多吉对面食知之甚少。据我了解，藏族生活中与面食有关的是糌粑、突巴、饼子和面条。

我是北方人，虽然什么食物都吃，但在可能的情况下以面食为主。面食做法很多。我坚信，同一个人可以做出不同的面食，而同一种面食由不同的人来做，方法与味道有区别。以蒸馒头为例，我见过的方法有四五种之多。

我小时候跟着母亲学蒸包子，能捏得像模像样。我们备有普通面粉和自发粉。我清楚，包子用发面蒸口感好些。我对自发粉的成分有些不放心，在市场上买来的面粉已被商家加了许多不宜食用的东西，即使所谓正常的面粉早已不正常。我在和面时一半用自发粉，一半用普通面粉，把两者掺在一起，应该有些发面的感觉。

面和好后，放在盆里醒着。母亲说过，做馅的材料很多。我打开冰箱，拿出一块熟猪肉，扯下两片白菜叶，削下半个白萝卜，掰下一些花菜，加上一个小土豆，敲开一把生核桃，这些成为馅子的组成部分。忙活半个多小时，盆里出现馅的形状。平常受父亲影响，我的饭食少盐无油。集体生活不能只考虑自己的习惯，不加作料，没有味道，做出来的饭菜没有吸引力。我把适量的盐、十三香、酱油、醋、香油，甚至金龙鱼食用油一一放入盆中，用筷子搅拌起来。我们仨在用料上达成一致，或者说有底线。比如，我们从不买味精和鸡精。简单一句话，馅怎么做都可以，味道取决于所用材料的配方。

在家我没机会做饭，人手多是一方面，主要是干什么活都笨得让人无法容忍。在朱巴龙蒸包子，我有了用武之地。我从擀皮起一条龙服务，不大会儿，把包子放入锅中，烧起电炉，上汽五分钟即告成功。

包子蒸熟没问题，关键看伙伴的反应。此时用伙伴一词取其原义，是在一起吃饭的队友。放完汽，打开锅，自我感觉尚可。

西热多吉将信将疑地取出几个包子放在盘子里。我直接吃。他比我讲究，自制蘸水，用包子蜻蜓点水似的蘸着，慢慢放入口中，咬一口，经过品味，连说两声好吃。

我悬着的心放下来。事实证明，他说的不是客气话，因为吃完盘中包子起身又从锅里取出几个。

过几天我用普通面粉蒸了一次包子，由于皮硬，没收到预期效果。

不久，我想出一招，馅的做法没有改变，但在式样上有所翻新，包成饺子式样，出了一锅蒸饺。西热多吉像第一次吃包子一样感觉良好。时至今日，还念念不忘我蒸的饺子。

张济荣轮休回来后，我的才艺表演宣告结束。

前几天，他俩逗我，说想吃抄手。我说晚饭由我负责，你们到时享受。

我想起在江对岸小店里烤火时，店主为顾客做的抄手。所谓抄手，形状像冬天冷时人的两只手抄起来，实际上是北方所说的饺子。在我的家乡，饺子有两种形状，一种圆皮包好了像弯弯的月亮，一种方皮包好了像猪的耳朵。

为了不重样，我采用方皮包猪耳朵饺子。包饺子有技巧，馅要适中，多了包不严容易烂，少了瘦瘦的站不住不好看。买的饺子皮光亮效果好，但里面加了食用胶，于健康无益。自己擀的饺子皮有些软，吃起来放心。

张济荣已把蘸水调好。尝了这种我称为饺子四川人叫作抄手的面食，他俩齐声称赞。我一时弄不清他们是发自内心的感慨还是客气话。事实是，我们仨吃得一个不剩。

从蒸包到蒸饺再到煮抄手，所用材料相同，只是形状和蒸煮的方法不同，却能吃出不同味道，感受多种快乐。原来生活如此简单，只要变着法子过，就能使它丰富多彩。

松茸

晒的松茸怎么没了？从楼上下来，我的第一反应是松茸失踪。

我向敞开的大门看去，两头花牛正心满意足地离开。它们是村委会的邻居，只要有可能，会进来遛一圈。如果晚来一分钟，我这辈子不知道松茸去哪里。

这消失的十斤松茸是一个年近五十的汉子分两次卖给我的。

昨天早饭后，我和张济荣在江对岸益西吉村商店前接水，女主人随意问句:“你们买松茸吗？”

我早有购买之心，一直等待时机。既然有人相问，我对张济荣轻声说:“你去看看，替我做主。”

我对张济荣充分信任。他善于与人打交道，在购物方面，既了解市场行情，又擅长讨价还价。

卖松茸的男子会说普通话。他说是草地村人。草地村与我所在的村同属朱巴龙乡。他反复说是新鲜的，草地村离这里有30公里远，这六斤松茸来之不易。张济荣说便宜些，他减去一块钱，成交。卖掉松茸，他高兴，搭车去巴塘；买到松茸，我欣喜，春节休假可带回家熬汤。

关于松茸，在益西吉村商店前早晚有两个场景周而复始上演。天刚亮，女主人准时打开店门，一手拿着牙刷一手端着塑料杯走出来。多数时候牙没刷好，有摩托从北面驶来，在店前停下。

一辆摩托上往往两个人，身上背着深色双肩包，那是用来装松茸的。顺着后座，绑住两根磨得光溜溜一米多长的小棍，那是捡松茸的辅助工具。他们早起上山，傍晚回来，因而在商店里买些食品和饮料。

傍晚，桥头形成一个松茸市场。巴塘商人开车来此收购松茸，四川竹巴龙乡和西藏朱巴龙乡的村民大多把采来的松茸送到这里。2019 年鲜松茸每斤 70 元，今年 35 元。张济荣随意问一位收购者“松茸运到哪里”，那人抬头看一眼回了两个字“巴塘”。巴塘离这里仅 30 公里，问话是多余的，连小孩都知道这些松茸的去处是成都，到那里身价翻几番。正常情况下，十斤鲜松茸才能晒出一斤干的。

天色暗下来，早上卖给我松茸的男子坐着他儿子骑的摩托直接来到村委会。

摩托熄火，他没下来就问我要不要松茸。我扯开袋口看看，点头同意。

“这次好像少些。”

“越捡路越远，越难捡。”

“为什么？”

“松茸，在松林中才能捡到。摩托没有路了，只能靠双脚走。松茸的颜色和枯枝烂叶差不多，我们用小棍一拨拉，能找到。上次乡政府有个干部跟着我去捡，在他跟前有个松茸却没看到。我告诉他，他不信。我用小棍指着松茸露出的头，他才弯腰去看。”

“你怎么不卖给桥头的巴塘收购者？”

“他们把松茸分拣出来按斤论价，大的 40 元，小的 30 元，开花的 20 多元，整体算起来不贵。开花的不多，大的越来越少。这次捡得少，只有四五斤，差不多都是小的。1 斤 30 元，你看怎么样？”

生意做成，男子跨上摩托回头问句：“下次还要吧？”

我含笑挥手相送父子俩。

松茸是娇贵的，如不及时晒干，很快发霉烂掉。

今天中午，阳光普照大地，我把十斤松茸均匀地摆在水泥地上，吃完饭上楼午休。

当我从梦中醒来再去看松茸时，两头花牛已经把它装进肚里，悠然而去。

在一些土特产店里，经常看到这样的广告词：牛吃虫草我吃牛，身体健康不用愁。山上的牦牛能不能吃到虫草，多数人心知肚明。那两头花牛吃了我买的 10 斤松茸，给了我全新感受：牛吃松茸我吃牛，身体健康不用愁。

小虎上山

2020年春节前，我第一次站在乡政府办公楼大厅照片墙前，看到草地村上一批工作队员狄碎虎的名字感到奇怪，这么帅的小伙子怎么叫碎虎？

前不久，狄碎虎再次来到金沙江畔的朱巴龙，我俩得以相识。

我喊他碎虎。他说："叫我小虎就可以。我是甘肃天水人，在那里，'碎'是老幺、小的意思，'碎虎'意为小虎。"

"小虎，我俩虽为同事，却未曾谋面；同在这里驻村，你去年在草地村，我今年在朱巴龙村，可说擦肩而过。这几天在一起，我俩好好聊聊。"

从年龄上说，小虎确实不大，在单位属新人。他2018年入职西藏日报社，2019年驻村，如今作为新媒体记者，一心想着把本职工作做好。

小虎全副武装，双肩包不离身，脖子上挂着相机，手里提着三脚架。看着他气喘吁吁的样子，我对他说："小虎，你去年在这里待过一年，这次重访，看看有没有变化，把亮点装进镜头。你可以利用这次机会搜集些素材，好作品是经过厚积薄发得来的。"

去翁比组途中，村民在平整路面。这条路路面窄、泥土多，遇到暴雨易被冲毁。忙碌中的村民认识小虎，抬起头来对着他微笑，随即埋头干起活来。从这些微笑中，我看到小虎去年在草地村的工作状态。

小虎举起相机，抓住难得瞬间，把那些笑容定格下来，把村民热火朝天的劳动场景拍摄下来。附近有个孩子，显然是大人带过来的，他怯怯地看着眼前的陌生人。小虎利用几秒钟的间隙举起相机逗他乐，啪啪抓拍几个镜头，然后把照片放大给他看。小男孩笑得鼻涕流出来，小虎掏出纸帮他擦掉。一位正在修路的妇女看到，对着小虎竖起大拇指。

狄碎虎用镜头捕捉劳动场景（唐大山／摄）

我们回到村委会，村支书杨培亲热地挨着小虎坐下。

“小虎，咱俩聊会吧，一晃又快一年过去了。”

“书记，我回到单位，做完工作，在草地村的情景就跟在眼前一样。”

“说的是不是真话？草地村村委会海拔 3800 米，朱巴龙村村委会海拔 2500 米，两个村的工作队都是西藏日报社派的。”

“去年我们在上面的这个村待了整整一年。”

“下面村的气候比上面村的好。不管去年还是今年，西藏日报社的人都能在这里住下来、待得住、干得好。”

“我不会说藏语，去年的工作做得一般。”

“你的普通话说得好。去年这个时候，一到双休日，你把住在附近的小学生喊到村委会，看着他们做作业。除了藏语文，哪门功课都给他们讲得头头是道。孩子喜欢你，家长也喜欢你。大人只能口头说说让孩子好好学习，他们不知道怎样引导孩子。”

“我是带着他们玩。”

“说起玩，更有趣。你给家长说，孩子学习重要，玩是天性，学习时要得法，玩乐时要开心。我们记得你带孩子玩老鹰捉小鸡游戏。你当老鹰，总是闪过来晃过去费了好大劲才能捉住一只小鸡，有时快捉到手又跑了。孩子们可乐了。有个做小鸡的孩子被捉住，你张大嘴巴说‘我吃了你’，谁知那个孩子说，‘小虎我都不怕，还怕你这只假老鹰’，快把我们笑翻了。平常你喊小虎他叫小虎，连草地村的小学生都知道你的名字叫小虎。你这只小虎不咬人，还疼爱他们。”

“我是个刚长大的孩子，见了村里的孩子觉得是小时候的玩伴，见了大人有种回到家的感觉。我这次带来架无人机，打算再把草地村的三个组走一遍，多采些图片和视频素材。”

在随后几天时间里，小虎把草地村重走一遍。在采到的素材中，有村民挤牛奶的场景，有摇着尾巴的藏香猪，有金沙江畔的牧场景色，这些都蕴藏着他对草地村的深厚感情。

进山方知情深

说起松瓦村，我总是不解，为什么驻村工作队不在村里，而是在乡政府设有办公室？这与驻村要求相差甚远。

刘大山道出原委：“路，是路的原因。”

我有些不服气：“高山峡谷中的烂路险路，我走过一些。松瓦村的路，难道不是人走的？”

“我举个例子，马走山路比人强，在去松瓦村的路上，有些陡坡，它的前蹄不愿抬起。太陡了，马和人一样知道保护自己，如果硬往上爬，有可能仰面朝天摔下去。下坡的道理一样，总觉得自身重量就把自己推下去似的。”

“松瓦村工作队是我目前所知唯一不住在村委会的工作队。上级知道吗？”

“松瓦村是我目前所知唯一没建办公场所的村。上级当然知道，乡里打了报告，上级强基办特批准许松瓦村工作队在乡政府开展工作。”

“2019 年作为驻村工作队的一员，你有没有去过松瓦村？”

“去过三次。每一次都触目惊心。”

“你叫刘大山，我叫唐大山，我们天天在山窝里工作，可说名实相符。别用夸张手法，客观叙述一下去松瓦村情形吧。”

“到了必须入户工作的时候，乡里派人送我们去松瓦村。车到山前没有路，村民骑着摩托来接。第一次去松瓦村时，我是蛮高兴的。正像你所说，我们的名字叫大山，却在这里见到之前没有见过的大山。我想‘一览众山小’

的心情，很快被摩托控制。磕磕绊绊的砂石路有三十多度的坡，我的经验是，要保证安全，必须紧贴骑手，或者干脆搂住他的腰。在那样的路段，这一招不管用。骑手身子往前拱着，几乎趴在摩托油箱上，两腿叉开，不停地用脚蹬地。为了保持平衡，他不得不四肢并用，也算‘四驱’。我的身子往后仰着，双手用力抓住身后的钢架，使劲往后撑，勉强保持着身体不与摩托分离。我清楚人车分离的后果，与其说是有意识地抓握，不如说本能地保护自己。骑了不知多长时间，摩托在一处稍微平坦的地方停下来。我以为到了，扬眉吐了一口气。骑手见我不动，回头说一句，下车休息，不然刹车片会烧起来。我的手脚不听使唤，‘四不驱’，一时竟不知怎样从摩托上下来。开始怕人车分离，后来人车居然难以分离。缓了两分钟，我歪歪斜斜下了车，一看虎口，被勒得变形、发紫。天呀，风景是好，这样的风景路我愿浅尝辄止。下陡坡用力的方向正好相反，我的双手紧紧拉住后座旁的钢架，身子还是往骑手压去。”

“我走过险路，但没走过那么险的路。”

“我们俩说的一字不差。骑手费了好大劲，但心理素质超好。摩托车轮有时离悬崖近在咫尺，他面不改色心不跳。”

“什么样的生存环境造就什么样的人。到村里怎么办？你们没地方住宿没地方做饭呀。”

“我们带着菜进村，够吃三四天的。我们和村干部一起把菜交给村民，三四天吃住在他家里。白天从这户到那家，问详情填表格，内容充实。深夜，光伏电板蓄的电耗尽，睡在卡垫床上，无需抬头，满天星星与我做伴。”

“手机信号怎么样？当今人们怕的是与外界失联。”

“村民的房子多是土木结构，屋里没信号，要想打电话，必须走出去。有时为了保证信号正常，要站在空旷的高处。”

“那里海拔够高的吧？”

“居民点海拔不算高，主要是周围的山高，简直是世外桃源。手机显示的信号是四川的。”

“再次证明川藏一家亲。这里方圆数百公里都是康巴地区，联系一直紧密。”

“松瓦村很多村民在四川巴塘买了房子，日子过得滋润。”

“那里不是进不去出不来挺穷的吗？是易地搬迁还是自发购买？他们哪有那么多的钱？县城的房子是卖给有购买力的人的。”

“松瓦村有两个组，以偏远的卡堆组为例，那里的虫草资源比较丰富，二十年前村民就不差钱。与西藏大部分农牧区相比，这里的人们有经营头脑，会享受生活。人们知道的是康巴出商人，松瓦村偏远，却是茶马古道辐射地域。这里与巴塘一江之隔，直线距离比朱巴龙乡政府离它还近。巴塘是这一带的商业中心，与它相距百里的芒康，号称藏东人口大县，县城在商业功能上无法与之相比。朱巴龙人在方方面面受巴塘的影响大于芒康。”

“这超乎我的想象。可不可以这样说，在精准扶贫确立建档立卡户之前，松瓦村相当一部分人已过上小康生活？”

“可以这么说。在脱贫攻坚战中，对那些情况特殊的人家实行社会兜底，松瓦村实现整村脱贫。这和内地农村情况差不多，年轻人在外面打拼，村里剩下老人和孩子。”

“你是说松瓦村的年轻人大多在外？”

“是的。有一次，驻村工作队和村干部同去村民家了解情况，见到一位七十多岁的老奶奶。”

“她生活困难？向你们提要求？”

“不是。她看了看工作队的两位藏族队员，慢慢把目光移向我，盯住不动。我赶紧趋身上前问候。她一把抓住我伸过去的手，想不到这么大岁数挺有力。她的目光伴随着一连串的话语在我和村干部之间移动。看她的表情，说的应是称赞之词。我笑着点头，她更高兴了，松开我的手，竖起大拇指，连声说着呀咕嘟。村干部给我翻译，她说你是她活到今在这里见到的第一个汉族干部。我赶紧告诉她，我是土家族。她能听懂一些普通话，笑得眉毛扬起来，接着说，汉族……藏族……一家人，呀咕嘟。”

“没必要给心里这么亮堂的老奶奶强调自己的民族成分。”

“我一想也是，什么样的民族成分能有深山中老奶奶的感情真挚？离开卡堆组快一年了，望着奔腾不息的金沙江，我时常回味着老人家的话。”

听着刘大山的讲述，我想去趟松瓦村，看看名不见经传的老奶奶。

是呀，汉族、藏族、土家族，包括生活在中华大地上的所有居民，我们都是一家人，呀咕嘟！

向秋麦朗

在与麦朗夜聊之前，我从没想过他的名字有四个字，尽管当地人常取四字名。

“我听到你的名字时，想起玩音乐的刀郎。”

“我上初中的名字叫向秋美朗，后来办身份证，不知道怎么变成向秋麦朗，可能是工作人员把美听成麦了。”

“人们习惯喊两个字，你就这样成为麦朗。这个名字挺好，上口，好记，不与别人重名。长期在这里工作，感觉怎么样？”

“我是2018年参加工作的。在基层工作能学到不少东西，时间长了，是个多面手。换个角度看，总在基层，与县城同志相比，在思想观念、工作方式、言谈举止等方面差一截。上面的干部走下来能接地气，基层的干部出去锻炼会长才干。对在西藏工作的人来说，开阔眼界很重要。”

“你求学时有无这方面的感受？”

“我家在芒康县嘎托镇，上高中了，才知道自己几乎什么都没见过。我读的是林芝市第一高级中学，广东中山大学派研究生来支教，他们的水平一个字：高。中山大学援助的教学设备是一流的，走出校门我没见到过。有时候班主任领来两三个人，他们是企业高管。班主任介绍一些学生的情况，他们当场认领几个，一直资助到大学毕业。”

“你有没有接受过类似资助？”

“我家条件还可以，不管怎么说是县城的。中山大学提供这么好的条件，不好好学习对不住自己。”

“此话怎讲？”

“老师说，你们不好好学习，对不起那些热心人。我觉得不好好学习对不住自己。对中山大学来说，他们的帮助是长期的；对我而言，接受这样的帮助只有上学的几年，不抓住机遇好好学，以后一无所成再无补救机会。自私地说，在这方面对得住自己，才是对得起那些好心人。我因为成绩好，高中期间得过两次他们提供的奖学金，一次 1000 元，挺兴奋。”

“你的大学生活在哪里度过？”

“西藏大学。毕业几年了，我仍想念大学生活。”

“看来有特色，详细说说。”

“放在全国算特色，在西藏很正常。刚入学时，看到内地考来的同学走路风风火火，做事干净利落，我们感受到差距。这个差距不是哪一方面，而是整体上的。每个宿舍四个学生，两个藏族两个汉族。开始双方有些不太适应，慢慢地发现学校这样安排有道理，不同的民族间相互了解，有利于团结，有利于学习，有利于进步。学校有规定，当地藏族学生要过藏语四级，其他省区考进来的藏族学生要过藏语三级，汉族学生要过藏语一级。毕业时，藏族学生会熟练运用国家通用语言文字，汉族学生能说日常藏语，用藏文书写自己的名字。真要走了，室友之间有种难舍难分的感觉。我们宿舍内地来的同学是河北省的，他们的家我记得，一个是邯郸的，一个是保定的。”

“同学情，永不忘。有没有难以忘怀的老师？”

“我在西藏大学新校区工商管理学院就读，当时的院长重视开阔学生视野。每逢周末，他邀请内地高校名师或者企业高管开讲座。他说，能不能听懂没关系，往那里一坐，相信你们有不一样的感受。实际效果正如院长所说，总以为学得差不多了，听名师名家讲座，才明白自己是多么渺小，才清楚什么叫知识的海洋。”

“多年来，芒康、贡觉等地的社会治安状况堪忧。你是芒康人，在当地工作，现在感觉怎么样？”

“我的感觉是当地居民的感觉，和全国其他地方一样，无论何时何地，都有安全感。”

“通过哪些措施，使社会综合治理取得这样的成效？”

“根本好转是在党的十八大之后。西藏自治区党委安排罗布顿珠担任昌都地委书记，当时昌都是地区，他按照全国统一部署，做了两件事：依法治藏和易地扶贫搬迁。对社会上为非作歹、罪行累累、民愤大的首恶分子，依据国家法律予以法办，够判刑的判刑，该坐牢的送进去，就这么简单，歹徒的嚣张气焰很快被打压下去。对黑恶势力的保护伞，党纪国法双管齐下，革除干部队伍中的毒瘤，从内部强身健体。这是依法治藏在昌都的生动实践。对居住在生存条件恶劣地区的人们，政府在林芝、拉萨等地建设集中安置点，使他们在人居环境、生活就业直至思想观念实现了跨越和转变。芒康县城附近的达孔顶易地扶贫搬迁点，是西藏自治区唯一一个万人以上的集中安置点。我到那里去过，软硬件设施一应俱全。小区里的学校已建成，教师配备到位，2021 年的藏历年一过，搬迁户的孩子可以在新学校就读。易地搬迁是对全面建成小康社会和富民兴藏的具体落实。”

“你一人在乡政府工作不容易，为了大家庭的幸福，你的小家庭付出很多。”

“没有那么高大上，我俩都在朱巴龙乡工作。”

“她是谁？我来这么长时间怎么没见过她？可以泄密吗？”

“洛松卓嘎。”

“啊？我熟悉她。她负责乡政府强基办工作，工作队与她的接触很多。没见你俩走在一起，开会时总是分开坐。”

“不管内地来的干部还是当地干部，有句玩笑是这样说的，夫妻不一定走在一起，走在一起的不一定是夫妻。”

“我们理解这句话。由于工作地点的原因，在藏干部两地分居的为数不少，夫妻在一起的时间有限。在同一个单位里，来自五湖四海的同事亲如一家，天天在一起，形如夫妻，却是兄弟姐妹。”

“朱巴龙乡政府工作人员来自七个省份，我数给你听，西藏、四川、河南、山东、云南、甘肃、湖北，民族成分有好几个。你说热闹不热闹？”

我的“热闹”两字刚出口，麦朗看下手机，对我一笑。

我觉得是开心的事，问道：“有何秘密？可不可以宣布一下？”

“洛松卓嘎在微信里提醒我该休息了。”

“啊？再过十分钟就是明天了。聊得投入，我忘了时间。她怎么知道你没休息？”

“她从我家阳台能看到这里的灯光，巧了还能看到我的身影。”

走到外面，看一眼天河两侧的牛郎织女星，我突然明白织女为什么羡慕人间生活了。

遇见曲珍

我与曲珍既熟悉又陌生。说熟悉，因为她担任草地村党支部第一书记，与西藏日报社派驻的工作队是搭档，我在来朱巴龙乡前即知她的存在。说陌生，因为偶尔见次面、打声招呼而已，没有实质性交往。

西藏日报社总编辑廖嘉兴来到草地村看望结对帮扶户，曲珍负责翻译。见到曲珍，廖嘉兴说："牧民的语言是丰富的，不管我的话还是他们的话，原汁原味翻译就行。他们说的俗语、俚语、谚语等，翻译时力求精准，这样的话往往生动，放在文中耐读。"

在牧民家，当了解到人们存在惜杀惜售观念时，廖嘉兴意味深长地说："在四川巴塘和西藏芒康等地，草地村的藏香猪享有盛名。这些猪是散养的，家家户户都有，如有人上山来买，都是整猪出售，均价 1300 元。如果村民经过初加工，像林芝的藏香猪一样，猪肉可以带走，身价大不一样。我们不宰客，按照市场行情走，村民的收入会翻番。"

曲珍在翻译时声音响亮，我听不懂藏语，但见村民时而点头。事后我问她怎样说得村民认同廖嘉兴的观点，她笑了："以前乡干部做过类似工作，劝他们及时把长成的牛和猪出栏，收效甚微。这次翻译廖总的话，意思没变，但说法变了。现实中藏族人以肉食为主，我们不吃肉难以活下去。在尊重生命保护生态的前提下，我们可以有节制地吃荤。"

曲珍的语言表达能力强。廖嘉兴在翁比组小商店前坝子上宣讲政策，虽然村民能听懂大概，但经曲珍翻译成藏语，效果陡增。

曲珍在翻译廖嘉兴的宣讲内容时，根据情况穿插一些语句。比如翻译到讲贡献，她说：“自昌都解放以来，我们给国家贡献了什么？中央关心我们，送来好政策；全国支援我们，援藏举措一个接着一个。我们遵纪守法，不让国家为我们操心，就是对国家作出的贡献。”

翻译到爱家园时，她说：“谁不说俺家乡好，藏东大地数第一。只说不干不行，三年五年过去了，家里没有什么变化；十年八年过去了，村容村貌还是老样子，这不是爱家园的表现。真正地爱家园，孩子好好上学，大人勤劳致富，家人健健康康，社会和谐安详，生产不断发展，幸福指数一年比一年高。”

还是用廖嘉兴的话评价曲珍的翻译吧：“我讲的时候，听众傻傻地看着我；曲珍翻译的时候，听众频频点头，一看表情就知道听懂了。”

我问曲珍的普通话咋这么好，她说：“我家离南伊沟景区十多公里，离米林机场十多分钟车程，去林芝市区开车半个多小时就到。这样的位置优势，别说大学生，就是村民也能用普通话与来自全国各地的游客交流。1998 年，时任福建省委领导的习近平来林芝，当时我上小学，很幸运在米林机场参加欢迎仪式。2011 年，时任国家副主席的习近平来西藏参加和平解放六十周年庆祝活动。当时我上大学，在家过暑假，再次去米林机场参加欢迎仪式。那时只知道激动，现在回想起来是幸福，习近平总书记两次西藏之行，我都是见证者。”

“说说你的求学经历吧。”

“我在家乡小学毕业后，去福建省福州市读初中。推算一下，我和习近平总书记在同一个城市住过，他在福州主政，我在福州求学。之后我到武汉市第一高级中学读高中，那里的伙食真好。从湖南理工大学毕业后，我参加西藏自治区的公招考试，从雅鲁藏布江边的家乡来到金沙江畔的朱巴龙乡工作。”

说起和工作队合作共事，曲珍笑了：“我珍惜与西藏日报社的人做同事的日子，在工作中既有明确分工，又离不开相互协作。我独立工作的能力还可以，但离开工作队的指导与帮助，好多事做不来。以正在进行的整治乱占耕地建房为例，我们收到上级传来的卫星拍摄的斑图，我一看密密麻麻一大片，分不清哪些是合法建筑部分，哪些是违规搭建部分。工作队队长刘枫根据斑图提供的线索，到现场用无人机把实况拍下来，我们对照斑图分门别类，很快找到户主，准确说出那家建房情况并告知有无违规情形。当然，进行人口普查等入户工作时，我是工作队的好翻译。有些不谦虚了，谁让我们是一家人呢？”

我粲然一笑：“我们真是一家人？”

曲珍的笑容像花一样：“我和工作队同住村委会，同吃一锅饭，是名副其实的一家人呀。”

草地村有了这样一位性格开朗、对人大方、工作效率高的女第一书记，真是村民的福气。

人口普查员

人口普查员卓玛和徐永平来到村委会。

西热:“驻村工作队要进行登记吗？”

卓玛:“只要在朱巴龙村住下的人员，都要进行登记。第七次全国人口普查要求严，比第六次全国人口普查增添了许多内容，都是为了精准而设。”

西热:“我们配合人口普查工作，有问必答。”

卓玛:“户主？”

西热:“这里没有住户，只有驻村工作队。”

永平:“住在村委会的人犹如一个家庭，人口普查时作为家庭登记，必须有户主。”

西热:“谁是户主？”

永平:“驻村工作队队长。”

大山:“怎么是我，应该是土邓呀。”

永平:“他是村支书，作为村民在村里统一登记。驻村工作队和乡村振兴专干是村委会里的暂住人口，作为一个家庭单独登记。你是工作队队长，自然而然成为户主。”

大山:“原来如此。虽然普查的技术含量增加了，我觉得人口流动量大，查得一个不差难度太大。”

卓玛:“人口普查培训会强调，普查精准与否，取决于四个因素：组织、普查员、普查对象和大数据。我们的组织体系健全而管用，自上而下的领导畅通而有效。人口普查有组织有纪律，工作就条分缕析。作为普查员，要服从命令听指挥，按照要求去做。只要耐心细致，疏漏是能够避免的。普查对象配合得如何，反映出我们的国民素质。我们已做了一些宣传解释工作，争取普查对象尽最大努力配合普查员，提供信息，完善登记内容。我们的人口基数这么大，大数据派上用场。人口普查有专用系统，每个普查员都进行注册。前期工作纷繁复杂，后期数据处理只有依靠云计算。令人欣喜的是，这四个因素，第七次全国人口普查都具备。”

大山：“像我这种情况怎么统计，老家是安徽农村的，到外地工作后没去原籍注销户口，不知道原来的户口在不在。进藏后我的户籍在拉萨，现在驻村。我曾为安徽农民，法律上是拉萨人，现实中以朱巴龙村民身份存在。我是哪里人，被重复统计还是有可能被遗漏，说不清呀。在人口普查中，比我情况复杂的大有人在。面对千差万别的情形，有把握查得清吗？”

永平：“我们普查的参数很多，属地普查只是其中一条。不管来自哪里，只要近期在朱巴龙村存在，都是普查对象。普查对象的基本信息输入系统后，大数据会发挥作用。对具体人来说，根据身份证编码，百分之九十的人口信息都在数据库中。其他不同情形的群体，在普查标准和方法上予以细化。总之，这一整套的措施可以确保辖区内的人口一个不漏地参与登记。”

大山：“我有两个身份证，一个安徽的，一个西藏的，这种情形怎么对待？”

卓玛：“两个身份证的号码是否相同？”

大山：“一样，都是 34 开头。”

卓玛：“你虽然办了两个身份证，但号码相同，说明是同一个人，身份证号码是你唯一的标签。34 开头，说明你的第一张身份证是在安徽办的。西藏是 54 开头，你在西藏办了第二张身份证，但一看证件号码，即知你是从安徽来的西藏人。我和你的情形一样，家是四川巴塘的，在西藏芒康工作，成为西藏人。”

西热：“有人使用假身份证怎么办？”

卓玛：“好办，假身份证号码在系统中不存在，直接打电话让派出所验明使用者的正身，根据假证来源，把犯罪团伙一网打尽。”

大山：“大数据与活生生的人结合起来，威力无比。”

登记完毕，卓玛和徐永平起身告辞，接下来要去施工队进行人口普查。

楚通组扎西

我习惯周末出去走走。沿着金沙江西岸往南徒步一个多小时，依山傍水处有几户人家。

房顶五星红旗迎风飘扬，没见到人，心中未免有些失落。

正欲离开，忽见侧上方有一男子从房里走出来搬弄柴火。我是见到人影就兴奋的人，仰头搭起话来："扎西德勒！车厢快满了，你把这些柴火拉到哪里？"

他的普通话说得顺溜："巴塘。到家里坐。"

他的话正中我下怀。快10点了，阳光穿过窗户照进屋里。里面有些乱，他伸手扯扯卡垫上的毯子，让我坐下。一个小学生模样的女孩在给妹妹穿鞋子。

妹妹躺在床上嘻笑着，穿好鞋子来到矮桌旁，端起上面的小瓷碗往嘴里拨拉着里面的米饭。

"她几岁了？吃饭这么省事。比我的娃好养多了。"

"两岁。我和益西卓嘎吃完早饭，给她留些，不用费事。我在巴塘买了房子，过会把柴火拉到那里用。"

"是不是四川的丁真红了，你搬到那里能和他同州？"

"他是刚红的，我几年前已在巴塘买房。他红不红和我没关系，这一带和他一样的人有的是。网上再红，最后还得靠实力说话。"

"好像有什么事触动你。你的普通话这么好，是初中毕业吧？"

“只上到小学三年级。藏文会写一些，汉字早没影了。要不是经常去巴塘，今天没法和你吹牛，不会普通话只好当哑巴。”

“那里对朱巴龙的影响很大。这儿离巴塘县城三十多公里，离芒康县城七十多公里，人们当然常去巴塘。芒康和巴塘只隔一条江，楚通组属西藏自治区昌都市芒康县朱巴龙乡草地村，江对面是四川省甘孜藏族自治州巴塘县竹巴龙乡竹巴龙村。益西卓嘎在西藏朱巴龙乡上小学吗？”

“她在四川竹巴龙乡读小学二年级。西藏政策好，四川发展快。有了好政策，还得好好干。”

“我正想问你，到巴塘去住，有什么收入来源？”

“我已把牛赶到山上牧场，妈妈偶尔去看一下就可以。爸爸、我和老婆都在巴塘那边修国道。”

“我们去巴塘买菜，经常堵车，看到好多人忙着修路。一天工资有三四百元吧？”

“我是电焊工，一天 300 元。爸爸和我老婆是小工，一天 200 元。”

“你们家一天收入 700 元，还享受着西藏的政策性收入。”

“巴塘县和芒康县分属两个省区，互相羡慕。巴塘县说芒康县政策好，芒康县说巴塘县好耍。”

“好耍是什么意思？”

“以冬天来说吧，芒康县城大街上人稀稀拉拉，外地做生意的回去过春节。巴塘县城不管啥时候都热闹，有人气才能有发展。”

“这取决于两地的位置，也与海拔高低有关。不管怎么说，你有头脑，自己带头干，重视孩子教育。两个女儿以后能成才。”

“大的是儿子，在盐井中学读七年级，全班 24 人，他考第 4 名。”

“益西卓嘎正在做家庭作业。藏文我看不懂，把她的汉语文作业给我看看可以吗？”

我接着益西卓嘎的作业本，封面的汉字写得一般化，里面一页比一页写得好，越往后老师批阅的“优”或“良”评语越多。她的爸爸高兴得合不拢嘴。

“我没好好上学，孩子一定得学好。新时代和我小时候不一样的是，二十年前比谁家的牛多，如今比谁家的娃学习好。”

“你今年多大？在知识方面感悟挺深。”

“34 岁。我说普通话没问题，需要写字的时候除了签名啥都不会，连简单的记账都不懂，心里越明白越恨自己当初为啥不好好学。想起四川理塘的丁真，碰巧在网上红了。今年才二十岁，不能红一辈子吧。以后怎么办？真的像网上所说天天和他的小白马在雪山下享受原生态吗？我看不一定。我面前的金沙江和背后的山都是原生态，党和国家的优惠政策再多，我不愿躺在这里晒太阳。出外做工自己实在，对孩子的学习有帮助，他们知道努力。”

“非常高兴认识你。你的家在西藏草地村牧场上，你的想法在四川巴塘市场上。你务工是好样的，做生意也不错。”

“刚才说了，我不会记账。”

“不好意思，说到了你的痛处。我叫唐大山，是朱巴龙村工作队的。可以知道你的名字吗？咱兄弟合个影。”

“我叫扎西，说不上痛处，窝在家里不出去，外面的世界不了解，一辈子不知道伤心。”

“说得有道理。十年后，你家会有大变化，三个知道上进的孩子是财富。”

“这个小的才两岁，现在看不出来。”

“我看出来了。我看到她用抹布擦桌子上的水滴。有你这个爸爸以身作则，家庭环境这么好，三个孩子成才只是时间问题。”

告别扎西，走在金沙江边刚铺好的 201 省道上，我感到西藏农牧区的道路越走越宽广。

不要心慌

“不要心慌。”看到我手忙脚乱的样子，熊月枝总会这么说。

我对这四个字的理解是，对不常干体力活的人来说，要小心，注意高原反应。

她频繁使用这四个字，我慢慢感觉自己的理解不准确。在四川眉山农村话里，或者说在她的话语体系里，“不要心慌”的意思是不要着急慢慢来。

金沙江桥头修个小型纪念碑，她在那里干泥水匠的活。老板是她熟人的朋友，通过间接介绍来打短工。施工期间，老板从村委会接水管、借工具，我们能做到的，都予以配合。队友顺便问能否为村委会院中的水管砌个水泥台，以便洗衣服、涮拖把，同时声明我们出料他出工。碍于情面，老板答应了。桥头的活干完，作为小工的熊月枝被派来完成任务。

天刚亮，我听到大门摇得咣当响，伴着妇女的喊叫声。我以为发生了什么事，慌忙跑下楼，一看，是熊月枝带着工具来砌水泥台。

“这么早上工。吃饭了没？”

“赶紧开门。我干完活就搭车回家。”

“你一个人来，半天干不好吧？我以为你和那个师傅一起过来。”

“你们搭把手，台子砌得快。去把水泥划开，舀瓢水来，你和灰，我勾平这一片。”

“我没吃早饭，没劲干活。半小时后帮你可以吗？”

“我也没吃早饭。趁凉快把活干完回家，过会太阳出来，晒得慌。”

她说她的话，我扭头去洗漱，心里想着吃些糌粑就回来。

后面传来她的声音：“不要心慌。”

当我再次出现在熊月枝面前时，灰已和好，她开始砌砖。

“我们算义务劳动，不用付工钱。”

“我这半天的活白干。老板答应给你们砌水泥台，让我来干，说是小事情，算帮朋友的忙。我不同意，我亲家答应了。你看到的那个师傅是我亲家，他好说话，活得我干。”

“你们一天多少钱，老板管吃住吧？”

“我是小工，一天 200 块钱；我亲家是师傅，一天 400 块钱。”

“今天你当师傅，我们做小工。”

“舀瓢灰。摆龙门阵不能耽误干活，我得搭车回家。”

不管端水用的盆还是和灰用的锨，在她话中，计量单位都是瓢，几乎所有的工作都叫舀。还好，多听几遍能懂。

想把配角当好，笨拙的我总出乱子。她让我把抹子放在盆里，我顺手一丢，却发现水从下面漏出来，原来抹子的刃把塑料盆捅破了。我把灰送到她手指的地方，有一部分粘在锨上，两手带劲一顿，灰下来了，有些溅到她脸上。她身子往后一撇，好像有些生气，瞬间转而一笑，甩出来的是那句我已听懂的四个字：“不要心慌。”

“你来西藏多长时间了？”

“三年多。”

“下次还在这里干吗？”

“不跟这个老板干了，我把他炒了。他送你们一句话，我送你们一个水泥台。下次去波密，气候比这里好。”

“我以为你名字中是灵芝的芝，实际上是树枝的枝。女的名字一般都用灵芝的芝。”

“不干活的女人是灵芝，她们娇贵，太阳出来就干巴了。我们是干活的命，像波密的树枝一样，扔到哪里都能活。”

“你的能力和性格有些像女汉子。”

“我有那么可怕吗？女人就是女人，汉子就是汉子。你干活干得不怎么样，挺听话的，有些像我家的炟耳朵。”

听到“炟耳朵”三个字，不知是受到表扬激动还是想笑，手中的锨一抖，上面的灰落错了地方。

熊月枝爽朗地笑了：“炟耳朵，不要心慌。把地上的灰舀起来。我干完活就搭车回家。”

逃避噪声

早听说要在四川省巴塘县竹巴龙乡与西藏自治区芒康县朱巴龙乡之间修建金沙江大桥。2020 年夏天到来，他们在雨中施工。

先在江东岸打桩，我住在江西岸的朱巴龙村村委会。晚饭后，我们经常徒步经过钢架桥，到四川地界对着旋挖机谈论一番。打桩的地方，是桥墩所在位置。傍晚来往车辆较多，只看到旋挖机有规律地上下运动着。稍近一些，能听见不悦耳的声音，同时感觉脚下地面在动。

具体位置不同，桥墩在地面下的深度亦有区别。虽有机器，打桩是个耗时费力的活计，要持续一年时间。当时知道噪声会对我们有影响，没当回事，因为施工人员住的板房离旋挖机只有二三十米远，没听他们说睡不着觉。

东边在打桩，西边在测量。测量人员先在村委会院外量，又进里面量，用红漆做标记。没过几天，紧挨着村委会南侧的应急仓库给拆了。它的寿命真短，尚未投入使用即宣告消失。

8 月底，东岸继续打桩，西岸出现了旋挖机。西岸的旋挖机位于岸下，离江水只有几米远，与岸上的村委会隔着一条砂石路。

我们看着日夜不停作业的旋挖机，说着其他的事情，虽然说到噪声，但将出现什么样的情形，没深入讨论。

晚上 11 点后，村委会前过往的车辆少了，我们回到宿舍。

迷迷糊糊的我即将进入梦乡，忽觉得床摇晃，猛一惊，第一感觉是地震。困意瞬间消失，明白这摇晃来自村委会前的旋挖机。由于隔着院子和砂石路，我所睡二楼的床离旋挖机有二十多米远，相当于江东岸旋挖机与施工人员所住板房之间的距离。

既然感受到了，慢慢享受吧。夜越深，旋挖机传给我的噪声越清晰。睡在床上床在摇，站在地上地在动。听不到旋挖机的声音，它好像一个幕后操纵者，每隔不到 6 秒钟时间对我的身体进行一次冲击。

自从来到朱巴龙，风声雨声波涛声曾伴我入眠。裹着沙尘的风声不受人欢迎，何况偶尔带着哨音。刮风时一阵阵的，有时傍晚刮，深夜会偃旗息鼓，配合劳累一天的人们入眠。雨多在夏季出现，春秋两季极少，冬季几乎无雨。夏季难得的雨声是好消息，它滋润着万物，轻拂着我的心田。无论春夏秋冬，往阳台一站，金沙江从我面前流过；睡在床上，波涛声不绝于耳。我喜欢听若隐若现的波涛声，它是长江的上游金沙江发出的，正好成为催眠曲。

这么多的声音进入耳朵，困扰我的，唯有旋挖机制造出来的噪声。我想转移注意力，数数，不起作用；想事，越想越乱；起床，在房间里转几圈又躺下。

这种声音低沉，犹如无形的巨人有意发出的；这种感觉闹心，好似整栋楼要沉下去。睡眠质量急剧下降。

上星期来了一拨人，说是对建筑物进行检测，等到金沙江大桥完工后再次检测，根据两次检测的数据论证施工对村委会的建筑物有没有影响；如果有影响，程度如何。我心急火燎地询问，对建筑物有没有影响不知道，对住在建筑物里的人已经产生影响，怎么办？一个负责人予以解释，他只负责建筑物，不负责人。如果说施工对你的健康有影响，根据“谁主张谁举证”原则，拿出医学上的证明，可以向施工方要求赔偿。

忍，只有忍，忍受住漫漫长夜旋挖机从地下渗出的噪声，人世间就没有忍不了的东西。

岸下继续打桩，岸上又架起一台旋挖机。这个桥墩挨着村委会院子，施工挖出来的土快把村委会的围墙给埋了。旋挖机离我的床铺只有十米远，白天发出的噪声敲击着耳膜，晚上它会带给我什么？

怀着恐惧与期待的心情走进宿舍。之所以说恐惧，岸下旋挖机已让我吃尽苦头，时常失眠，现在岸上旋挖机如同设在床头，那种感觉是打在地下，撞在心口。为何说期待？这是一种演员心情，不管欢乐还是痛苦，知道它即将到来，有一种体验欲望。

紧挨着村委会的施工场所（唐大山／摄）

如果说岸下旋挖机尚有些害羞，不露面悄悄给我送来噪声，岸上旋挖机没有伪装，它毫无遮拦地发出巨响。我站在窗前看到它的钢丝绳在抖动，拉上来的是嘎吱声，拉下去的是大锤砸地的沉闷音。嘎吱声与砸地音连在一起，前者大于后者，前者刺激的是耳朵，后者砸中的是心脏。

躺下不到半小时，我断定此夜不眠。我住在二楼南端，不知道队友如何抵抗这种噪声，尽管他们比我离旋挖机远了几米，哪个房间的噪声都差不多吧。这种噪声不是自然界发出的，是人为的，或者说是机器作业时产生的。自然界的噪声可以通过关窗、密封等措施减弱些。旋挖机的噪声不同，它通过重达八吨的圆乎乎大合金锤与地下岩石层相撞摩擦制造出来。村委会的两层楼可防八级地震，因为是框架结构。旋挖机在地下制造的震动波及的是整个钢筋混凝土建筑，装在里面的东西，包括人，在震感上几无区别。

仰卧不行侧卧，向左侧卧挡不住噪声转过身来向右侧卧。经过试验，什么样的卧姿都无济于事。好吧，拉起被蒙头大睡。本来氧气稀薄，与外界隔绝的被窝里氧气更少，关键是那种砸地的声音是从下面传上来的。此时的我有个奇怪的想法，宁可待在氧气再少些的空间，难以忍受这种昼夜不绝于耳的噪声污染。氧气稀薄对健康的侵蚀是慢性的，旋挖机发出的噪声好像一锤子把人砸闷。

这一夜，睡着不到半小时，是那种晕头晕脑的睡眠状态，连平时午觉的质量都达不到。

第二天，我精神不振地去乡政府开会。乡长问我怎么啦，有些失魂落魄的样子。我如实回答，顺便问乡政府有无安身之处，施工完毕噪声消失立即返回村委会住宿。乡长知我苦衷，说住在招待所吧，条件不好，优点是听不到旋挖机的轰鸣声。

乡政府离村委会恰好一公里距离，每晚来此休息，均能安眠。

每天早起，我走进村委会，看着灯火通明的工地，听着旋挖机的噪声，心里清楚，为建金沙江大桥，施工人员要在两年时间里忍受各种各样的噪声。作为一名驻村人员，我能逃避噪声的干扰，他们有选择的住处吗？

别发了

在公众号看到一篇文章，说的是有人在某方面以为了不起，待眼界开阔后才明白之前是多么肤浅。好发朋友圈的同样如此，多数人发什么内容恰恰是其缺少的、想要的。

我玩手机时间有限，在网上发东西很少，殊不知，亦未摆脱卖弄之伤。

平常喜欢写东西，天资有限，拿不上台面。由于笔耕不辍，偶有几篇小文在网上推出。

我喜不自胜，每有文章出现，当即把链接粘贴到微信群、发往朋友圈。动机有二，一是说明在工作，有成绩；二是满足小我心理，乐一下。

有一次，我刚把一个链接贴进群里，当即有人跟句“别发了”。平时笨笨的我这次反应快，顺手把链接撤回。我觉得要回复些什么，才算礼貌，敲了四个字：谢谢提醒。

我有些伤自尊，说到底是卖弄招来的。

回顾自己写的一些东西，我感谢那位终生难以相识的微友。我顶着记者的名声，发出来的多是小学生作文之类的所谓作品，有时还往大学生群里乱贴。微友忍了几次，终于忍无可忍，在我的链接后来句温馨提示：别发了。

生活中，我们一边发着自己感兴趣的东西或者有目的的内容，一边诅咒着别人发来乱七八糟的垃圾。己之所爱，非他人所需；他人之爱，非己所求。多数人明白这个理，却深陷其中不能自拔。

网上的点赞像污水中的泡沫，既有刺鼻的味道又易破碎。不想看，偏偏被浏览；看一下，觉得毫无意义。大把时间被网去，有价值的东西没找到，要做的事情没着手。

人的心理就是怪，不想看别人的垃圾和点赞，自己又不停地制造着垃圾，企求多几个点赞。我回顾自己的朋友圈，点赞的人群相对固定，同时有人从不点赞。我就是这样，虽然制造些质量不敢恭维的网文，却很吝啬给他人点赞。我相信，给不给我点赞，家人和朋友都深深地爱着我。

我是一个扔掉手机可以正常生活的人，也是一个每天查看微信的人。我在芒康山区驻村期间，没有电视可看，如果不算妻子打来催费的电话，手机一星期难响一次。有时响一下，激动地去接，却是骗子打来的。我往外打出的电话极少，十天半月问候一下内地的家人。

工作日一天中看四五次微信，节假日看两三次。多数微信群没发挥作用，或者说难以发挥作用。比如有个驻村群，人员不少，有 392 人，除了转发文章证明自己学习了，很难出现其他方面内容。有些好友的朋友圈所发内容有价值，那里有我需要的信息，还有确实称得上文章的文章。

我支持发些东西，但要把握住度，或者说有自我约束意识。所发内容的底线是自己开心也能让看到的人开心，能给他人有所帮助更好，至少不对他人造成干扰甚至伤害。如果做不到这一点，正如微友的忠告，别发了。

手机是个工具，正确对待为我所用，增加感情产生效益；胡乱划拉不如没有，可能招来不必要的卖弄之伤。

坐班车去索多西

我想去同在金沙江西侧的索多西看一下。

坐上班车，心情无比舒畅。这是从芒康县城经朱巴龙到索多西的班车，开通不久，我圆了去索多西的梦。

中午，我转到乡政府对面的一家藏餐馆。店主卓玛在打扫卫生。当地人的生活习惯与内地人不同，他们早上到藏餐馆喝甜茶、吃藏面和饼子，临近中午方散去。对卓玛来说，打扫完卫生该休息了。当然不是绝对的，偶尔会有像我一样的吃客闯进来。

一碗水饺放在面前，一个熟悉的身影映入眼帘。

我脱口而出："达珍，想不到在这里遇见你。"

"上次在朱巴龙乡教弦子舞，我告诉你我的家在索多西。这里没什么好东西招待你，梨子随便吃，可以带些回去。"

"真是吃不完兜着走。我想问一下，村民为什么不把梨子摘下来，有些熟透了的果实掉下来摔烂了。"

"我们村的老梨树多，结的梨子个头小，但味道好。芒康县沿着金沙江的好多村子有这种老梨树，结的果子拿到市场上没有竞争力，自家人吃不完，每到秋末冬初自行掉落。"

"可惜。拉萨水果天价，这里梨子无人摘。有些消费者改变观念，特意购买一些看起来不怎么样却保持着原汁原味的水果。你在县文工团工作，难道没有这种体会？"

“我喜欢吃家里的梨子。当地人没认识到这些水果的营养价值，外地人没机会买到金沙江边出产的水果。”

与达珍道别，我走进安麦西村村委会。

这天是星期六，驻村工作队吃完午饭就工作。

申振工作单位在昌都市区，2019 年在仁果乡驻村做了一年队长，2020 年来到索多西乡担任安麦西村党支部第一书记，任职两年。也就是说，他连续三年都待在村里。按照 2021 年 3 月份昌都市下发的文件精神，他要在村里住四个年头。

“我俩都是第二次来到芒康工作生活。我感觉索多西村民的普通话比朱巴龙好些，这里有什么优势？”

“从地理位置上说，索多西和朱巴龙差不多，只是海拔低些。要说优势，是这里在修水电站，陆续到来的施工人员让这里变了样。施工方修建的房子容纳不了那么多人，他们租住民房，村民的普通话水平提高很快。”

“和朱巴龙一样，这里村民本来会说普通话，有基础。施工人员来到村里，双方交谈，村民在应用中进步。这里施工，在其他方面有没有影响？”

“影响可多啦。村民平时闲置的房子如今换来一把把钞票。项目部需要保安、保洁人员等，根据政策，当地人优先，这为安麦西村提供了就业岗位。会开大车的，为工地运料，干一天活，抵得上一亩地一年的收入。”

“施工人员与当地人相处得很好吧？”

“双方已经交融在一起。村民欢迎施工人员租住他们的房子，这里多数人家有人在工地务工。想想他们能赚多少钱吧，加上政策性收入，老百姓富得流油。”

正说着，安麦组组长洛松曲扎来缴医疗保险费用。他说一口流利的普通话。

“你怎么带这么多钱来缴费？”

“这是安麦组所有人家的医疗保险费用。我们住在南边当准定山沟里，村民都来的话，这个办公室容不下。”

“你这个组长挺负责。”

“这里的村小组和内地的自然村差不多，但居民住得分散。我根据村委会的通知，把该缴的收齐，送到这里，村民和工作队都省事。”

“今年和去年比，缴费范围有没有变化？”

“以前建档立卡户不缴医保费，2020年规定每人30元。这是象征性缴费，如果有病，报销标准和非建档立卡户一样。”

“如今全国所有的贫困地区都已脱贫，建档立卡户的数量急剧减少。让他们缴费，有没有看法？”

“开始有人不理解，待把政策解释清楚，告诉他们政府补贴多少和报销比例，他们转变态度，主动缴费。”

“你能把政策说得这么细，什么毕业？”

“初中毕业。我后悔上学时没用功，要是好好上学，就像妹妹益西卓玛一样上班，她在朱巴龙乡政府。”

“我有她的微信，一位善解人意的好姑娘。她经常回来看望你这位哥哥吗？”

“我们不住在一起。她回来住我哥哥那里，她是我哥哥的女儿。”

“她应该叫你叔叔呀。”

“我比她大不了几岁，平常把她当妹妹，她从小就喊我哥哥。如果叫叔叔，会把我喊老的。”

是呀，待苏洼龙水电站建成后，这里正如毛主席所说“高峡出平湖”，安麦西村将像洛松曲扎等年轻人一样，充满朝气。

巡　山

竹巴龙沟一直诱惑着我。四川的竹巴龙乡因它而存在。

竹巴龙沟的水一年四季流进金沙江。它的宽度和水量确实称不上河。它的水量比溪大得多，特别在雨季，在入江口颇有些小河的模样。

我猜测这个名字为来自平原地区的汉族人所起。在青藏高原上，常听到布、曲、错，而无江、河、湖。布是江的意思，如雅鲁藏布，即世人皆知的雅鲁藏布江。最初翻译此江名的人根据平原地区人的惯常思维在雅鲁藏布后面加个江字，实为画蛇添足之举，久而久之，竟成约定俗成的称呼。后来翻译的雅鲁藏布大峡谷为精准叫法。曲是河，错为湖泊。在名称上，布、曲、错与平原地区的江、河、湖相对应。在平原地区称为溪的水流，青藏高原到处都有，只不过没人给它起名而已。沟是平原地区人为的产物。为了排水或灌溉，在平地上挖出沟。或者原先有小溪，人工拓宽加深取直，使之更好地服务农田。

在青藏高原，被称为沟的水流极少。当地人很早懂得引溪水灌溉，但不去改造水流。与平原地区不同，高山峡谷中的一条水流，非人力所能改变。

竹巴龙沟名称的来历，可以追溯到唐朝甚至更远时期。

李白在《蜀道难》中感慨:“蚕丛及鱼凫，开国何茫然！尔来四万八千岁，不与秦塞通人烟。”蚕丛及鱼凫，都是从岷江流域走出来的部落。组成鱼凫部落联盟的鱼部落，崇拜鱼，他们是古羌人。众所周知，藏族人不捕鱼，不食鱼，崇拜鱼。这从原始信仰中验证古羌为藏族祖先，川西一带为今天藏族的祖籍地。

李白说蚕丛及鱼凫建立古蜀国的艰难是事实，说有四万八千岁，显然用了夸张手法。“不与秦塞通人烟”不是说人们不往来，而是说两地交通之难。

四千多年前，蚕丛及鱼凫从岷江流域的高山峡谷中迁徙到成都平原建立古蜀国。秦国时已有效管理成都平原及其周边地区，蜀郡太守李冰修筑都江堰即为例证。汉王朝时，今天的九寨沟风景区已设县，这说明阿坝藏族羌族自治州乃至川西高原已纳入其版图。九寨沟因有九个山寨而得名。九寨后面有个沟字，这有可能是西汉地方官吏为了管理方便因地制宜取的名字。寨有九个，水更多。九寨沟之所以成为闻名中外的景区，特色是水，素有“九寨归来不看水”之说。

“天下未乱蜀先乱”，说明古代四川一带战乱频仍。蚕丛及鱼凫的后代与来自中原地区的人们杂居，共同耕耘着天府之国的肥田沃土。不幸的是，战争使一些人逃离家园西迁。有人翻越二郎山在高寒缺氧地区长途跋涉，在几乎绝望之时，来到金沙江边的低海拔山谷，感觉这里的气候和祖先蚕丛生活的地方差不多。

从成都平原逃难的人在这里住下来，从芒康等地而来的人把这里视为乐土。他们在流水旁垒石成屋或者搭棚而居。汉族人艰难地从事着农业生产，藏族人在山顶找到牧场。这里的生活环境使汉族、藏族还有其他民族融为一体，藏族会说四川话，其他民族会说藏语；来自平原地区人的皮肤晒黑了，来自高海拔地区人的皮肤变白些。过了若干年，在这个山谷里居住的大多数人，被称为藏族。

茶马古道上的商人越来越多，山谷里的人用牛皮筏做起摆渡生意。人们互问这是什么地方，这里本无名，有个来自康定的商人随口说竹巴龙。他是藏族，熟悉成都生活，说的是藏话，意为船夫居住的地方。金沙江边这个山谷里的村落遂被称为竹巴龙，并随着马帮的东来西往传遍茶马古道。

竹巴龙的流水挽住船夫。一个来自成都平原的人觉得山谷名为竹巴龙，流水也该有个名称，便把幼时常说的沟字加在后面，一是喊起来方便，二是寄托着对家乡的思念。

江东岸的竹巴龙谷地开阔，有一年四季流水欢蹦乱跳的竹巴龙沟提供生命的源泉，先有人居住。时间一长，竹巴龙住满船夫，后来者只有在江西岸面积较小且流水不多的谷地住下来。住在江西边的人和江东边的人身份相同，以摆渡为主业，兼种地和放牧，三业并举，亦能果腹，均自称竹巴龙人。

后来，四川省与西藏自治区以金沙江为界，江东边的竹巴龙归四川，江西边的竹巴龙属西藏。随着全国地名的规范，江两边村落的名称要有所区别，特别是在对应汉字的使用上，才能避免相互混淆。四川竹巴龙的竹字用得早，西藏主动改用朱字。在中国地图和正规文件中，西藏自治区昌都市芒康县朱巴龙乡朱巴龙村就这样出现了。

弄清楚竹巴龙沟的由来，我要踏访它。

沿着竹巴龙沟上行，穿过山腰上的村民小组，徒步半小时，我看到醒目的标识牌，上面写着“热龙干沟饮用水源地Ⅰ级保护区”。我感到奇怪，明明是竹巴龙沟，怎么出现热龙干沟的名称？

我站在乱石路上小憩。按节气，正值寒冬，眼前的灌木整体上落叶，偏偏在一些枝条的顶端挂着浅黄的叶子。看情形，少有的几片带着生命力的叶子能越过冬天在春天绽绿。

在灌木丛中的一条小枝上，居然挂着一只蝉蜕。我猛一惊奇，很快释然。记者节那天，2020 年 11 月 8 日中午，我记得清清楚楚，在西藏朱巴龙的山腰上发现一只蝉。我捏在手中，它吱吱地叫着。手一松，它唱着歌飞向远处。在四川竹巴龙沟发现蝉蜕，完全可以理解。

我正在浮想联翩，从后面来了一对母子。母亲戴顶帽子背着双肩包，儿子手里提着用来助力的光溜溜木棍。

在深山中徒步，我见到有人过来很高兴：“扎西德勒！你们是去牧场吗？”

儿子个头已长成，但不善于表达。他的母亲说：“巡山。你从哪里来？这么早！”

我的手往远处一指：“我是江那边朱巴龙的。我知道你们是这边竹巴龙的。这里夏天热吗？我见到了蝉蜕，那边牌子上写着热龙干沟。”

她是藏族模样，普通话达到成都人水平，且比四川话易懂：“最热的是五六月份，天气干得受不了，不下雨。这个沟叫竹巴龙沟，也有人叫热龙干沟，一半藏语，一半四川话。”

竹巴龙沟有趣，它把来自东西南北的人聚在这里，把他们变成船夫、农夫或牧民，事实上很多人兼具三重身份。慢慢地，还有一些人从中析出，成为专做买卖的生意人。

我想起母子俩上山的使命：“你们去巡山，远吗？不害怕吗？”

她面带微笑朝儿子看一眼：“他爸爸跑车去了。孩子放假，我问愿不愿意巡山，他高兴去巡一天。”

我有些吃惊：“要一天时间？中午不回来？”

她拉拉双肩包：“中午吃的喝的在包里。他要背，还是我来背吧。看他个子长得高高的，一直上学，脚板吃不消，能陪我从山上下来就不错了。”

我对着这个皮肤白净长着方脸的学生说：“你在哪里上学？”

他有些腼腆地答道：“巴塘县中学。”

我说：“爬山玩是享受，相当于旅游。一天总在山里走，是很累的。”

他放松许多：“我知道累。老师在课堂上讲卓嘎和央宗的事迹，我记住了。西藏的山和四川的山连在一起，她们巡山有危险，我跟着妈妈巡山只能说是感受一下。刚出家门时浑身是劲，走到这里能用到这根棍子。妈妈背着包，看起来不重，爬山走远路不轻。”

我对他刮目相看：“你能替妈妈着想，孝顺。实际上你也替爸爸着想了，如果我没说错的话，他是护林员。”

他的妈妈接过话来：“你说得对，我家有护林员岗位。我们去巡山，主要是防火，看看林子里有没有人带火种。卓嘎和央宗是真巡山，不让外国人抢我们的地盘。”

我想不到她有这么高的认识：“你知道西藏的卓嘎和央宗？”

她没有惊讶：“乡干部和村支书给我们开会，经常提到她俩，说总书记给她们回过信，让我们向她们学习。”

我与这对母子挥手道别。看着他们远去的身影，我理解了竹巴龙人的责任和担当，感受到高原儿女对伟大祖国的深情以及用日常行为对国土的捍卫。

南来北往

川藏南线

从成都到拉萨的318国道往往被称为川藏南线，因为多次从拉萨途经川藏南线前往芒康县驻村，我对它的了解逐渐加深。

途中感触较多的是三座桥：通麦大桥、怒江大桥、金沙江大桥。

第一次走在通麦大桥上，是2012年。没错，用双脚走过它，而且和所乘车辆保持一定距离，主要是考虑到桥身的承重量。桥面铺满木板，栏杆是几根铁索，人走在上面摇摇晃晃，很容易想起红军飞夺泸定桥的情景。

8年后，当汽车通过帕隆藏布大桥穿越一条条隧道驶上通麦大桥时，我看到位于侧下方的老桥。它是那么矮、那么小、那么窄，以前通过需十多分钟；如今在新桥上还没能看清周围景物，车子就一闪而过。

以前人们驾车尚未到达通麦大桥时，就担心会不会被堵在附近，如遇雨天，在泥泞路上待两三天是常有的事。现在即使阴雨连绵，那种情形也不会出现，因为桥隧相连规避了烂路天堑。

走川藏南线，不得不提怒江桥，特别是它旁边的水泥桥墩，里面永远昂立着一位修桥的解放军战士。因为意外，他被浇筑进水泥中，桥墩成为永恒的纪念碑。

如今的怒江桥，离之前的老桥有些距离，不了解修桥历史或者不留心，往往看不到那位烈士的桥墩纪念碑。

为了修筑川藏路，部队和民工付出太多。当时叫康藏公路，平均一公里就有一位解放军战士牺牲，倒下的民工没有精准的统计数字。就像那位永远站立在怒江桥墩中的战士，他叫什么名字、在哪个连队、是哪里人、战友是谁，居然一无所知。正因为如此，才被称为无名烈士。当时，这样的无名烈士很多，无名民工更多。他们用身躯铺成路、架为桥，便利了千千万万的人，让无数车辆疾驰而过。

2020 年初，我来到金沙江畔的朱巴龙村，站在村委会门口就能看到金沙江大桥。

当地人说，这是座临时桥。我大惑不解。他指着远方的断桥说，你看，2018 年金沙江堰塞湖泄洪前，那里有两座桥，洪水来了桥被冲垮，水泥桥身被冲毁，断为几大截。朱巴龙是川藏南线的咽喉，金沙江上不能没有桥，武警部队快速建座钢架桥应急。转眼间一年多时间过去，2020 年 5 月金沙江大桥项目部出现在岸边，两年后新桥将如彩虹般出现在川藏南线上。

十八军进藏走了几个月的川藏线，今天以我所在的朱巴龙村为标志，自驾向东 11 小时即可到成都，自驾向西两天时间便能抵达拉萨。

在不久的将来，广义的川藏线会为人们提供三种选择：空中直达、铁路观光、公路自驾。

夫妻游

一辆牌照为“渝 A · R0K58”的小轿车像回家一样开进村委会大院。

车上下来一位精明且不失质朴的小伙子：“大哥，我们在院子里搭个帐篷借宿一晚可以吗？”

我指着西热多吉刚打扫的一间房子说：“你们可以住进新房。”

车里的女子推门下来，她不相信自己的耳朵：“我们有地方露宿很高兴，不进房间啦。”

看到我和西热多吉同时点头，小伙子当即从车里拿出证件：“我俩是夫妻，这次出来自驾游。我给你们看身份证和结婚证。”

女子说：“快到大桥时，老公看到这里的字，‘朱巴龙村党员群众活动中心’，知道是村委会，说大院里是搭帐篷的好地方。我说他做白日梦。他说这个白日梦有根据，朱巴龙村的位置好，崭新的村委会可以在旅游业方面做文章。就冲这一点，村委会欢迎我们的到来。”

我佩服这对小夫妻对金沙江畔朱巴龙的定位与判断。他们一边从车上拿东西一边和我聊着。

“大哥，你贵姓？”

“我们是驻村工作队。可以知道你俩的名字吗？”

“我叫陈鑫，她叫游玉玲。以前我骑摩托游过西藏，这次自驾，主要陪她走拉萨 - 格尔木 - 西宁 - 兰州大环线。”

“你们出来几天了？”

游玉玲兴致勃勃地说："这是第五天。我们不赶路。刚才经过巴塘时，从菜市场买些菜。大哥你看，多新鲜，过会做出来一起吃。"

"我们已经吃完饭。你们感觉村委会能为游客做些什么，就是说怎样把游客吸引过来。放心，对游客，我们决不牟利，只为你们能够向这里拐个弯，喝杯茶，聊聊天，休息一下。"

陈鑫："大哥，你的话再次证明我们对村委会的信任。村委会本身是张名片，游客来到这里，心理上没有障碍，实际上得到热情接待。一杯茶水端在手，一股暖流涌全身。天南地北侃大山，消去一路风和尘。在家也许感觉不到，出门在外，需要的时候，一杯水胜过一把钱，一句话赛过广告词。我们感受到了，你们小小的努力，将会得到双倍的回报。"

"你一下说到关键词。"

"没错吧。如今自媒体这么发达，不要多长时间，全国都知道金沙江大桥旁边有个朱巴龙。"

"和江对岸四川的竹巴龙相比，西藏的朱巴龙缺少优势。国道从那里经过，来到桥这边，路向南去，朱巴龙在北面。"

"我是看到村委会才拐进来的。村委会不像餐馆宾馆商店，你们没打算盈利，这是优势。对过路人来说，有比这可靠的吗？相信网络的力量，只要口碑在，何妨拐个弯？对着村委会这个大牌子，在车上只是分分钟的事。"

这对小夫妻厨艺不错，一锅菜香喷喷。

在房子里搭好帐篷，陈鑫问我们有没有需要帮助的事情。

办公室的一台电脑出了问题，正愁没办法修理，陈鑫开始忙起来。从话语和动作能看出，不管他是干什么工作的，在这方面是熟手。

第二天吃过早饭，陈鑫和游玉玲说着一声声感谢驾车离开。

阳光从东山顶上射过来，照在大院中迎风飘扬的五星红旗上。

圆　梦

早上送走一对小夫妻，傍晚迎来一对中年夫妻。这个星期天，朱巴龙村村委会成为游客服务中心，我当仁不让当接待者。

年轻人玩自驾，年已半百的刘利权也在玩自驾，而且是夫妇俩骑着摩托去拉萨。

刘利权相貌平常，摩托却高档。我随口问他："这是第一次进藏？体验川藏南线？"

"为老婆圆梦，以前承诺过的，骑摩托进藏，欣赏全程风光。"

他俩问能不能在村委会大院里搭帐篷，我说可以把帐篷搭在房间里。他俩把身份证递给我，刘利权1970年人，梁素蓉1972年人，真是一对自驾游夫妻档。我心想，自己和他俩年龄差不多，连白日梦都不做了，他们还一个做梦，另一个帮着圆梦。同时心生敬佩，看人家小日子过得多潇洒，人生多么有价值，因为一个梦，就能从成都骑上摩托好像周末轧马路到西藏。

梁素蓉端庄中透着斯文，刘利权自豪中带有惬意。他说："我老婆会骑摩托。好路她开，差路我开，俩人换着骑，不累。"

"你们初次进藏，不要赶路，安全第一。"

"我2014年第一次进藏，2017年来过一次，这是第三次进藏。老婆是第二次进藏。"

"天气好了，川藏线上热闹起来，自驾进藏的越来越多。有些人三番五次奔西藏而来，是什么原因使你们对西藏如此着迷？"

“就说上一次吧，我和老婆开车进藏，虽然随时可停，很多风景一闪而过。她不过瘾。我对她说，下次徒步去吧，看个够。她白了我一眼，有那个毅力，没那么多时间。我一想也是，一年中连在一起有半个月的时间就不错了。怎么办？只要想着这事，就有解决的办法。后来老婆提示，骑摩托重温川藏线。老婆表里不一，看起来文静，内心刚强，她学骑摩托，很快拿到驾驶证。今年本打算早些来，因为疫情，拖到现在。不管怎么说，我们已踏上圆梦之旅。”

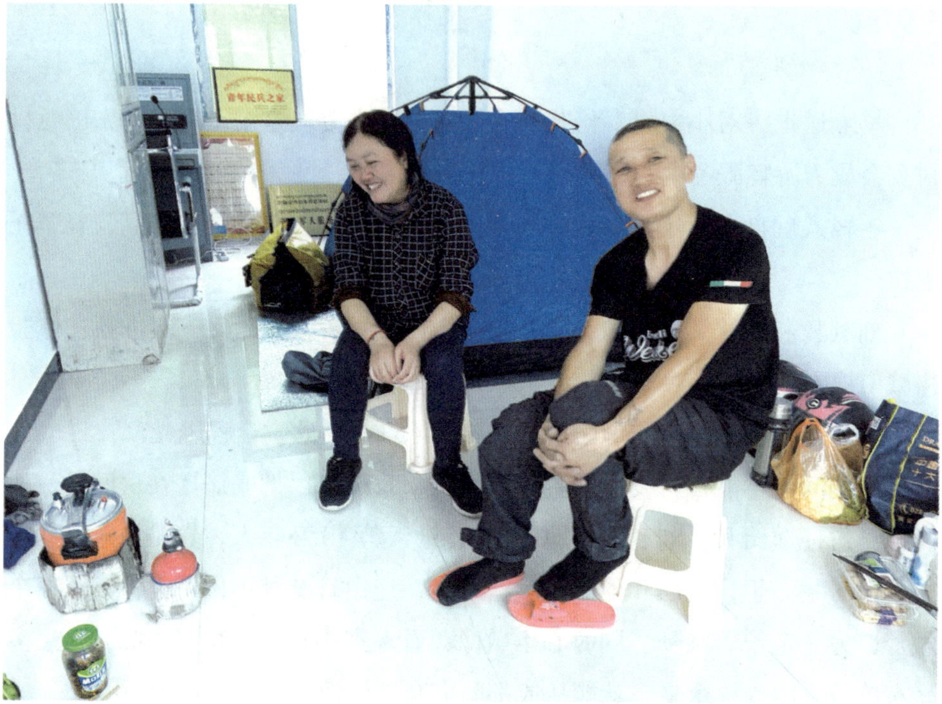

怡然自得的刘利权和梁素蓉（唐大山 / 摄）

“摩托挺好。路上有什么安全保障措施？”

“这辆摩托三万多元，加一箱油七八十元钱，能跑四百二三十公里。说到安全保障，我举例子来说明。我俩穿着气囊服，和汽车里的那种气囊性质一样。万一遇到危险，气囊会在 0.15 秒内迅速膨胀，保护身体。我们是出来耍的，必须保证安全，才能耍得有意义。”

他俩一边忙乎着一边与我摆龙门阵。

“我们晚上吃得少，主要是早上一顿，吃得舒适。”

“不就是多吃一些吗？”

“吃得多和吃得好是两个概念。你看，我们明天早上吃这个。”

“看着像面粉，和我早上吃的糌粑差不多。”

“可以叫面粉，但和平常吃的面粉差别很大。里面有小米、红豆、黑豆、党参、芝麻、芡实、莲子、枸杞等15种成分，既能满足能量上的需求，又兼顾营养均衡，还包含着养生功能。这是我加工的，按照配方掺在一起，用石磨磨三遍，就是这种粉状物。像红军爬雪山过草地带的干粮，有水就行。”

“你像个营养师。”

“我是国家高级公共营养师二级技师，有证的，在网上能查到编号。”

“怪不得那么专业。你俩感情真好，年过半百还夫妻双双携手走天涯。”

“五十岁是知天命之年。天命是啥子，咱不摆了，我知道自己的命。健健康康，快快乐乐，做好自己的事，让老婆开心。”

梁素蓉会心一笑：“从我们结婚起，他是这么说的，也是这么做的。”

我直言不讳：“你抓住一只听话的耳朵。四川的‘炽耳朵’不是贬义词，过日子没有比家庭和睦还重要的事情。”

“生活中老婆开心我就开心。她提出的事，我尽力去做。拿这次自驾游来说，这是能实现的，开阔视野，增长见识，加深夫妻感情，给孩子做个榜样。”

第二天早上，看着他俩收拾东西，我走过去。

“今天中午不慌不忙到左贡。”

“我们改变路线了，不去拉萨。算来算去，时间来不及。”

“你们就这样回去？梦刚开始，不圆啦？”

“我和老婆商量，大环线还是走的，先到昌都，接着去德格，再从北边绕过去。明年的路线已初步定下来，从这里经过，在拉萨要几天，看珠穆朗玛峰，走新藏线，去喀什。儿子六年前在那里服役，如今成为公务员，在新疆安家落户。我们约好明年骑着摩托去看儿子儿媳和孙子。”

“这位大妹子的梦要推迟一年。”

“她的梦没有推迟，是在延续。我说了这两次自驾游路线，她赞同。我一只耳朵送给她抓着，另一只耳朵是有主见的。”

坐在后面的梁素蓉带有笑意的脸庞上飘出一丝羞涩。

穿着像宇航员一样服装的夫妻俩骑在摩托上，我问可否合影留念，他们欣然同意。

摩托鸣声笛离开村委会，向国道驶去，我的心随着这对中年夫妻的身影飞向远方……

空乘的祖国观

在金沙江钢架桥上散步，我得以认识在一家外国航空公司做空乘的彭莲。

她看起来文静，说起话来开朗活泼。住在桥头的我，对318国道上的每一位过客都感兴趣。

“经常在天上飞，怎么想起在地上走，选择徒步方式进藏？”

“不是突然想到，而是早有此心。今年因为疫情原因，我在家清闲下来。联想起工作中遇到的一些人和事，促使我背起包徒步进藏。”

“先说说哪些事触动你？”

“我所在公司的员工来自不同的国家和地区，佩戴的胸牌上标有国旗和名字。看到国旗，不用询问，即知眼前人的国籍。”

“这很正常，无论谁看到五星红旗，都知道咱是中国人。”

“偏偏有不佩戴五星红旗胸牌的中国人存在。”

“听不明白，难道有人做出这等事？”

“在一次会议上，有个员工胸牌上标的旗帜没人见过。公司CEO看到了，搞不清他是哪国人，一问方知来自中国台湾。CEO正告他，立即把胸牌上的旗帜换成五星红旗，如不执行，结果只有一个：开除。他不服气。CEO给出两个理由，一为台湾是中华人民共和国的一部分；二是中华民国为1949年前的中国历史，现实中的台湾是中国的一个省。那位自讨没趣的员工无言以对。我纳闷，同是中国人，为何非把丑丢到国际上？”

“那样的人不值一提。想不到真有这样的烂事。”

“还有一次，CEO 问一个员工，Where are you from? 你猜他怎么回答？ I am from Hongkong U.K. 别说我，连其他在场的人都不解。CEO 有涵养，接着用汉语问道，香港是英国的还是中国的？他嗫嚅着回答：中国。CEO 接着说，公司开通的是国际航班，连地理常识都不懂，怎能胜任工作？”

“想不到真有脑子进水的人存在。”

“那人脑子里进的是殖民主义遗留的祸水。CEO 警告他，要准确表达自己的国籍，不要说令人耻笑的话，国际玩笑开不得。”

“这两个烂人烂事与你徒步进藏有联系吗？”

“一个人走出国门，到过的国家越多，遇到的人越多，经历的事越多，对国家的理解越透彻。国家贫弱，很少有人把你当回事；国家富强，很少有人不把你当回事。我们这代人是幸运的。在国际航班上，人们对我投来敬佩与羡慕的眼光。我明白，他们是通过我看到了我的祖国。下班后我常想，在世界各国飞来飞去，祖国的土地熟悉吗？要想为世界人民提供更好的服务，先要熟悉自己的国家。遇到别有用心者的刁难，能有理有据有节地予以反击。”

“今年终于有时间实现夙愿。徒步有其他内涵吗？”

“我对国土的理解有些特别。什么是国土？国人在上面自由行走的地方是名实相符的国土。换句话说，全世界都知道某块地方是你的国土，但各地不能正常交往交流交融，说明那块地方受外部势力影响甚至干涉。如果国家不够强大，那块地方有丢失的危险。”

“历史上，我们有这方面的教训。此时你已进藏，有何感受？”

“在感受上，徒步与空中飞不是一个概念。我从西藏上空飞越无数次，知道万米高空飞机的下方是中国，如此而已。徒步不同，现在的我已到西藏，脚下是中国厚重的国土，有比这实在的吗？我感觉这就是接地气。”

“同是接地气，你的理解体现出一种国家观念。你是从职业生涯中感悟到的。”

“不管身在何处、从事什么工作，想不起自己的祖国甚至背叛她，个人一文不值，走出去没人瞧得起。”

“没有国格，人格无从谈起。”

“无论走到哪里，我之所以能够昂首挺胸，因为祖国装在心中。”

“你在地上走，有一颗爱国心跳动着；你在天上飞，有一面五星红旗护佑着。”

宁静的芒康

七月底，内地酷暑蒸人，走在芒康县城宁静路上，却有秋天般的感觉。

午后，从天上飘落的雨水湿润了空气，本来不高的温度下降了。人们的衣着仿佛在说，这里是秋天。

沿街店铺开着门，店主在门前坐着，要么逗孩子玩，要么划拉手机。看情形，商品在里面摆着，并不在意有没有人来买。

车辆不多，行人三三两两，悠然自得。

维色寺前的广场是人多之处，回廊下的长椅上坐得满满的。

一个小伙子上身斜倚着廊柱，好像睡着了，至少是眯着眼休息。他是一位骑行者，自行车在旁边，一路风尘浓缩在那里。他太乏了，头盔没来得及摘下，手里攥着半瓶矿泉水，来之前梦里去西藏，如今梦又到何方？县城海拔 3870 米，无论从哪个方向骑来，这里都是休息的好地方。

当地人的头饰体现出康巴风情。男子的英雄结醒目，女子的彩辫耀眼。他们来到这里，大部分时间坐在廊下看风景。

这里有老年人的记忆和传说。茶马古道是跨越千年的印记，洁净的广场展现着生活中的惬意。宾馆名称多与茶马古道有关，如茶马风宾馆；街道名称体现出商业的悠久，如盐田街。规整的公共设施和面貌一新的建筑群又把人们拉进社会主义新时代。

无论站在广场的哪个角落，人们都能看到维色寺上方的一行红色大字：伟大的中国共产党万岁。

维色寺（唐大山／摄）

这是被历史与现实验证的真理。在中国近代史中，康巴一带乱象丛生，官匪交织，生灵涂炭。昌都解放后，这里的社会面貌发生变化。进入 21 世纪尤其是新时代党的治藏方略的实施，使芒康以崭新的姿态屹立在藏东大地。

中国无论人名还是地名，多是对美好的祈求或祝愿。芒康的曾用名叫“宁静”，可见彼时的芒康一点都不宁静，甚至成了是非之地。今天走在雨后的宁静路上，处处是宁静而温馨的画面。

眺望澜沧江

知道澜沧江，是在初中地理课上；从窗口眺望澜沧江，是在芒康县如美镇竹卡村松赞宾馆。

芒康县基层党建暨干部驻村工作现场观摩交流会在如美镇举办。卡均、拉乌和竹卡的村干部用普通话讲解，他们的能力与形象令人耳目一新。

来到松赞宾馆前，镇党委副书记谷加周喜不自胜，上阵担任讲解工作。

他有段话是这么说的:“宾馆客房只有28间，房价是1380元。过了15号，进入旅游旺季，房价为1680元。如果不受疫情影响，房价早已调整。今天是2020年7月11日，有想在这里体验的，享受优惠价。”

如美镇有如此高档的宾馆出乎我的意料，这么高的房价让人吃惊。

有人住吗？一宿1680元能收获什么？带着诸如此类的疑问，我们走进宾馆。

看着众人疑惑不解的样子，此次活动组织者左全娓娓道来：“松赞宾馆已成文化旅游品牌，走的是高端思路，消费对象是文艺青年。他们在都市里难以找到新鲜素材，打不开思路。听说有个写小说的，为文思枯竭而烦恼，由文友推荐，在此住几天，满心欢喜地带着一部长篇小说的构架继续云游西藏。我们想的是多些收入，他们想的是消费得有意义。有人把钱花在房上车上，有人把钱花在文化生活上。”

我说：“人们在社会中的层次不同，决定着工作、收入、兴趣及境界各不相同。尽管如此，对一些文艺青年来说，在都市里江郎才尽，住在西藏的高档宾馆能茅塞顿开？”

“打开一扇窗，眺望澜沧江。”扭头一看，正在推窗的是罗庭伟，他在文艺青年出入之地流露出的是诗情画意。

我移步窗前，抽动木闩，缓缓推开，曾经熟悉的风景尽在眼前，只是意境不同。

澜沧江好像从身旁流出，因为它的上端在我的右下方。它没有人们想象的宽阔，水的颜色令人难以置信。夏季，金沙江、澜沧江、怒江，可以统称黄河，黄色的河。看着翻涌的黄浪，我略有所悟，自从猴子在这里出现，喝着黄水，吃着黄土地上结出的果实，经过千百万年的适应，慢慢进化成我们现在的模样，形成了地球上数量最多的人种——黄色人种。

看着澜沧江及周边的地貌，自然而然联想起人类的起源、人种的形成。我的思绪天马行空，黑色人种是太阳晒出来的，白色人种是缺少阳光捂出来的，黄色人种是天天接触黄水黄泥黄土地染出来的。这种黄，是融入血液的黄，是渗入骨髓的黄，体现在皮肤上，我们被称为黄色人种。

在松赞宾馆的窗前，对着黄色的澜沧江，心想花上几千元钱，能理清自己的身世，为中华民族追根溯源，甚至看到我们之所以被称为黄色人种的生活环境，一个字：值。

左全继续做义务解说员：“当初打造这一片时，想通过在周边山坡上植树形成森林，宾馆掩映其中，来到这里有种世外桃源的感觉。由于可利用面积有限，只好作罢。我们从窗口看到的，是一片原生态。”

我打量着从这个角度看到的一切：“这样挺好。从江身的曲折能想象到地壳运动的剧烈，印度洋板块在下面冲撞着亚欧板块，反映在地表上形成一系列褶皱带，隆起为山脉，断裂成江河。金沙江、澜沧江和怒江就这样出世了，在这里形成三江并流的壮观景象。中华民族何尝不是这样？内力使她站起来，外力让她更坚强。”

左全忘不了来此开启智慧之门的文艺青年：“同是一扇窗，各人看到的景色不一样，想到的内容不同，创作出的作品各异。拍电视剧的从‘君不见黄河之水天上来’引申出‘君不见澜沧江水伴我流’，设计出一个人与江相依为命的场景；搞摄影的把黄浪、绿树、民居、秃山、蓝天、白云装进镜头，世界既是缤纷的也是雄劲的；同是绘画者，一个把澜沧江画成夸父追日式的壮汉，一个把澜沧江绘似敦煌壁画中飘飘欲仙的女子；写小说的一会看到黄土地上金戈铁马的战场，一会听见茶马古道上的铃铛声，一会想起这片古老的大地正绽放着新时代的花朵……”

我接着他的话说：“看来宾馆只是一个平台，所有的价值在澜沧江。这些价值有的可以通过价格来体现，像文艺青年在这里的消费；更多的融入血液，形成我们的价值观。”

百年藏寨

同行者众说纷纭。

“这个寨子好像新建的，没有百年吧。”

“寨子跟前的石碑写得清楚。”

“百年藏寨，古道驿站。”

“下面还有一行小字。”

“我注意到了，重庆市第八批援藏工作队立。”

“这怎么能叫百年藏寨？”

不管怎么说，在土壤贫瘠、干燥缺氧的地方，看到枝头挂着大小不一的果子和泛着红色的花椒籽，人们犹如在荒漠中发现一片绿洲，惊喜中带着感叹。

担任讲解员的谷加周兴致勃勃：“坐落在竹卡村的百年藏寨是芒康县乃至藏东的一个旅游亮点。有人说这不是原来的寨子，甚至怀疑以前这里有没有存在过藏寨。朋友们，请看这幅旅游图，你会发现身旁的318国道与茶马古道高度重合。竹卡村海拔相对较低，数百年前，就有人在此依山傍水居住。村里老人说，寨子一直存在，破破烂烂，夏不遮雨，冬不挡雪。如果有人想在这里体验原始生活，待不了三天会自动逃离。重庆市第八批援藏工作队投入资金，规划兴建了这个寨子，民居错落有致，内外均体现出浓郁的民族风格。房间内的设施美观、时尚、实用。村‘两委’和驻村工作队接着把好事办好，发展集体经济，青壮年没有闲着的，家家有分红，户户有盼头。我们从寨中穿过，看了几户人家，正像这位大姐所说，原先的寨子不止百年，眼前所见触动人心，用四个字概括：古寨新貌。”

在一处院落前，众人驻足，仰头观望。房子依地势而建，且有错落。吸引大家的是攀援而上的一架葡萄藤，足有三层楼高。绿色植物向阳生长是天性，怎样生长则需主人精心架设。

与同行者赞叹一番，我的目光缓缓下移。在葡萄架侧下方的房顶上，摆放着一排花盆。众人皆知藏族爱花，即使冬季，居民也会在阳台养着几盆花。如今进入雨季，主人把一盆盆花儿搬上房顶，与远方的朋友共享好时光。

正欲转身，忽然发现身旁门楣上镶嵌着两个小铁牌，一个是黄底红字，上面写着“共产党员户”；一个是蓝底白字，上面写着“平安家庭”。毫无疑问，这家户主是一名共产党员。这彻底改变了之前留在脑中的农牧区共产党员形象。百年藏寨中的党员，在家窗明几净绿树红花葡萄架，出外精神抖擞干事创业群众夸。

多数人往前移步，我仍在这处院落前站着。从上往下看，阳光、国旗、共产党员，在党的阳光照耀下，个人才能健康成长；从下往上看，共产党员、国旗、阳光，心里装着党和国家，党员必能带领群众奔小康。

走出寨子，在村头的大树下有四位老人喝着甜茶聊天。

我问：“阿妈啦，是住以前老寨子里好还是住现在新寨子里好？”

其中一位普通话说得挺顺溜：“新寨子好。老寨子一到天热的时候，人身上牛身上都是苍蝇，到处脏兮兮的。新寨子有专门养牛的地方。院子里有自来水，不用背水了。说到底，人好，村干部做事比我家孩子还周到。”

我一步三回头地离开百年藏寨。是呀，寨子存在的时间体现茶马古道旁这个小村落的历史，寨子发生的变化折射藏东人民今生的幸福生活。

如美烈士

从如美镇政府出来，右手侧是 318 国道，对面是如美镇烈士陵园。

我对烈士怀有崇敬之情。根据资料可知，大部分烈士牺牲时没到知天命之年，相当一部分烈士没活到而立之年。

在这个地方看到烈士陵园，首先想到的是在此牺牲的十八军官兵，其次想到的是因修筑川藏公路而牺牲的解放军战士及民工。

墓碑因地势而立，上下两排，错落开来。我慢慢地从一块块石碑前走过。由于时间关系，每块墓碑只停留几秒钟，最多的肃立时间没超过十秒。

看完墓碑，才知在此安息的多是川交三处的职工和名不见经传的民工，他们牺牲的时间集中在 1960 年代中期。

我没想到长眠于烈士陵园的是他们，更没想到他们是在川藏公路通车十多年后牺牲的。

有一位川交三处的职工叫雷延泽，四川省泸州市古兰县人，男，46 岁，1967 年 6 月 1 日因公牺牲。没必要知道细节，众所周知的是川藏公路所经地段地质结构复杂、地质灾害频发，时至今日，每年都有因泥石流、山体滑坡、飞石等原因导致的事故发生。交通系统职工的职责是保障公路畅通。在那个年代，几乎谈不上机械设备，主要靠人力抢险和养护，有人受伤是常事，有人牺牲在所难免。似乎一切都在意料之中，作为活生生的人，又努力把自己排除在意料之外。雷延泽是不幸的，46 岁是上有老下有小的年龄，当时结婚年龄普遍偏大，说不定他的孩子是儿童。他于 6 月 1 日牺牲。雷延泽又是幸运的，他躺在日夜奋战的川藏公路旁边，看着川流不息的往来车辆，他的名字与国道同在。我们有个成语“泽被后世”，雷延泽，名副其实地做到了。

碑上刻着名字的，我们知道姓甚名谁哪里人，四川和云南人居多，也有西藏昌都的藏族同志。

一连好多块墓碑上只写着两个字：无名。在川藏公路上，不管早期修筑还是后来养护抢险，牺牲的无名烈士难以计数。

他们是解放军官兵，是交通系统职工，是民工，是……

他们是汉族，是藏族，是羌族，是……

他们牺牲时没到知天命之年，但他们知道肩负的使命。

他们牺牲时没到而立之年，但他们立下的是千秋伟业。

想起“为有牺牲多壮志，敢教日月换新天”诗句，长眠于国道旁的英雄，后人可以告慰你们的是：为有烈士保畅通，“两路”精神放光芒。

格松江措

我从曲孜卡徒步加达村，才知道它属纳西民族乡。傍晚时分，如在这里吃顿饭多好，既看了千年盐田，又解决肚子问题。

我有这个想法，但没抱多大希望。走进村里，路旁牌子上歪歪扭扭“博物馆”三个字吸引了我，下面写着住宿和加加面等服务项目。

按照箭头指示方向拐两个弯，来到一处小院前。院门简易，由几根钢筋焊成。我抽动里侧的门闩，迈步而入。

来到院中，房屋的门关着，没上锁。我喊两声扎西德勒，无人应答。环顾四周，看不到博物馆的影子，却发现院中菜长得很好。院墙外有处房子破旧不堪，露出几根发黑的木头。

我很失望，没见到人，不知道博物馆在哪里，晚饭没着落。

我只好往回走。快到院门，一个中年男子骑着摩托刚好来到跟前。他从摩托上下来，提着红色塑料袋走进来。

我看到他满心欢喜，他见到我笑容满面。

我不知道他是谁，顺口说道：“你终于来了。”

他边把袋口扯开边对我说：“在盐井买2斤青辣椒，1斤6块钱。”

我断定他是这家主人，便跟着他走进屋。

进门看到墙上挂着的营业执照，注册的是农家乐，他是经营者格松江措。

我们聊一会，他主动把我引领到用来做招牌的博物馆。

“这座房子低矮黑暗，是我爷爷的爷爷住的。什么时候盖的，早了，有

300多年。”

“我们讲故事常说很久以前、我爷爷的爷爷怎么啦，你说这房子有300多年，应该是清朝前期盖的，有什么根据？”

“你看这门槛，迈进去迈过来小心，尽量不踩上面，300多年过去，还是踩出一拃深的凹槽。”

“如果像你所说，你家当时的条件挺好，那时能有这样的小矮房相当不错。”

“小时候，爷爷是这样给我说的。成百上千年来，加达村的人都是盐民，藏族和纳西族有争夺盐田的事发生，现在想想是正常的。人和牲畜离不开盐巴，这里产盐，都想多占资源，谁都不服谁，就打起来。我的先人打仗厉害，才在加达村站住脚，得到几块盐田，成为殷实户。连我都不相信，300多年前的富裕人家只能用石头垒起一座小房子。”

“如今藏族和纳西族相处得怎么样？”

“以前的事成为历史，装进我家的博物馆。听爷爷说，藏族和纳西族的关系以1950年为界，前后差别很大。”

“为什么那么界限分明？”

“1950年金珠玛米（解放军）渡过金沙江，解放昌都，我们这里直属中央人民政府管理。我爷爷感受深，金珠玛米来之前，土匪挑拨藏族和纳西族之间的关系，巴不得我们天天打架。打来打去，两个民族的村民有的死了有的伤了，盐巴却被他们抢跑了。对加达村的人来说，真是损了小命又折盐。金珠玛米来了，把两个民族的头人召集在一起，给他们讲藏族与纳西族和则两利、打则俱伤的道理，关键是主持公道，和大家一起分清所有盐田的所有权。从那以后，藏族与纳西族和睦相处，到晒盐时节互相帮助。”

“和你小时候相比，加达村有没有变化？”

“变化太大啦。以我家来说，自从开了农家乐，游客参观了盐田，来这里看300多年前的老物件，吃加加面。在我家住宿，一晚只收30元。2021年新楼投入使用，楼下按照县城标准建有卫生间。我的观念转变了，博物馆越老越好，住宿条件越现代越好。老物件脏兮兮的有古味，环境干净卫生了舒服。很多城里来的游客喜欢吃我家院里种的菜。我今年48岁，爸爸78岁，妈妈79岁，身体都好。老婆的荞麦面饼做得好。和全村人一样，感受是政府扶持我们做旅游。想不到祖祖辈辈靠着活命的古盐田如今成了宝贝，全国各地的游客来看怎样晒盐、购买用盐作原料造出来的高档美容护肤产品。我们靠它发了家致了富。”

“村里有没有发展旅游的举措？”

“加达村刚建好游客服务中心，是政府拨的款。以后投入运营有利润，家家户户能分红。”

“你的普通话说得好，是初中毕业吧？”

“我没上过学。”

“我不相信。”

“芒康南部三个乡为啥发展快？我们的思想开放，主动和周围人打交道，吸收对我们有益的做法。纳西民族乡里的纳西族多，我是藏族，还有其他民族，以及来自内地的生意人，在这里都能找到家的感觉。我后悔没上学，盐井中学在昌都是有名的。我要是认字，早把生意做大了。”

“你的孩子上什么学？”

“女儿格松卓玛在西南政法大学读大二。两个儿子在昌都上学，大的高三，小的高二。我告诉他们不认字不会写字的难处，是亲身经历。他们知道好好学习，不用家人操心。女儿上大学政府每年有助学金，两个儿子读高中费用全免。”

“家人健康有事做，孩子能成才，日子过得这么惬意。你有没有什么愿望？”

“愿望是趁着女儿上大学去趟重庆，带着我的爸爸妈妈。我不识字，家里有生意，心想到秋季女儿上学时陪着我们一起去。”

看着格松江措一脸的兴奋，我理解了幸福的含义：好日子加上好心情，还有对下一代的期盼。

千年盐田

盐田与曲孜卡乡无关，但拥有盐田的纳西民族乡已与曲孜卡乡形成旅游关联区和利益共同体。

从曲孜卡乡的曲尼庄园酒店徒步一小时，可到纳西民族乡加达村的盐田。曲孜卡的温泉负有盛名，纳西的盐田为AAAA级旅游景区，两地之间的距离不是问题，从地理位置上看事实上连为一体。

对游客而言，泡好温泉看盐田，或者看完盐田泡温泉，都是短时间内能够做到的事情。

沿着澜沧江徒步，我与加达村开农家乐的格松江措相遇。

“兄弟，在社会主义新时代还背卤水晒盐吗？”

“盐照样晒，卤水早不用背了。到晒盐时节，整理好盐田，用水泵把卤水抽上来，灌满，让太阳和风帮助我们把盐巴析出来。我平常在农家乐招待客人，盐田里的活由家人去做。”

“早听说这里产两种颜色的盐，红盐和白盐，同是用澜沧江边的卤水晒出的，为什么这样颜色分明？”

“从发现卤水可以晒盐就是这样，开始以为是神呀佛呀安排的，天主教徒说是上帝送来的。后来专家说，是地质和土壤的原因，还把从两岸不同地方采出来的样本给我们看。江东岸的样本是白色的，江西岸就是我们加达村的样本是红色的。神呀佛呀上帝呀只说世上这怎么样那怎么样，从来不给人们解释原因，是科学给出答案。”

“说起盐田，我们的头脑里会出现背卤水上上下下的妇女。那种辛苦程度，我有体会。我在海拔 4000 多米的地方从小河里挑过水，每走一步都是上气不接下气。”

“盐井还好，海拔 2000 多米。说起来有趣，内地海拔越高越好，西藏海拔越低越好。我们取卤水的时候，红盐挑上去，白盐背上去。现在没有那么多讲究，都是用水泵把卤水打上来。对盐井人来说，神力法力上帝的力量，没有电力用得实惠。”

“1300 多年前，是谁发现这里有盐可晒？”

“这是一个古老的话题。人和牲畜都离不开盐巴，古往今来盐巴成为我们的命根。实事求是地说，是纳西兄弟先发现江边卤水可晒盐。那时候，这里住着数量很少的藏族人。云南一些纳西族为避战乱，无意中来到盐井，感觉和家乡差不多，决定在此住下来。纳西族与中原人接触多，他们带来先进的生产方式。他们吃过海盐，听说海水里有盐，一晒就出来了。当时的盐井人几乎无盐可吃。纳西族住下后，看到奔腾不息的澜沧江，想起海盐的制作过程。纳西族的头人好动脑子，居然用江水晒出少得可怜的几粒盐巴。这给所有人带来惊喜与希望。有一年的枯水季节，头人带领大伙到江边取水，发现离江水不远的地方有个洞，里面水的颜色与江水有些不同，管它呢，何必舍近求远，取出来让阳光蒸晒。过了一段时间，晒出来的盐让他大吃一惊，不仅量多质好，而且颜色是红的，尝起来味道差不多。他带领兄弟在江边挖洞，红盐产量急剧提高。他到江东岸挖洞，结果晒出的是白盐。他可高兴啦，很快又犯起愁来，卤水有的是，缺少晒盐的场地。他在岸边左思右想，试着用木杆抵住峭壁支起一个木棚，棚的上方用泥巴抹平，周边糊起边沿。就这样，一块悬空的盐田出现了，晒盐效果比下面的盐田好得多。纳西族的盐产量激增，不仅满足内需，还能销到很远的地方。纳西族尊称头人为木杆王，他的名声传遍芒康。纳西族的盐巴吃不完，藏族要用很多牛羊才能换得一些盐巴。格萨尔王知道了，怒不可遏，便带领藏族民众向木杆王兴师问罪。木杆王当然不愿服输。两支部队在羌岭相遇，发生激战。在藏族心中，格萨尔王无所不在、无所不能。格萨尔王施展法力，打败木杆王，活捉他的儿子。这就是《格萨尔王》说唱中提到的羌岭之战。到了吐蕃王朝后期，赞普想起文成公主和金城公主传下来的理念，你把周围人看作敌人，他们便是敌人；你把周围人当作朋友，他们便是朋友。赞普觉得先人之言有理，便封木杆王的儿子友拉为纳西大臣，用中原的话说，把他拉过来就成为朋友。我的先人当年跟着格萨尔王来到盐井，我今天才能与纳西族兄弟共同依靠千年盐田致富。”

“正像你说的，藏族和纳西族不打不相识，在盐井这片古老的大地上交往交流交融，成为情同手足的好兄弟。”

“有人说藏族是一个封闭的民族，这句话在盐井行不通。藏族在盐井扎下根后，经过上千年的和睦相处，这里的纳西族会说藏语，生活习俗和我们差不多。藏族向他们学习很多实用的东西，比如晒盐技艺和农耕技术。千百年来，木杆王是盐民共同的英雄。”

“在中华大地，民族间相互学习促发展的例子很多。以盐井来说，古老的晒盐技艺被列为第二批国家级非物质文化遗产，曲孜卡的温泉众所周知，两者吸引无数游客前来观光旅游体验休闲，拉动曲孜卡的经济，促进盐井的发展。”

“我的感觉是国家的政策越来越好，政府的扶持力度越来越大。芒康县正在申报国家 AAAAA 级景区，要是成功了，受惠多的是老百姓。我的农家乐要随着改造升级。”

告别格松江措，我从加达村穿过。路旁有村民在翻盖新房，村头的游客服务中心已经建成。

过了澜沧江，我站在高处远眺，江两边的盐田像蜂窝一样排列着，山谷中的加达村在阳光照耀下非常醒目。在盐井人心里，千年盐田遇到党和国家的好政策，才能焕发出生机和光彩。

偶　遇

在德钦客运站，我欲购票，一位男子恰巧到窗口咨询，随口问道：“你去哪里？”

我看着他头上像小学生戴的那种黄帽子，浑身上下一扫，心中定位为退休工人。从他关心我的“你去哪里”这句话，可验证其身份。出门在外，有身份的人坐长途汽车的少之又少，除非担负着暗访的特殊使命。普通人自顾不暇且担心惹事或上当，即使有副热心肠也不会轻易主动搭讪。退休工人不一样，他们见过世面不怯场，知道劳动辛苦不骄傲，好问发生在身边的事情。这位主动问我去哪里的大哥必是想在等车过程中找人聊天的退休工人。

“芒康。你去哪里？”

“盐井。”

“盐井在我的计划之内，时间和你不一样。”

“顺路，过会你搭我的车就行。”

我的行程与时间随时可改变，对他的话不怀疑，顺水推舟答应。

我俩坐下。他的行李简单，一个双肩包，一只手提袋。特别是那个手提袋，佐证了他的退休工人身份。

“老哥，你住在盐井，家人开车来接你？”

“我给他们讲课。我从重庆飞到香格里拉，他们要到香格里拉接我，这说的是正常情况。香格里拉有到德钦的长途客车，我坐一程车，他们少跑一段路。可以顺便做的事，少麻烦人家。按照游戏规则，主办单位到香格里拉接我，是情理中的事。他们提出那样做，我谢绝了，谁让我姓谢呢。互相为对方着想，才能赢得相互尊重。”

听到“讲课”二字，我否定了他的退休工人身份，尽管一时判断不出他的真实身份。管他是什么人，他邀请我搭车，到了盐井再坐班车去芒康县城。

他举起手机：“我在二楼候车室。不用着急，你在外面吃了午饭来接我。不要管我，我带着养生餐，我是不在外面吃饭的。”

他把手机装进兜里，对我说：“你去外面吃饭吧。估计他不用一小时就到了，等你回来正好一起走。”

“我有方便面，还想看看你的养生餐是什么。”

“地瓜餐，就是吃红苕。你看，我这袋子里都是红苕，在家蒸熟随身携带。我的血糖高，买了两万多元的药，不顶事。有人给我推荐地瓜餐，才从根本上解决了问题。我从 2020 年 9 月 15 日吃的，不到三个月，血糖由原先的十六七降到五点三。你身边如有血糖高的人，吃地瓜餐，喝盐开水，早晚两顿后配不到 5 克的虎杖丸，其他什么都不用吃，正在吃的药给扔了。地瓜餐降‘四高’。”

“我知道‘三高’，那一高是什么？”

“血压高、血糖高、血脂高，第四个是尿酸高。在西藏生活长的人，容易痛风，吃地瓜餐，可降尿酸值。我救自己的命，也救别人的命。你看，自从吃地瓜餐，我的体重下降 26 斤。26 斤，什么概念，多大的一坨肉。我买的红苕一块多钱一斤，西藏贵得多。虎杖丸一盒 78 元，能吃 25 天。多低的成本。我给你说明白，地瓜餐不是治病，而是恢复器官功能。我们为什么有病？因为海吃海喝，器官受损，功能减弱，免疫力下降。想想小时候我们天天吃红苕，没出现今天这么多怪病。我能进藏讲课，多亏了地瓜餐。”

听了这番宏论，他的真实身份对我一点不重要，重要的是别掉进他设的传销陷阱。

他似乎看出我的顾虑，接着对我说：“信不信没关系。虎杖丸不必从我推荐的那里购买，城市大药房里能买到，网购也可以。”

“我喊你老哥还是老师？”

他对这句话没反应。我只好接着说：“按年龄，我喊你老哥；你是去讲课的，应该叫老师。我喊你谢老师吧。”

他未置可否。我回想一下，把他定位为传销人员不妥当。一是他确实背着蒸红苕，而且只吃这一种食物。二是西藏请他去讲课，专家怎能是坏人？

害人之心不可有，防人之心不可无。我防着些吧，万一他是上传销课呢。人人晓得这是他们惯用的洗脑方法，却防不胜防。

车子停在曲尼庄园酒店，这个酒店在曲孜卡属高档的。会务人员把他安置妥当，这打消了我对他讲课内容的猜测。

第二天，我到现场方知，他是为昌都市2020年全市旅游市场监管执法培训班授课，所讲标题是《昌都市盐井古盐田民俗旅游区创建国家AAAAA级景区思路和存在问题及工作推进建议》，署在课件上的单位是重庆首信旅游景区管理有限公司。他叫谢胜华，为公司法人代表。这个培训班由昌都市旅游发展局举办，结束后为学员颁发结业证书。

听完课，我悄悄离开。我在曲孜卡乡政府附近一家小店吃午饭时，谢胜华打来电话，嘱咐我路上注意安全。我感谢他的好意，心想路上偶遇的朋友，估计一辈子只有一面之缘。

我沿着澜沧江徒步。下午的阳光有些刺眼，路很好走。我的目的地是纳西民族乡政府，那里是去芒康县城班车的始发站。

过了江，山路拐了几道弯，总体上按照半圆形通向纳西民族乡。

离目的地不远，前面有个人迎面走来，傍晚了，是住在附近的人出来溜达吧。

想不到他主动打起招呼：“大山，我俩真是有缘，又见面了。”

我认出他头上的黄帽子：“谢老师，你不会从曲孜卡散步来到纳西民族乡吧。你戴的帽子告诉我，你此刻在纳西民族乡。真是有缘在哪里都能相逢。”

“我有深色的帽子，没戴。降‘四高’吃地瓜餐，也要坚持锻炼。这是人们常说的管住嘴、迈开腿。我每天走一万多步。黄帽子颜色鲜艳，来往车辆容易看到，戴着它，有安全感。你是走过来的，前面的路好不好？我打算走回曲孜卡。”

“路可以，时间有些长，我走将近三小时。天晚了，回去吧，我俩今晚住在纳西民族乡。”

“我往前走走就回来。过会他们来接我。培训班结束了，主办方组织学员参观展览馆。我去过多次，顺便出来散步。明天他们送我去县城。我俩有缘，在澜沧江边散步都能遇见。”

相互挥手作别，各自前行。明天去县城，他有专车相送，我坐班车前往，再见到的可能性为零。

我住在纳西民族乡政府附近的盐井宾馆，80 元的价位，条件不敢恭维。想起前一天与谢胜华同住的曲尼庄园酒店，真是一个天上一个地下。

第三天早上，我离开接地气的盐井宾馆，绕到它后面的大院里，坐上班车，直奔县城。

在芒康客运站下车，我走进售票厅，看到一人在窗口买票。熟悉的身影，特别是那顶惹人眼球的黄帽子，让我难以置信，他正是谢胜华。

我悄悄走到他身边：“谢老师，我们不约而同在此相见。”

他又惊又喜：“一旦相识，每天会相见。我在买下午两点去昌都的汽车票。你怎么回朱巴龙，坐班车吗？”

“过会同事来，我们一起吃顿饭再走不迟。”

“我吃地瓜餐，想找回健康，得有毅力。我见一下你们村的第一书记，朱巴龙位置好，应在旅游上做文章。”

“村里游客接待中心已建好，等着出租，你多给我们出点子。”

一会儿，村第一书记和一位乡干部结伴而来。我把谢胜华介绍给他们：“这是专搞旅游咨询的谢总，他愿意帮助朱巴龙村发展旅游产业，义务为我们提供旅游策划。”

他俩打量一下谢胜华，礼节性地应付几句。

我明白，虽然我口口声声喊谢总，但他的形象特别是装束又被定位为退休工人。

与谢胜华道别，我想起为什么一连三天与他偶遇。他是公务员，做过十多年处级领导，退下来一身退休工人打扮。我在一家省级报社工作，有一次采访，主动出示记者证，竟被怀疑是假的，因为给人的第一印象是民工。

物以类聚，人以群分。我隐约感觉到，在某一天某一地还会与谢胜华不期而遇。

听　课

一个偶然的机会，我在曲孜卡听了一堂谢胜华的课。

他是昌都市旅游发展局请来为旅游市场监管执法培训班授课的，所授内容的标题是《昌都市盐井古盐田民俗旅游区创建国家AAAAA级景区思路和存在问题及工作推进建议》。

他在讲到旅游开发与管理时，结合古盐田提到五个关键词十个方面。

第一个关键词为根基，即产品为根，配套为基。

古盐田的产品是盐，这是根本。如果把产品局限于盐，别说创建AAAAA级景区，A级景区也没戏，因为单一产品无法支撑一个景区的运营。古盐田已经存在1300多年，为什么以前成不了景区？根本原因是时代不同，党和国家的好政策推动社会发展到如今的程度。

把旅游配套产品推出来，是创建AAAAA级景区的基础。游客来看盐田，可以顺道参观历史文化展览馆。盐田产出的盐有红盐和白盐两种，不仅满足人和牲畜的需求，还能加工出系列美容护肤产品。旅游产品是个综合概念，不能局限于手工艺品，比如游客中心、旅游标识系统、生态停车场和公共厕所等，几乎囊括景区里的一切，可以持续打造不断扩充。

第二个关键词为王道，即品牌为王，体验为道。

无论哪个领域都有公认的品牌，旅游同样如此。五湖四海的游客为什么钟情黄山？五岳归来不看山，黄山归来不看岳。黄山是AAAAA级景区中的品牌。一个人在冒出旅游想法时，不管黄山风景如何，都是首选。这是品牌效应。目前看来，把古盐田打造成全国范围的品牌，尚需时日。无论如何，我们要把它打造成西藏旅游业的品牌，或者能够影响已到四川的游客。阿里地区的札达土林，游客从拉萨出发来回折腾一星期才能看到。为什么有那么多游客坐着车一路颠簸前往？因为旅游业造出来的声势是来西藏不看札达土林称不上深度游。四川西部已形成康定－稻城旅游线路。理塘位于318国道，是去稻城的必经之地，从旅游资源来说，看不出后来居上的苗头。尽管那里的一小伙成为网红，但把理塘打造成旅游品牌难度大。盐井情形不同，我们有硬货，它的存在时间超过1300年，而且存活至今，就是说还在使用，能正常晒盐。从青藏高原看，盐井在海拔上有优势，2000多米。这是什么概念？天南地北的人来到这里，不会出现高原反应。从成都方向来的游客经过康定和稻城，在盐井调节几天再去拉萨等地，从身体健康考虑，是好事。

打造品牌需讲究方法，通过体验展现出来。在这方面，我们没有起步。盐井有展览馆，缺少互动项目。游客只能看，感受不到体验的艰辛与快乐。加达村定位为民俗村，要拿出体现民俗的东西来。村民格松江措2019年注册个农家乐，他家有老房子，里面有些老物件。他是个有头脑的人，为了吸人眼球，在村中交通枢纽位置挂个牌子，写上“博物馆”三个字。有作用，好多游客去过他家，看看乡村博物馆，吃上几十碗加加面，睡在30元一个铺的家庭旅馆。这是一种能给游客带来乐趣的体验。我们要记住盐田的晒盐技艺，这是国家级非物质文化遗产，为什么没想到让游客体验？现在进步了，用水泵抽卤水。我们可以留出几口盐井，放几只桶，感兴趣的游客可以把卤水装进桶，背到盐田，倒进去。在已晒出盐的盐田，怎样把散盐刮成条状，如何用笤帚把盐扫成堆，如此等等，多好的体验项目。游客帮我们干活，领略了盐民的不易，同时看到加达村的变化，可以说经受一次心灵的洗礼。

第三个关键词为魂魄，即特色为魂，交通为魄。

一个景区要活下去，必须有特色，这是它的魂。特色是什么？你想看山，必去张家界；你如看水，首选九寨沟。原因简单，张家界的特色是山，九寨沟的特色为水。盐井的特色是什么？是盐田，是晒盐技艺。在西藏，人人皆知芒康盐井有千年盐田。从特色角度讲，很多人感到纳闷，大家张口闭口盐井，在地图上只找到纳西民族乡，盐井到底在哪里，甚至怀疑有没有盐井这个地名。这就是特色的吸引力。到了盐井方知，这是流传千年的实物和地名，如今属纳西民族乡。日常生活中，人们把盐井作为芒康县曲孜卡乡、纳西民族乡和木许乡南部三乡的代名词。由此可见特色的内涵与力量。

在西藏旅游的人有个普遍感受，坐车时间长。为了看一个景点，往往要坐一天车。想一睹位于阿里的班公湖，要一连三天在车里度过，来回经常需要十天半月。大家可以想象，对一个景区而言，交通多么重要。与西藏多数景区相比，盐井在交通方面有独特优势。从云南方向来的游客看过飞来寺和梅里雪山，可从德钦沿着 214 国道直达盐井。从四川进藏的游客沿着 318 国道到芒康县城，如果时间允许，不用休息，花两个半小时即到盐井。纳西民族乡每天有去县城的班车。这样的交通条件在西藏是数得着的。再说曲孜卡乡和纳西民族乡，两个乡政府之间的距离仅十多公里，两个乡事实上连为一体，协同发展。

第四个关键词为命脉，即人气为命，客流为脉。

从广义的盐井说，人气挺旺。具体一些，多数是到曲孜卡泡温泉，来看盐田的人数量有限。做生意的知道人气重要。举个例子，我们走在大街上找吃饭的地方，看到两个挨着的馆子，一个人声鼎沸，服务员忙得不可开交；一个冷冷清清，店主低头耍手机。你选哪个店？当然是顾客盈门那一家。景点是一样的，布达拉宫旅游旺季每天限量，仍有那么多人为得到一张票着急。有的景点游客没有工作人员多。出现截然不同的情形，原因是多方面的，但有没有人气是主因。

人气从哪里来？当然需要客流量。盐井急需提升客流量。我们硬拉是拉不来游客的，但可以通过多种形式实现目标。这次创建 AAAAA 级景区核心是千年古盐田，没把曲孜卡纳入，是考虑盘子大，不好操作。切记不可孤军作战，狭义的盐井即纳西民族乡要和曲孜卡乡捆绑在一起，两地相得益彰，才能增加客流量。两地很近，近得半小时车程即可彼此抵达。这在西藏是发展旅游的地利之便。两地犹如一对孪生姐妹，均有特色，又彼此离不开。从创建 AAAAA 级景区角度看，创建主体要有大视野，进行大布局。曲孜卡一时纳不进来没关系，给它留出发展空间，将来必有用武之地。盐井的客流量一旦提升，纳西民族乡的容量有限，需借助曲孜卡乡的温泉宾馆。两地联手打造，互为支撑，才能有力推动 AAAAA 级景区的创建。

第五个关键词为本质，即文化为本，标准为质。

旅游说的是文化，讲的是故事。盐井有着厚重的文化底蕴。千年古盐田从哪里来，格萨尔王和木杆王的传说，纳西族和藏族交往交流交融的故事，具有康巴风情的民俗，诸如此类的民间故事和现实的发展变化，都是可资利用的文化资源。为什么盐井历史文化展览馆吸引人？因为它蕴含着厚重的文化基因，散发着茶马古道的韵味，弥漫着纳西族的风土人情，展示着传承千年的晒盐技艺。盐井的文化可以做深做细做大，可以和旅游产品一起挖掘拓展。

说起标准，这是我们必须做的事情。标准有硬指标，也有软内容。比如《资源品质与市场影响评分细则》中提到的标准有两大块：资源吸引力和市场吸引力。其中，资源吸引力含观赏游憩价值、主体特色魅力和综合消费能力，市场吸引力含知名度、美誉度和辐射力。盐井创建 AAAAA 级景区，要对着这些标准实施。顺手举例，三月桃花盐可做的内容很多。大家设想一下，澜沧江边，桃花盛开，身穿民族服装的村民在千年盐田上劳作着，这是怎样的一幅画面呀。游客体验自不必说，桃花盐美容护肤产品货真价实。观赏价值、主题特色、消费能力并存，能够彰显美誉度，知名度随之提升，辐射力自然而然向周边扩散。这是硬指标，再来看一下软内容。这次开班，重点是培训旅游市场如何监管执法。我们处于社会主义新时代，旅游市场的健康发展至关重要，要求景区的监管执法到位。举例来说，如果有人牵着藏獒堵路逼游客拍照收费，如果有小孩抱着游客大腿要钱，如果有人拿着伪劣商品缠着游客购买，作为当事人有何感受，还有心情去游览千年盐田、泡温泉吗？监管执法是有标准的。无论如何，要让游客来到此地感到温馨，怀着愉快的心情游览参观休闲。

听完谢胜华的课，已到中午，居然没感到饿。他为盐井创建 AAAAA 级景区提供实招，指出西藏旅游业发展的方向。

巴吉村

陈老乡

我与老陈相识，纯属偶然；聊起巴吉村，找对了人。

“你的商店名称里有‘皖北’二字，真是安徽的？”

“不假。”

“哪个县？”

“太和县。”

“在西藏自治区林芝市巴宜区八一镇巴吉村见到皖北老乡，不容易。”

“你是旅游的？”

“我来采访，这是我的记者证。”

“这些年来巴吉村采访的记者比这里的村民还多。有些村民没时间接受采访，陪你们聊天，耽误人家挣钱。”

“有记者采访你吗？”

“我不是巴吉村人，他们不采访我。有一回，几个摄像的看到我来了，提醒同伴暂停。我走过去，听到说重新开始，才知道他们拍村容村貌不需要我的出现。我在巴吉村居住几十年，在他们眼里成了多余的人。”

“别伤自尊。我这次专门采访你。墙上的营业执照告诉我，你叫陈军。我与你这位在巴吉村开商店的老乡聊会天。”

“我有两个类型的老乡。”

“此话怎讲？”

“在西藏遇到安徽来的人，像我和你一样，是老乡。出了巴吉村见到这个村的人，比如我和村支书米玛，互称老乡。”

小店里的陈军（唐大山／摄）

“你怎么想起到林芝做生意？”

“说来话长。做过副镇长的父亲来过林芝，觉得这里海拔不高气候好，退休后从老家来八一镇做起生意。我初中毕业，在家待不住。那时候出去打工的人很少，我在兄弟四人中排行老末，去过深圳、上海、新疆，不如意。1989年，在父亲引导下，十九岁的我来到八一镇跟着他做生意。一晃半辈子过去，在这里出生的两个女儿，一个在西藏大学读藏语言文学专业，一个在林芝市上高三，都成为地地道道的高原人。”

“你在八一镇干得好好的，为什么搬到巴吉村？”

“我刚到八一镇的时候，犹如进了如今内地的一个村庄。闹市区位于今天的明旺大酒店附近，最高的建筑是林芝地区行署办公楼，两层，门前是砂石路。说是行署所在地，但城镇建设谈不上规模，人口数量有限，交通落后，货物不畅通，生活成本高。我决定离开所谓的市中心，在周边瞅地段，决定留在巴吉村。”

“周围村子很多，为什么偏偏选中它？”

“一是位置，二是对未来的判断。巴吉村位于318国道旁，徒步半个多小时能到市中心，在这儿居住生活成本大为降低，开商店盈利还可以。这是地理位置的优越性。1998年，时任福建省委副书记习近平送援藏干部上岗来到林芝，没想到他去了巴吉村。这坚定了我来巴吉村的决心。为什么这样说？我认为东南沿海的省委领导到西南边疆的巴吉村考察，这个村迟早会发展起来。你想想，援藏资金向这儿倾斜，当地政府重点规划建设，巴吉村的未来不是梦。第二年，我毫不犹豫搬过来。”

“当时的巴吉村是什么样子？”

“别提了，那时的八一镇和我们老家的村落差不多，巴吉村能怎么样？破破烂烂歪歪扭扭的民房，东零西落地散布在这一片，村民纯朴，没听说谁家富得流油，没有哪家穷得过不上来。”

“只是一个普通的小村庄。”

“这个普通的小村庄名声很快响起来。”

“体现在哪些方面？”

“柏树王和尼洋阁。”

“说具体些。”

“柏树王3200多岁。这是什么概念？用世界眼光看，这棵柏树于公元前1218年出生，是目前地球上柏树的老寿星。放在中国视野中，中华文明五千年，柏树王阅历过半，堪称中华民族之树。不能让这样的活化石沉寂于国道旁。福建援藏工作队打造和宣传两手一起抓、两手都很硬，如今世人皆知巴吉村有棵柏树王。藏东南文化遗产博物馆，就是平常说的尼洋阁，坐落于巴吉村娘乳岗。这座五层塔阁式结构博物馆，是藏汉建筑艺术融合的结晶，由福建省援藏工作队投入巨资修建而成。传统与文化结合在一起，比日山下的柏树王象征着传统，折射出丰富的文化内涵；尼洋河畔的藏东南文化遗产博物馆展示的是文化，蕴含着中华民族筚路蓝缕的前进历程。离开传统谈文化，或者撇开文化谈传统，容易失之偏颇。”

“你不像商店老板，倒像大学教授。”

“生活在这种环境中，与接受过采访的村民聊天，久而久之，把他们的话记下来了。”

“以文化人，说的是你这种情形。2011 年，时任国家副主席习近平再次考察巴吉村，你能说说那时村子发展的状况吗？”

“与 1998 年相比，2011 年的巴吉村焕然一新。不知道你有没有在村里走一圈？”

“我从云端商务宾馆开始，每个巷道走一遍，每户人家的门前都到了，风格与内地截然不同。你好像有独到的感受？”

“与内地坐北朝南整齐划一的新村相比，这里的民居是别墅式建筑。一户一院，占地面积大，门朝哪个方向的都有，院内有好多果树。如果哪家有共产党员，会把照片、名字和入党时间张贴在门旁，挺自豪的。”

“老家淮北平原宅基地平整，利于成排规划。我们的第二故乡西藏以山地为主，只能依着地势建房。内地村落布局规整，看起来洁净美观；巴吉村民居错落有致，充满诗情画意。至此，我们可以说巴吉村的村容村貌发生了根本性改观。其他方面有没有变化？”

“巴吉村的可贵之处，在于村民思想上的转变。他们利用背靠市区、紧挨国道、面向市场的区位优势，用政策扶持资金购买运输车辆，很快扔掉贫困帽子，为进一步发展打下物质基础。”

“驻村工作队告诉我，援藏工作队和当地政府在 2011 年前后对巴吉村的志智双扶收到预期效果。挨着村边木栈道的幸福小区属不属于巴吉村？”

“那些地皮以前是巴吉村的。进入新世纪特别是党的十八大以来，林芝市区人口猛增，城区面积迅速扩大，巴吉村相当一部分土地被纳入统一规划。

在米玛带动下，村民用分到的拆迁补偿款集资1500万元盖起建材市场。尝到出资甜头的村民，在建巴吉物流园区时踊跃投资。考虑到全面小康社会共同富裕的宗旨，米玛让村民按相同的出资额入股物流园项目，2019年7月建成一期工程。如今村集体经济实体有所增加，已有的厂子根据实际情况要么提质增效，要么扩大规模。村民家家购买挖掘机，有的户有好几台。”

“难道他们都当挖掘机操作手？”

“自己开挖掘机的有，大部分人家是聘请人开的，也有租出去的。不管怎么说，没有闲着的，这些大型机械只要转动起来，就能赚钱。”

“我今天早上走在巴吉村与幸福小区之间的木栈道上，有一种说不出的惬意。”

“我在巴吉村住了二十多年，已把自己当作这里的编外村民。你在这里过几天，说说惬意从何而来？”

“哥们，变成你采访我了。我从村北头踏上木栈道，周围遍布野草，相间而生的几棵大核桃树，胸径快赶上柏树王的了。和风拂面，偶有一两片叶子飘来。正是鸟儿觅食的时候，它们成群结队，或藏在枝叶间鸣唱，或忽然喳喳叫几声集体飞向不远处的另一棵树上。我享受到巴吉村的快意与幸福。”

“你的这种感受，我在木栈道修成之初就体验了。我和你走的是同一方向，面前和身后是绿荫掩映下弯弯曲曲的栈道，左手坡上是闻名遐迩的巴吉村，右手不远处是林芝新城幸福小区。”

“我们可能想到同一个词，城乡一体化。林芝市区和巴吉村走到这一步，住在幸福小区里的人们站在阳台上看到的是田园风光，巴吉村村民在家里享受的是充满现代元素的城市生活。我这个过客挡不住幸福的诱惑，到幸福小区体验一下。一条清澈见底的小河在我面前扭了扭身子，水面变得宽阔些。水中央是从天上掉下来的白云，旁边是楼房的倒影。如果划来一条小船，水城威尼斯不过如此。”

“我上学时喜欢语文，不怕你笑话，读过几本文学书，跟你说得来。”

“对同一个人而言，平台很重要。我借助西藏日报平台，写些小文章。你做生意我写文章，目标一样，都是让生活更美好。”

“你说平台，我想起一个问题的答案，巴吉村为啥发展越来越好，根本原因在于这里的人们主动寻找平台、善于利用平台。”

“你详细说说巴吉村的平台。”

“这个平台全国的村子都有，主要是有没有意识到、能不能让它发挥作用。政策说搞活经济，巴吉村跑运输；政策说让民有所居，巴吉村建设安居工程；政策说发展集体经济，巴吉村建了好多厂子；政策说加强民族团结，巴吉村营造和谐社区。”

“习近平总书记说建设美丽西藏，巴吉村是怎样践行的？”

“说到这里，我的小店因为在国道旁，很快被拆除。”

“作为林芝市的脸面，巴吉村这些违章建筑给人不爽的感觉。”

“之前村民把它们租出去，挣了不少钱。如今要把这里打造成一片风景区，几个月后会长出花草树木一片片绿。”

“游客会来吗？”

“一年四季有游客来。今年受疫情影响，旅游业受到冲击。在这样不济的情况下，柏树王风景区售票员说，一天能卖出一万多元门票。坐在这儿，往前看到的是比日山脚下的巨柏林，往后看到的是尼洋河畔尼洋阁，这儿是游客往返两个景点之间的必经之地。把这一带美化起来，两个景点连成一片，游客赏心悦目，村民休闲与增收兼得，巴吉村发展再上台阶。”

“这是建设美丽西藏在巴吉村的具体化。你的小店拆了心疼吗？”

“那边的库房正在拆。我接到通知，年底我的小店将不复存在。心疼是玩笑话，高兴还来不及呢。今年这里消失一个小店，明年在巴吉村的某一个地方会出现一个多功能的大店。我要继续和巴吉村老乡一起勤劳致富奔小康。”

“这叫老柏树下穿绿装，尼洋河畔唱新歌。”

肖志勤

巴吉村人知道采摘园里有个四川老婆子。十多年来，那个老婆子很少离开采摘园。

我在巴吉村溜达，来到国道旁，看到采摘园门前的老婆子，便走过去。

“大姐，这个时节有草莓吗？”

“早没了，摘草莓是五月份。”

“我可以进园看看吗？”

“可以，进来看吧。”

“草莓长得旺，果子早没了，秧子没拔掉？”

“说的啥子话哟，这些秧子冬天不会死，留着，明年春天发得快。”

“这个园子好大，有多少亩，租金咋算？”

园子里的肖志勤（唐大山／摄）

“七亩，一年承包费7200元。”

“种类挺多，有草莓、玉米、四季豆，还有苹果树和桃树。这些菜呀果呀好卖吧。”

“草莓不愁卖，熟多少，巴吉村人买走多少。和水果店里的比，一样价格，多数人愿意从园子里摘，放心又好耍。这些天来买玉米的多，不论斤，论棒，大的10块钱3棒，小的10块钱4棒。”

“你是哪年来巴吉村的？”

“2008年。这园子不是我的，是儿媳妇的兄弟包的。开始是她的妈妈帮着看园，2008年没了，我才来的。”

“在这里习惯吗？”

“我家是四川自贡的，觉得差不多，在哪里过长了都一样。我的脚疼，不能干活。平时园子里的活不多，儿媳妇和她兄弟在巴吉村帮工，挣些钱，我在这里守着，他们放心。”

“巴吉村人会不会种这些东西？”

“种不好吧。他们富得很，有的在家门口跑大车，有的在外面做生意，没时间弄这些来钱慢的事情。这些地，你看到了，砂石多，整理出来不容易。村民把这片地租出去，比撂荒强；我们开出一片园，多少赚些，比在家闲着强。”

“你这两强说得好。今年六十多岁了吧？”

“七十岁整。”

“你是我的大姐。一年回自贡几次？”

“一年回去一趟。过年的时候一起走。”

“园子不需要留人吗？”

“这园子不是温室，一年四季敞开着，冬天长不了啥子，过一个月再来侍弄没问题。走时门一关，回来是原样。关门为了防牛进来。藏族人这点好，不是自己的东西，放多长时间都不会动。”

“你和村里人交往怎么样？”

"啥子交往不交往的，他们认识我，我认不清他们。"

"会认识几个吧。"

"草莓熟了，他们来摘草莓。有人来了，我喊儿媳妇过来。多少斤、多少钱，儿媳妇跟他们说。他们走出园子，我就见不着了。"

"你天天在这园里待着？"

"我的脚疼，走不远。走出去谁都不认识，说不上话。儿媳妇出去干活，我看园子，收拾家务，天天一个样。"

"巴吉村这么出名，有没有记者采访你？记者，就是脖子上挂着照相机，或者扛个三脚架，或者手里拿着话筒、小本子的一些人。"

"有人来过，站在园子外面对着这里照相，照完就走了。"

"没有和你说过话？"

"没有。有时有人对我笑笑，招招手。"

"大姐，你叫什么名字？可以告诉我吗？"

"我叫肖志勤。"

"你会写字吗？把名字写在这里吧。"

"我不会写字。你写出来，我认得。"

我在本子上工工整整写下"肖志勤"三个字。她看后说，是这三个字。

我记住了巴吉村旁采摘园里的这个四川老婆子，她叫肖志勤。

生活中这样的老婆子有的是，关注她们存在的人不多。我难以忘记，因为她们都是我的姐姐。

柏树王

2024 年，柏树王的年轮增加到 3242 圈，生命力平稳。

世上的柏树数不胜数，为何寿星出现在中国？

这要从柏树王所处的地理位置说开去。它的生长地在西藏自治区林芝市巴宜区八一镇巴吉村。从地图上看，柏树王所在纬度和长江所在纬度大体相当。如果不是青藏高原，它所在的地理位置类似南方的水乡。大自然公平的地方，在于植物与人类一样，不可能把优势占完，不可能全是不足。3000多年前的林芝是什么样子不知道，众所周知，三十多年前的林芝市区好似一个大村落。巴吉村是什么样子可想而知。千百年来，当地人烟稀少，外地人很难到达那里。世上早有柏树王，然而知道柏树王存在的人寥寥无几。得天独厚的地理位置让柏树王长期以来躲开俗人干扰，能够延年益寿。

见过柏树王的人感到惊奇，比日山上树木不多，稀稀拉拉低矮的青冈很难连成片，为何在山的阴坡存在一片巨柏林？一方水土养一方人，一方水土同样养育一片林。比日山下、尼洋河畔，这样的自然环境偏偏适合柏树生长。与西藏其他地方相比，柏树王的生存地有阳光，但不像沙漠地带能把植物烤焦；有风，但不像沿海地区把大树连根拔起；有雨，但不会形成洪涝灾害。在平原地区，大树被雷电击中而死的情形并不少见。柏树王周边极少出现雷电等极端天气，这是它的万幸。如此好的气候条件，得益于这里的海拔高度和地形。巨柏林一带的海拔3000余米，不高也不低。这里气候略显干燥，但比西藏大部分地区湿润得多，况且有尼洋河水系滋润着这片土地。

理想的地理位置和适宜的自然环境是柏树王得以生存的先天条件。自从地球上出现人类活动以来，无论远古的蛮荒时代还是今天的文明社会，放火烧山开荒种地乱砍滥伐为我所用，在世界多地不同程度地发生过。3242年的生长过程中，为何柏树王幸免于难？它偏居一隅无人知是一方面原因，但不是唯一原因。主要原因是当地居民的人文理念。唐朝以前，当地人信仰苯教，喜欢转山转水转大树，无论转什么，都是逆时针方向。对苯教信徒来说，发现一棵大树，犹如见到神灵，伏地便拜，拜完起而围之瞻仰。唐宋以降，藏传佛教渐兴。尽管教义与仪式不同，藏传佛教与苯教在转的物象上几近相同，只不过转的方向相反。藏传佛教信徒转山转水转佛塔，见了大树献上哈达挂起经幡围之而转。

在柏树王前驻足观察，当地人有按照顺时针方向转树的，毫无疑问是藏传佛教信徒；有按照逆时针方向转树的，理所当然是苯教信徒。不管怎么转，他们是对着柏树王来的，他们心中装着的是这棵佛树、神树。这样的理念呵护着柏树王持之以恒地增加着年轮。

据巴吉村老人说，比日山下曾出现过伐木盈利的情形，幸亏国家依法治林，才及时杜绝乱砍滥伐现象。我的心为之一颤，当地居民的人文理念，说到底是宗教信仰在起作用。不管本土化的苯教还是中国化的藏传佛教，经过消化和吸收，都成为中华文化的组成部分，都在丰富着中华民族的道德自觉。远眺巨柏林，我为之欣喜，在宗教氛围浓厚的西藏，巨柏林险些受损，多亏全国性的森林保护法制止了一些人的愚蠢行为。

在巴吉村过了三天两夜，不管近观柏树王还是远眺巨柏林，“图腾”两字总是萦绕于脑海。

说起图腾，我们想起原始部落的各种崇拜。细想一下，古今中外的人们都是生活在图腾之下。从国家层面说，中华大地历经朝代更迭，擎起的旗帜不同，旗帜上面的内容都是为民众树起的图腾。唐朝大旗上的一个“唐”字，让人一望便想起大唐盛世，如今国外的唐人街可看作唐图腾在世界上遗留下来的标签。清朝的一面龙旗，用图腾方式昭示天下，中华儿女是龙的传人。进入新时代，我们的国旗也是一种象征，只不过上面的内容由神化走向具象化。不论中华人民共和国公民还是海外侨胞，只要抬头看到迎风飘扬的五星红旗，就能想起中国共产党团结带领全国各族人民在共产主义信仰的大道上奋勇前进。

柏树王起初是巴吉村的图腾。随着旅游业的发展，来自五湖四海的游客抱着图腾心理观瞻它。从这个角度看，我把 2024 年达到 3242 岁的柏树王看作中华民族之树。

客车胡师傅

六点，在从林芝发往成都的客车上，胡师傅拨通一位乘客的电话。

“老乡，已到发车时间，全车人等你一个人。”

“快了，一会就到。”

“你说清地点，到哪里了，我心中有数。这样稀里糊涂等你，其他人有意见。”

“不好意思，几分钟就到。”

半小时过去，胡师傅在车内乘客的催促声中再次拨通他的电话。

“我们不能等了，开始发车，你到窗口退票吧。”

“我正在安检，这就到了。”

6:39，在乘客抱怨声中，一个中年男子向大客车跑来。

“你这么麻烦？安检半个多小时？你看，一车人等你一个人。票上印得清清楚楚，6点发车，这都6:40了。”

“对不起大家。晓得我回成都，昨天晚上几个老乡喝些酒，睡过头了。过了安检口，感觉闹肚子，好不容易找到卫生间。长途车开起来不知什么时候停，为了不耽误大家时间，上车前把该办的事办了，都安稳。”

车子驶出站不到五分钟，有人咳嗽几声，一股烟味弥漫车厢。

胡师傅的搭档正在驾车，说声“把烟掐了”，好像没起作用。

胡师傅站起来瞅瞅，对着最后上车的乘客说：“把烟灭了。空调车全密封，一个人抽烟，大家跟着受罪。”

“不好意思，起床时迷迷糊糊，心想到车上睡会，谁知到了车上睡不着，无聊，抽支烟，透透气，舒服些。”

“你透气了，其他人透不过气来；你舒服，其他人不舒服。把烟灭掉扔进垃圾桶，眯会吧，其他人起得比你早。”

大客车驶出市区，车厢里烟味渐消，有人似乎在梦中说哪儿那么臭。胡师傅站起来向最后一个上车的乘客走去。

“唉，老乡，刚才说睡不着，现在咋睡这么沉？把鞋子穿上，味道太重。”

“哦，不好意思。我的鞋子掉了？刚才赶车，脚跑热了，晾晾汗，好受些。”

“脚臭味散出来，你好受了，其他人受不了。把鞋子穿上。你这个人真麻烦。”

漫漫长途，胡师傅和搭档轮流驾驶。在中途休息时，我得以与他聊一会。

“胡师傅，看起来我俩年龄差不多，我觉得你没我大。”

“你哪年出生的？”

“1969 年。”

“我是 1968 年人。”

“你长我一岁，是哥。你的皮肤比我好，显得比我年龄小。”

“长期在高原开车，风吹日晒，比年轻时黑得没法说。”

“你跑林芝 - 成都线路有多长时间？”

“从 2006 年开始，一直跑到现在。”

“一个月四个来回趟？不说你辛苦，只说我坐车感受，一天下来，腰、腿、脖子有说不出来的难受，困极了眯瞪一会。你俩在车上睡得挺好。”

“林芝是高原，成都为盆地，三天两头上高原、下盆地，习惯了。话说回来，颠来倒去睡不着，疲劳驾驶使不得。对在青藏高原跑长途的人来说，这些不是事。安全第一，自私一些说，要对自己负责。我们这个年龄，上有老下有小，有的成了爷爷辈，技术是一方面，安全意识时刻要有。司机用心行车，乘客安心坐车，家人放心出车，这是我们追求且必须做到的‘三心三车’。”

“工作中有没有烦心事？”

“司乘人员整体素质提高了。像早上那位乘客，现实中不多，没有时间观念，有的是不良习惯。遇到这种人，必须提醒，不然有可能一个跟着一个学，车里的环境卫生很快变得一塌糊涂。客观地说，仍需增强安全意识。就这一车人来说，总有一些人缺少安全意识。以系安全带为例，你看到听到了，在出站、遇到检查站和进站前，我要提醒大家系上安全带。系安全带应该成为乘车人的自觉行为，是对自己负责，不是为了应付交通检查。乘客不系安全带，看起来是对驾驶员信任，好像是用实际行动对我们奖励。这种玩笑开不得。长途、山路、陡坡、急弯，还有一些不可预料的情形，乘客如果有安全意识，不需他人提示，会扣好安全带。换个角度看，即使你的技术过关，但不管对面来的车还是同向行驶的车，他们的驾驶技术怎样、车况如何，是难以把握的。有的车与你擦肩而过，惊出一身冷汗；如果与你零距离接触，后果可想而知。川藏线上春夏秋冬人来车往，每年都有事故发生。同样是听故事，我这样的老司机以之为戒，发生事故的哪个年龄段的司机都有、什么样技术的人都有、啥子车都有，丝毫大意不得。高高兴兴出车图个吉利，平平安安到家才是幸福。”

“干哪一行都不容易，有个好心态比啥都重要。”

“我记得你，2020 年 8 月 30 日早上从金沙江大桥西头上车，这次告诉我在老地方下车。你是西藏朱巴龙乡的干部？”

“你每次经过那里看到的村委会是我的家，我是驻村的。如果没有这班长途车，我出不来进不去。”

“我读过钱锺书的《围城》。你在村里想出来，我一年到头为了生活奔波，想在家里踏踏实实睡上一个好觉。”

“如今不愁吃不愁穿，生活好坏在于自己感受。有事干，加上喜欢，收入不必说，感觉自然好；没事干，或者说做的事不喜欢，难有好感觉。我驻村，在心理上自由自在，与村民无所不谈，感觉挺好。如果我不在朱巴龙驻村，恐怕一辈子不认识你这位哥哥。”

“这是缘分。干什么都是干，开车是我拿手的，但不能认为自己技术好没事，辛苦些，工资还可以。我今年五十二岁，身体正常，老人健康，孩子争气，有啥比这强？西藏的幸福指数高，我觉得俺家的幸福指数也不低。”

休息十多分钟，胡师傅重返驾驶室，启动车辆，继续在漫漫长途上奔跑起来。

徒步白林贡村

白天，对面山顶上的房子像一块红色魔方吸引着我；夜晚，那个位置上的灯又像一颗硕大的星星让人去遐思。

我要去对面山顶感受那个白天的红点、夜晚的星星。

七点，我从西藏芒康县朱巴龙乡朱巴龙村村委会出发，顺着弯弯曲曲的水泥路徒步五个小时，来到日思夜想的地方。

站在村口，两样东西进入我的视野，一是挂果的核桃树，一是黄澄澄的麦子。

我对核桃林已不陌生。金沙江两岸，核桃树成为绿植中的主角。山下的核桃已长成个，它所要做的是果仁的积淀。这里海拔比山脚高出三四百米，路旁的核桃树已为海拔做了注脚。单看树干和枝叶，不太明显。枝头的果实明显小，按时间推算，它要长得和山下的一样大，可能是半个月以后的事。实际上，同一品种成熟后，山上的核桃个头比山下略小，是温度或者说生长期在起作用。

对我而言，小麦更为熟悉，因为我的家乡位于淮北平原。家乡的麦子六月初收割，二十多天后，这里的麦子还长在地里。“人间四月芳菲尽，山寺桃花始盛开”，套用这句诗，山下夏收已完毕，山上小麦始泛黄。这种现象在山区不以为奇。这里没有青稞，可见海拔不算高，土壤还算肥沃。

核桃与麦子只是和我打个招呼，我要去村里一探究竟。

正欲迈步，突然从路旁排水沟里蹿出一头小猪来，只有一拃多长。它给我一个小惊吓。我防的是狗，不是可爱的藏香猪。它跑到路中间，停下来，回过头来看看我，小尾巴在身后绕几圈。看样子，它没向妈妈请假，也没告诉兄弟姐妹，悄悄溜到村口，想看看外面的世界。这是它第一次走这么远的路吧，过来一个庞然大物，不是自己的主人，我的到来惊扰了它。

穿村而过，我感受到午收的前奏，有人在晒割下的麦子。

站在村前的制高点，小村落犹如一幅画。

十多户人家住在这片坝子上。与其说农田环绕着村舍，不如说村舍装点着农田。这一带山区，村民集中建房的较少，往往三五户聚居，在略远的地方一户独居的情形也存在。这一片的底色是金黄，那是小麦即将成熟的奉献。藏式风格的民居多为两三层楼，房子的周边是一层层绿，那是核桃、苹果、梨、桃等树簇拥着一家人。在麦田边、沟渠旁，往往有一大棵核桃树或者桃树，自成一团绿。

推算一下，两个月前，桃花盛开。一片片绿油油的麦田，一簇簇粉红的花团，无论站在哪个方位，都是那么悦目，都会让人想起陶渊明的《桃花源记》。

俯瞰自林贡村（唐大山/摄）

顺着主干道向北走去，看到一个带着院落的两层建筑物，从一楼挂的牌子知道，这是四川省甘孜藏族自治州巴塘县竹巴龙乡自林贡村村民委员会。大门旁的黑板上用粉笔写着告示，有通巴塘县城的车子。

我在绿树下金黄的麦地旁穿行。离开居民点，田地里有三三两两的收麦人。

路旁护坡堤上坐着一位与我年龄相仿的男子，他的旁边是用绳子捆起的小麦。他从下面的地里背过来，在路边歇一下，然后放到不远处的拖拉机车厢里。

我想着怎样与他打声招呼，这么美的地方，有了人的参与，希望的田野才生机勃勃。

出乎意料的是，他主动对着我喊起来，语气和内容是那么好听。我满心欢喜地向他走过去。他指着用水泥抹平的护坡堤，示意我坐在他旁边。

“你来这里干什么？”

“你认识我吗？”

“我上来的时候，见你往村里走。我让你坐摩托，你说要走到山顶。”

“我想试验一下从金沙江大桥走到这里要多长时间，对不住你的好意。你刚才穿得很帅，这么快换成干活的衣裳，还在背麦子。”

“干什么讲什么。麦子熟了，老婆在地里割，车开不过去，我不背天理难容。再说，这里的麦子不同时熟，哪里熟了就割哪一片。暂时要干的活不多。”

“你的普通话真好。”

“我去过全国七八个省份。这里属四川，离巴塘县城近，老百姓的四川话都说得来。”

“你是村干部？”

“我是自林贡村党支部书记，我叫益西扎西。”

“听村名就知道这里林多果多。山下挺好的，山区的人们为什么选这么高的地方居住？”

“这个村子存在多少年，没人说得清楚。有一种说法，康巴生意人多，强盗也不少。为了避免牛羊被抢，牧民被逼上山居住。山路难走，又远，强盗懒得上去，我们的祖先安逸了。十多年前，我曾考虑是否像有些人一样搬到巴塘县城去住。没想到政府很快把水泥路修进村里，家家户户买了车子，上山下山就是半小时的事。这些地里产小麦、玉米、土豆，那些果木结的果子吃不完。要是住在城市，这些东西不掏钱享受不到。”

“你的思路有些自给自足的味道，那样赶不上发展呀。”

“我们确实能自给自足，但思想上没有封闭。”

“说说看。”

“山上的人家有散养的藏香猪。这里的藏香猪纯天然喂养，和江对岸西藏草地村的藏香猪一样出名。政府倡导推进乡村振兴战略，我们村成立养殖合作社，有圈养的鸡鸭。到了秋季，有人上山来买，讲究质的，买藏香猪；追求量的，买合作社的鸡鸭。顾客各有所求，我们分类提供，效果不错。”

“已经中午，我俩合个影，不耽误你干活，走啦。”

“老婆做好饭了，到我家吃饭喝酥油茶。”

“你老婆在地里收麦子，哪有时间做饭？”

“你朝那看看，老婆呢？”

我扭头朝不远处的麦田看去，原先收麦子的妇女已不见影踪。

藏家人，咋这么厚道？

吉村和拉姆

这一带，叫吉村的男子数不胜数，叫拉姆的女子比比皆是。从金沙江大桥通往自林贡村的这面山坡上，如果问吉村和拉姆住在哪，有人会手指山腰上的两处暗红色民房告诉你，北边的那家就是。

我见到吉村和拉姆是在上山途中。很远听到侧上方传来叮叮当当的声音，走到跟前看清楚了，是一对夫妻的合作项目。这对夫妻就是住在下面不远处的吉村和拉姆。

拉姆蹲在水泥地上，双手紧握钢钎。吉村抡起锤子，对着钢钎有节奏地

吉村和拉姆的家依山傍水（唐大山/摄）

砸着。随着钢钎的抖动，被撬起的碎水泥向路旁飞去。不远处的三轮车旁，一个小姑娘背着一个娃娃走来走去。

在劳动间隙，我们聊起来。

大山："看样子，你们打算凿出凹槽，埋什么？"

吉村："埋橡胶水管。我们的水不够用。"

拉姆："生活用水够用，浇玉米、土豆就不够了。这里山上滋润山下旱，几辈子都这样。"

大山："金沙江两岸都是这种情形，叫高山峡谷干热气候。水汽往上跑，山顶长大树。下面就两户人家，和山上是一个村，商量好引些水来。"

吉村："我们和山上是一个乡，不是一个村。我属竹巴龙村，上面是自林贡村，都是四川竹巴龙乡的。他们去巴塘，从我家门前经过，都认识。前天，我在门口见到自林贡村支书益西扎西，一说，他答应了。他人挺好，说扯根管子，随便用。"

大山："大娃背着小娃，都是你俩的娃。小姑娘，这边耍，我们说说话。你叫什么名字？哦，扎西拥西，很好记的名字。"

拉姆："她在竹巴龙乡小学读四年级。"

大山："前些日子我住在乡政府，后面是你的学校。你见过我吗？"

拉姆："她在四川的竹巴龙上学。你说的是西藏的朱巴龙。村委会是桥头的新房子，对吧？"

大山："你们相互说到这两个地名，从来不在前面加四川或者西藏，双方都知道指的是哪边的地方。"

吉村："听老人说，我们本来是一个大村子，现在属两个省区，两边都有亲戚。"

大山："共有两个孩子？"

拉姆："扎西拥西有个姐姐，在巴塘读七年级。端午节学校放假，在下面看书呢。"

大山："看扎西拥西的样子，她和姐姐成绩都好。"

吉村:“是的。我给两个上学的娃说，看形势，只要好好学，都能考上大学。社会发展这么快，我这样的人是文盲。只上到小学二年级，过了这么多年，早忘完了。以前住在这里，很少见到外面的人，感觉不到。现在去巴塘办事，知道不认字多么难。”

拉姆:“有了与我们有关的政策，乡干部要一句句解释。其实，都在一张纸上，要是认字，一看就懂。现在好多了，乡里发的有字的东西，两个上学的娃都能说明白。”

为了不影响他们干活，我挥手告别。

后面传来拉姆的声音:“等葡萄熟了，我去江对岸新房子卖葡萄。我家的葡萄没打药，甜得很。”

我满口答应在新房子等她。

水管子扯下山，她家的葡萄树能喝个饱，未来之梦很快实现。

小桥流水人家

在金沙江流域，小桥流水人家随处可见。

金秋十月，我站在竹巴龙沟边。竹巴龙沟上的小桥有的是，流水一年四季汇入金沙江，两岸有散落的人家点缀着。

我脚下是座简易水泥桥，两边没有护栏，能通过轿车和拖拉机。桥面两侧各有两根原木，在水泥桥建成之前，四根原木并排组成桥身。

竹巴龙沟的水量不大，即使夏天，难见汹涌澎湃之势；到了冬天，摇身变为潺湲的溪水。这里不结冰，不会断流。藏历年前后，气温跌至低谷，山上的松林成为托起雪花的支架，山下沟里的水儿仍在叮咚作响。下面的石块甘愿成为鼓面让流水敲击。这一声声敲击，在竹巴龙沟两侧敲出一片人家。

千百年前，竹巴龙成为茶马古道上进出藏的渡口。金沙江上往来穿梭的船夫在岸边谷地上居住下来。竹巴龙藏语意为船夫居住的地方。有生意的时候，他们摆渡；没生意的时候，他们侍弄庄稼或放牧。久而久之，竹巴龙声名鹊起。金沙江东岸的竹巴龙村成为出川的最后一站，西岸的朱巴龙村是名副其实的进藏第一村。两村本为一家，以金沙江为界分属两个省区；两村实为一体，金沙江大桥拉近人们的距离。

高山峡谷特有的干热气候使这里的植被别具一格。山上森林密布，夏天雨季产菌子；山下岩石裸露，冬天旱季无滴雨。记得去年除夕夜，飘了十多分钟雪花，西藏朱巴龙乡党委书记扎西格乃惊喜地说，从没见过乡政府里下这么大的雪。

水是生命的源泉。有了水，一切有了生机。竹巴龙沟里的水不仅滋润着船夫的心田，还让附近的树木一片葱茏。这成为川藏线上的一道景观，所见群山大都光秃秃的，山顶却有乔木，路旁的山窝里是绿树掩映着的村庄，有时山腰上附着一团绿。那一团绿，如果近前一看，是一片坝子，恰有流水经过，留住一两户人家在那里享受天地之所赐。

是谁把核桃和苹果带到竹巴龙？这得感谢茶马古道上的商人。

竹巴龙沟（唐大山／摄）

最初，核桃和苹果是作为商品从内地运往西藏。偶尔撒落的核桃在其他地方难以萌芽，在竹巴龙犹如回到故乡，因为它喜光和湿润的砂质土壤。与核桃相比，苹果不利于贮存和驮运，到了竹巴龙，剩下的几个也坏了。商人无奈地把它们扔向竹巴龙沟边，奇迹出现，这里长出苹果树。

从山谷深处返回，在 318 国道旁，看到旺秋家的院门敞开着。他是朱巴龙乡人大主席，在四川居住，在西藏上班，从家到单位骑摩托绕过大桥只需五分钟时间，实际上仅隔一江。

路口有两位阿妈和一个中年男子。中年男子听说我找旺秋，热情地对着满院的树木喊起来。旺秋答应一声，我却没看到他。我取下帽子，他认出来，不停地应答。天呀，他的院落简直是一处浓缩的苏州园林。不，苏州园林比不上这处院落。苏州园林里都是给人看的，没有给人吃的；这个院落既有给人看的，也有给人吃的。

我跟着旺秋依着地势转着弯儿上石阶，每走几步，都有枝条在两侧摇摆。

女主人倒上酥油茶，端来咧开嘴的石榴。一个小女孩正在房间里做作业，今天是星期日。

在院内小桌旁坐下，我环顾四周，再好的茶楼，难比在金沙江边旺秋家喝到的酥油茶；再美的林卡，难比在竹巴龙沟旁旺秋院里见到的绿树。

“你的院里成了果木林。让我数数，有多少种？”

“竹巴龙有的果树，我院里是齐全的。”

“核桃、苹果、梨子、无花果、桃树、葡萄、李子、石榴，这一棵青青的，没见果子，是什么树？”

“橘树。有果，你看，在那儿。”

“哦，和叶子一样青，不仔细看难发现。”

“那边有棵花椒。做菜时从厨房出来摘叶就可以，香着呢。”

“刚才我看到这里2017年整村脱贫。老百姓的日子都像你一样惬意？”

“我就是老百姓。其他人家的院子和我家的差不多。村民想着怎样发家致富，如何把生意做大。”

“我看到了，江这边的建筑工地上干得热火朝天。”

“明年的此时，竹巴龙乡将再展新姿。”

“你这位人大主席，要把四川竹巴龙的发展经验在西藏朱巴龙实践推广呀。”

旺秋笑了，脸庞像挂在枝头的石榴。

水磨沟小憩

中午从巴塘县城徒步到水磨服务区，我没感觉累，却被头上烈日烧烤着。

昨天在成都时，持续的小雨让我穿起羽绒服。今天走在金沙江边 318 国道上，为了遮挡刺眼且炎热的阳光，我把羽绒服捆扎在头部，连脖子一起保护起来。这样做的副作用很快显现，后背湿漉漉的，头发汗得一绺绺的。

看到水磨服务区有游客冲洗车辆，窃喜，这下有地方休息了。

坐在超市门前的中年男子打起招呼:“这样徒步，有些热，包放在桌子上，你把羽绒服当成遮阳帽了。”

“都十月中旬了，这里的天气咋这么热？”

“高山峡谷特有的干热气候就是这样。此时此地的温度远高于全国平均温度，你在成都穿厚外套不热，在水磨沟村穿衬衣不冷。”

“这个服务区刚投入使用吧？春天我从这里经过，没看到工作人员。”

“这个服务区无利可图，我们提供的只有服务。自驾的在这里冲洗车子，骑行的在这里加杯热水，徒步的在这里歇脚，全免费。超市属村集体经济，所售商品不高于市场价。我们图的是游客能在这里停下来，哪怕十分钟都行。”

“仅此而已？”

“不瞒你，我们有所图，只不过不做急功近利之事。我们村叫水磨沟村，不是为迎合旅游而改的名字，确实是因有水磨而得名。村北有服务区，村南在打造水磨乡愁自驾游营地。”

“同在竹巴龙乡境内，在距离金沙江大桥两公里的地方已有一个自驾游营地。这么近的距离，两个自驾游营地，同质竞争不利于双方发展。”

“我们是经过调研才这样做的。那个自驾游营地虽在我们乡境内，但经营者不是本地人，他们走的是高端思路，消费对象为有一定经济实力的群体。水磨乡愁自驾游营地为村集体经济，我们走的是大众消费路子，所有设施简约而实用，有场地有房间有水有电，有餐厅和商店。消费群体锁定骑行者和徒步者，同样欢迎自驾游朋友入住。住宿标准初步定在一人二三十元，有热水能洗澡的房间一人收三十元，不需热水的房间一人只收二十元。”

“这么低的价格，我不想走了。对游客而言，多数人不在乎住的条件如何，只要干净卫生即可。水磨沟自驾游营地运营后，途经这条线的游客能找到各自需要的住宿地。在四川省巴塘县竹巴龙乡，很快将出现两个自驾游营地，一江之隔的西藏芒康县朱巴龙乡的朱巴龙村，也在建游客接待中心，你觉得游客在心理上选择出川最后一站还是进藏第一村入住？”

“在不了解情况的前提下，游客选择进藏第一村的较多。游客选择这条线路，目的是体验 318 国道沿途风景，进藏旅游观光，藏字招牌吸引眼球。放眼长远，金沙江东边的四川竹巴龙和西边的西藏朱巴龙，比的是服务。现在自媒体这么发达，游客把体验相互分享，瞬间即可对住宿地进行选择性秒杀。我们的价位已到底线，几乎可说没有哪家搞旅游的低于这个价格。”

“一味压低价格，对游客有利，但不是长久之计吧？”

“消费价格是有底线的，不能再低了。我们的自驾游营地是村集体经济，工作人员是村民，要向他们付工资，还有维持日常运营的费用，都需要资金投入。说到底，我们要赚钱，但决不宰客，游客享受的是超值服务。说到服务，我们的理念是让游客在途中找到家的感觉。游客来了，三言两语的问候，介绍一下自驾游营地的功能及消费标准；入不入住，为其提供休息场所喝热水等服务。直白地说，想赚游客的钱，先赚他们的心。”

“你们这里有开水吗，我可不可以加些？”

“超市收银处旁边有电热水壶，你看里面有没有开水。如果没有，在外面接水烧壶就成。”

“买东西随意，加开水自助。”

"虽为细节，我们是这样考虑的。有人喜欢饮料，商品摆在那里，价格标得清楚，自行选择。有人只爱开水，来到水磨沟，名副其实，随便喝，天然水。"

"你热情又幽默。村里选你负责服务区，对了。"

"我是在村民大会上竞选上岗的。你看路那边有条廊道，村民在那里跳舞、下藏棋，有没有兴趣可以去看一下，算是为进藏热身。"

在水磨服务区休息半小时，我继续行走。川藏路上，在如此温馨的地方小憩，有种家的感觉。

驴友相逢

在香格里拉客运站下车后，我不知道往哪里去，便走进一家小店，先把晚饭给解决了。

我问店主：“附近有没有好玩的？”

她犹豫一下：“独克宗古城，那里有吃的住的玩的。现在是淡季，游客不多。民宿很便宜。”

我顺着大街徒步半个多小时，独克宗古城出现在面前。

穿过一条小街，在侧前方有个小广场，一些人在跳舞。我感觉街面上的游客大多在这里。他们跳的像锅庄，但和拉萨锅庄有些不同，芒康锅庄也不是这种情形。同为民族舞，到了具体的地方带有地域特色。

我要尽快落实住处。走到良栖客栈前，竖着的小黑板密密麻麻写满线路、几日游、拼车等旅游信息，左上角两个字“有房”停住我的脚步。

门面不大，走进院内空间挺大。店主在炒菜，里面两个小伙子边喝茶边聊天。

店主手里挥着锅铲，嘴里和我对话。

“有房。你住标间还是单间？都是八十元，有地暖。”

“都可以，就是有些贵。标间只能享受一个铺，闲置一半资源。”

“与别人合住一个房间，你介意吗？”

“只要对方不介意，我高兴还来不及。”

“有个小伙子出去了，他说可以与人合住标间。到时你给他四十元就可以。你坐那边喝茶等会儿，他回来了我告诉你。”

我走过去侧身坐下，那位谈兴正浓的小伙子给我斟上茶，接着与对面年龄相仿的小伙子聊天。我出来是听新鲜事、开阔眼界的，对所遇到的一切都感兴趣。

听对话，他俩是三年没见的好朋友。一人在香格里拉当老板，做菌子生意；一人在深圳开公司，与技术有关。开公司的语调平和，娓娓道来；当老板的低声细语，有些温和。感觉他们都是事业有成之人，显得有修养，给我印象挺好。

坐了一个多小时，室友回来，跟他到房间一看，确实不错。八十元，实际上我只付四十元，值。他是 1994 年出生的，高高的个子，从事 IT 行业，待人接物得体。他愿意和年过半百的我同居一室，印证了他的驴友身份。

第二天，我们一起旅游，想不到他对宗教非常虔诚。在松赞林寺，他和一个 1991 年出生的喇嘛互加微信、合影、聊天。

“我们年龄差不多，喇嘛是不是规矩很严，不能轻易离开寺庙。”

“我从甘孜佛学院毕业，在另一座寺庙做了十年沙弥，来松赞林寺做一年服务工作，然后就自由了。松赞林寺是座红色寺院，当年红军长征经过这里，得到僧众的支持与帮助。贺龙题赠给松赞林寺的‘兴盛番族’锦幛至今保存完好。我能在这里生活一年，感到荣耀。”

“你有没有去过拉萨？”

“没有。”

“如果去的话，会不会一路磕着长头到拉萨？”

“我肯定会去一趟拉萨，但不会一路磕着长头过去。”

“为什么？”

“对宗教的虔诚要发自内心，而不是拘泥于形式。有汽车为什么不坐，有飞机为什么不乘？我们的国家已经进入新时代，僧人要与时俱进跟上社会的发展进步。”

“我注意到了，这里有些僧人用的是好手机，开的是六七十万元的车子。”

“高档消费不值得提倡，但僧人和社会上其他人一样，可以享受信息时代的科技成果。我是僧人，信仰宗教，前提是热爱中国共产党。这些年如果没有党和国家的政策和努力，磕再多长头没用。我当初报考佛学院，是把宗教作为一门学问来研究的。国家保护宗教，宗教要为国家和人民服务。路走歪了，万事皆空。”

“我是第一次见到你这样直截了当的僧人。”

“对佛祖要讲实话，对党和政府要讲真话，对游客要以诚相待。这是我的信条，也是松赞林寺对我们的要求。”

听完这番话，室友犹如醍醐灌顶，满心欢喜地和我一起游览了松赞林寺。

有驴友提议，晚上住在良栖客栈的游客 AA 制聚餐，在香格里拉烤冬天里的一把火，来个五湖四海大团圆。众人皆说好，我亦满心欢喜，难得与这么多的朋友欢聚一堂。

来自北京的超年龄最小，二十六岁，却具号召力。他身先士卒，说到做到，下午 2:40 和店主一起去买菜。他是主厨，做到晚上 6:50，十个菜摆满一桌。店主已把米饭压好。十一个人围坐一起，好不热闹。

超说：“想想泛滥的疫情，可怕。按说我们不该在这里聚餐。我们有缘，今天神侃一番，明天各奔东西。”

杭州的强说：“我们国家控制住疫情。假如云南出现一个确诊病例，我们要老老实实待在房间里。配合政府的行动，是最好的自我保护。从杭州来到这里，感觉确实不一样，想不到香格里拉赛过人间天堂。”

摩托车手：“超，你说要在这里住上半个月，怎么又说明天各奔东西？”

超：“我在大理玩了一个月，在丽江住上十来天，前天来到香格里拉。我在这里的生活刚刚开始。除了这位大哥，你们来得比我早，明天各有不同的计划。我不走，你们离开了，还是各奔东西。”

山东的妻：“你不上班吗？哪有那么长时间出来旅游？在北京压力好大。”

超：“托老祖宗的福，把家安在王府井旁边的一处旮旯里，才有了我的衣食无忧。”

山东的妻：“生在北京真好。我在北京辛辛苦苦挣的钱都交给房东了。”

超：“说到底是国家安稳政策好。如果生在大马士革，同样是国家首都，那里的人命都不保，收谁的房租？”

山东的夫：“想想战乱与疫情交织在一起的世界各国，我们可以按照各自的攻略旅游，感觉到我们国家的伟大。”

强：“你们俩出来多长时间了？”

山东的妻：“一个多月。我们是自驾游。”

摩托车手：“你们从山东自驾到这里？这样的天，我骑摩托自驾有些后悔，一是冷，二怕路上结冰。”

山东的夫：“我们到目的地后租当地的车自驾。这些年主要在西部玩。去年玩的是新疆，乌鲁木齐的车一天才七十元。”

室友：“这里的车租一天多少钱？”

山东的夫：“一百五十元。属正常价格。”

大山：“游新疆哪个时段合适？”

山东的夫：“七八月份旅游旺季，人多。六月底去较好，瓜果开始上市，便宜，十多斤的大西瓜三块钱买下来。”

大山：“在拉萨要花三十多块钱。”

山东的妻：“九月底也挺好，胡杨林满地落叶，一片金黄。再好的描述不如亲眼所见、亲身感受。”

山东的夫：“你是西藏的？四五年前我们去过西藏。你要去新疆，建议早去，北疆欣赏风景，南疆感受人文；《西游记》拍摄地火焰山地表温度高达 70℃，吐鲁番的葡萄尽管吃。中国好玩的地方多，同一个地方不同的季节去收获不同。”

摩托车手：“我有骑着摩托游全国的设想，现在看来有些地方适合摩托，有些地方骑着摩托反而成为累赘。”

山东的妻：“我们选择的是在当地租车自驾游。再用几年时间，游遍中国是能够实现的。”

超：“你们的目标是游遍全国，我的梦想是环中国边境游。每到一个地方住上十天半月，甚至更长时间。我选择的多是民宿，价格不贵，吃住方便，能把一个地方游深游透，相当于做了一次当地居民。心满意足之后，背起包向下一个目的地前进。”

山东的妻：“你家一年的房租十年花不完，在外挑便宜的住？”

超：“我们能在良栖客栈相遇，是奔着房价不高住着舒适来的。”

这一夜，大家聊到10点方散。米饭吃得一粒不剩，十个菜全部光盘。

这样的驴友真好，共同消费AA制，均自尊；彼此不知各自身份，无贵贱；互相尊重无所不谈，尽欢乐。

康巴风情

说巴塘

第一次到巴塘县城，被它的建筑吸引。这里是藏族聚居区，建筑风格与西藏明显不同；这里属四川省，风土人情与成都相当于两个世界。

央柯街是巴塘的繁华所在。与其说它是商业街或者步行街，不如说它是民族风情街。

街心有一条小溪。主政者、设计者和建设者在打造它时，想到一块，没有把小溪引向别处，没有就地填埋，而是保留下来。小溪水量不大，用搞建

巴塘县城央柯街（唐大山 / 摄）

设通用的方法处理掉易如反掌。小溪一年四季有水流动，如果失去它，央柯街的魂就丢了。

小溪知人心，懂艺术。它好像若干年前就知道这里会出现一座既具有现代风格又不失民族特色的小城，在流向上做好了准备。你看，它整体上是直的，这样便于规划两旁的建筑；具体到某一处，哪怕只有几米的长度，它是弯弯曲曲的，这样依势建成的廊道充满美感。相隔不远，半月形的小桥搭在上面，行人往来其上。

天呀，那么多人向往的小桥流水人家，一直在巴塘存在。以前是独木桥、流水、石头房，如今为霓虹桥、流水、艺术楼。

从央柯街可以看出，不变的是流水，改变的是容颜。流水似初心，容颜犹如两重天。

2020 年，从 318 国道金沙江钢架桥上通过的人们看到，西边的宣传标语是庆祝西藏昌都解放 70 周年，东侧的宣传标语是庆祝四川甘孜建州 70 周年。一目了然，四川省甘孜藏族自治州的巴塘县是 1950 年迎来解放的。

解放带给巴塘的是翻天覆地的变化，大部分人的命运由此转变。享誉藏汉翻译界的降边嘉措具有典型性。

巴塘解放之日是降边嘉措参加人民解放军之时。他的特长是掌握汉藏双语。无论从军以后进藏战斗还是后来进京工作，他的双语都得到充分运用。他给周恩来等老一辈党和国家领导人做过翻译，后来把精力倾注在《格萨尔》等民族文化的研究上。

像央柯街一样，巴塘的文化具有鲜明的地域特色。以藏族人名翻译为汉字为例，在不同地方对应的汉字有区别。一个藏族男子，拉萨叫旦增，巴塘喊丁增，理塘称丁真。这里没有对错之分，体现的是地方文化，或者说形成各地方言。从对一个人的称呼，可以看出巴塘的与众不同。尽管藏文书写相同，但在各地的发音已有转化或者说变异。旦增是拉萨话，丁真是国家通用语言普通话，丁增介于两者之间，干脆定为康巴话。

汉藏翻译名家多出于巴塘，是因为兼具天时地利人和。巴塘处于横断山脉的峡谷中，古往今来，乱能避难，安可通商，此为天时地利之便。巴塘人东到成都说汉语，西至拉萨说藏语，连容貌都处于两地人之间，善于与东来西往的人相处，此为人和之优势。

语言是这样，发展同样如此。沿海地区的县城对周边的辐射范围仅几十公里，而巴塘县城对周边的辐射达几百公里，有时甚至越过相邻县城把影响力延伸到更远的地方。这取决于它的地理位置。

从康定一路走来，高寒缺氧气候恶劣，即使到了与巴塘相邻的理塘县城，海拔仍超过 4000 米。巴塘县城海拔 2500 多米。这是什么概念？这是没有高原反应的地方。出巴塘，过金沙江，芒康县城的海拔上升到 3800 多米。通过对比，巴塘成为茶马古道上商旅集散地的原因一清二楚。

进入社会主义新时代，巴塘地理位置上的优越性在方圆数百公里仍是无可替代的。向东越过理塘堪与康定比肩，往西越过芒康向昌都看齐。巴塘在崇山峻岭中成为一处温暖的所在，东来西往的人往往选择它作为投宿地、发展地乃至居住地。

来到巴塘，与在平原地区的感觉差不多，视觉效果上颇似西藏。周围的山大多光秃秃的，偶尔有几丛灌木点缀其上。这是特殊的高山峡谷干热气候造成的。

由此可见，水对巴塘多么重要。无论社会怎么发展、人民的生活多么幸福，都离不开水的滋润与养育。因为水是生命的源泉，水是中国共产党初心的流出之处。

巴塘因海拔而喜人，因地貌而诱人，因特色而圈人。

巴塘，一座精致的小城在金沙江畔超然而立。

故　乡

阿来出生于四川省阿坝藏族羌族自治州的一个小村寨，毫无疑问，他的故乡在阿坝。

看过电视纪录片《文学的故乡》第二集，知道他还有一个文学的故乡，也是阿坝。

和纪录片中其他作家一样，阿来有两个故乡，一个是生养的故乡，一个是文学的故乡。这些作家有两个故乡，虽然指同一个地方，但有的感念一生，有的爱恨交集，有的欲说还休。阿来对故乡的看法是，谈不到爱，说不起恨；故乡风景好，如留在那里，他不愿意。

作为一个文学爱好者，我倾向阿来的观点，只不过我的两个故乡不是同一片区域。

生我养我的故乡在安徽，文学的故乡在西藏。

小时候跟着大人赶趟青疃集，只有六公里，却觉得很远，那是需用脚步丈量的。远是远些，有盼头，因为能吃上一个包子或者一根油条，有时能喝上一碗汤。后来到外地上学、工作，再后来定居西藏，从事文字工作。

在我心里，故乡与家乡密切相关，却是两个概念有所区别的名词。父母在，生我养我的地方，或说与父母长期生活的地方，是家乡；父母不在，那些挥之不去的地方成为故乡。这是对居住地有变更的人来说的。

来西藏后，想写些家乡的文字，素材好像很多，从没理出头绪。偶尔下决心提起笔，苦思半天，收获的是只言片语。行走西藏，感觉上大不相同，所到之处，感触颇多，亦能草就一篇篇小文。

2020年秋天的一个雨夜，我从淮北平原坐着高铁来到天府之国，在成都旅游集散中心附近一家民宿里，无意中看到电视里正在播放《文学的故乡》，从第一集看到第三集，了解到贾平凹、阿来和迟子建之所以收获颇丰，因为他们在文学创作上有各自的故乡。爱也好，恨也罢，这个故乡犹如有源之水，昼夜不停流淌着创作素材；犹如有本之木，长年累月催生着繁枝茂叶。

引发我思考的是，纪录片中多数作家的生养故乡与我的家乡类似，有的条件赶不上我的家乡。贾平凹的故乡在秦岭山窝里，阿来的故乡位于青藏高原边缘牧场上，迟子建的故乡是冷得要命的北极村，而我的家乡为四季分明的淮北平原。根据我在西藏的体会，是不是生存环境越恶劣，自然风光越美，越能写出感人肺腑的作品？

我咀嚼着阿来的话语，故乡风景好，但要厮守一生，不愿意。我有新的理解，谁不说俺家乡好，只有走出家乡，经过一番打拼，回望家乡，饱含深情地铺展文学情愫，才能写出家乡的风土人情、乡愁的滋味以及发展变化的喜悦。

阿来如果没有抓住当年招生考试的尾巴，世上当无《尘埃落定》，说不定今天还落定在阿坝草原。他对故乡谈不到爱，消息那么闭塞，机会那么少，让他怎么爱得起来？他对故乡说不起恨，素材那么丰富，每次温故有新得，让他如何去恨？不管怎么说，阿坝的阿来不从牧场走出来，文坛上当无今日之阿来，文学的故乡无从说起。

由此看来，生养的故乡是前提和基础，文学的故乡是凝练和升华。这两个故乡不是必然关系，却是因果相连。人人都有生养的故乡，极少数兼具文字功底和感情丰富的人才有文学故乡。

我接近不惑之年移居西藏，看过《文学的故乡》后感到困惑的是，我的两个故乡居然分离开来，相距数千公里。

回想一下，找出一些似是而非的缘由。我有文学爱好，早期只是看看《故事会》《辽宁青年》之类的杂志，进藏后拿起笔来像小学生一样描述所见所闻。西藏的一切对我是新鲜的，我有写作的冲动。这种迟来的内生动力，使缺乏天赋的我最大限度地挖掘文学潜能，随即感悟成文。

阿来不愿回到生养故乡，我是对生养故乡怀有深情却写不出与之有关的文字。

无论行走在西藏的哪个地方，我会仔细观摩，慢慢品味，把所思所想用文字连缀起来。

无形中，西藏为我提供了文学创作素材。只是在看过纪录片《文学的故乡》后，才知道自己除了生养故乡，还有个文学故乡。与阿来有同感的是，我暂时不愿回到生养故乡，因为在那里我几乎写不出字来。与阿来不同的是，我对安徽和西藏都热爱，前者给我乳汁，后者送我文学。

没有乳汁，我的生命难以存续；没有文学，我的生命难有灵魂。

把家背在身上

卓玛，多么通俗且悦耳的名字，一个藏族女孩的形象跃然眼前。

及至见面，却是一个汉族姑娘模样。

我有些疑惑："你是卓玛？"

她的回答即为验证："我是卓玛。"

随着相互熟悉，我对她有所了解。

她在西藏朱巴龙村上班，家是四川巴塘的。爸爸叫申建平，汉族；妈妈是当地藏族。

这对民族团结夫妻生下花一样的女儿，取名卓玛。在康巴大地，这个名字太普通，普通得像漫山遍野的格桑花一样多。

第二个是男孩。在取名上，女儿体现出妈妈的民族，儿子传承着爸爸的民族。申建平的祖先是什么时候什么原因来到这片土地上，已无从考证，只晓得家族姓申。姓氏必须用上，于是给孩子取名申健康，字辈排行早已失传，祝愿下一代健康成长。

康巴的地理位置决定着这一带民族成分的多样性，从而呈现出文化的丰富性。

这里的居民"川普"（四川普通话）说得流畅。有文化的，很多成为汉藏双语翻译。

若干年前，像申建平一样来自他乡的人们在康巴扎根。有的人模模糊糊知道祖先是哪省的，相当一部分不晓得自己的籍贯。如果你问卓玛和申健康是哪里人，他们不假思索地回答“四川巴塘人”；如问他们的籍贯，答案是同样的。

我何尝不是这样？从法律上说，我是西藏人，因为户籍在西藏。从履历上看，我在西藏生活的时间长。我的籍贯是安徽，出生在安徽，青少年时期在那里度过。放在人生长河里衡量，安徽已成为一个符号。

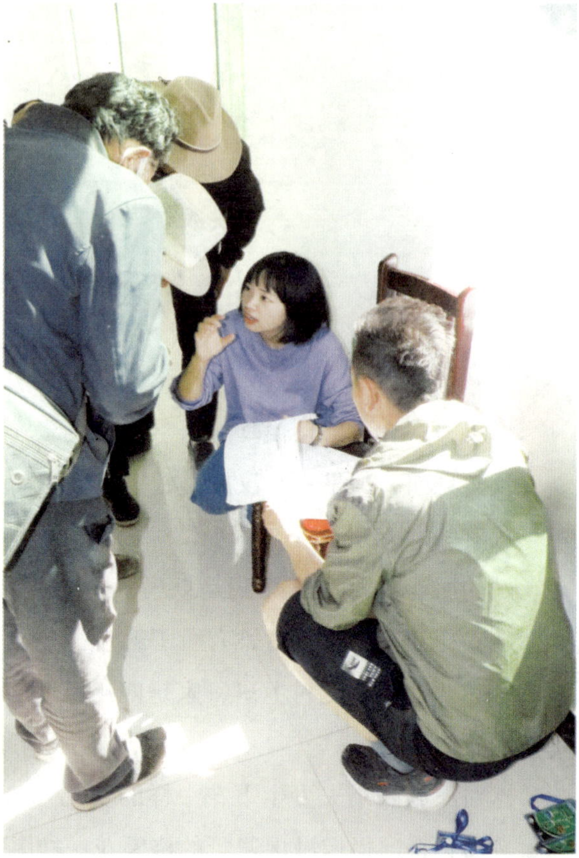
工作中的卓玛（唐大山／摄）

哪里是家乡？内容决定形式。对不断迁移的人来说，出生成长的地方让他终生回忆，长期生活的地方成为名副其实的家乡。

随着人口的频繁流动，与之前相比，人们对家乡的理解发生很大变化。

从家谱上看，我的祖先在一个叫唐圩的小村庄繁衍生息三百多年，隶属安徽省亳州市涡阳县。时至今日，我的父亲还在那里住着。我在西藏，兄与弟都迁移到安徽省淮北市烈山区。侄子们在外，有人问老家在哪里，都说淮北，无人提到涡阳。侄孙到唐圩，美其名曰老爷爷的家。待侄孙们长大参加工作后，若有人问老家在哪里，将有若干个与涡阳、淮北不相干的地名出现。

农村人口大量向城镇流动，城市之间的人口流动量同样很大。这是一种好现象。货币流通产生价值，人口流动促进发展。

我们这个时代的年轻人，大多把家背在身上，寻到一个好地方，落地生根。

阿　姐

称呼比自己年长的女子，拉萨喊阿佳，内地叫姐姐。

阿佳是藏语音译。走遍全国各地，说起藏族，都提到扎西德勒。如果接着聊，多数人知道藏族把姐姐称作阿佳。

在金沙江畔的朱巴龙，听到有人喊比自己年长的女子，既不是阿佳，也不是姐姐，而是阿姐。我有些纳闷，内地对长自己一辈的女性有称阿姨的，阿姐与阿姨是两辈人，况且阿姐的阿与阿姨的阿不是一回事。阿姨重在姨，阿表示亲切，与姨连在一起喊起来朗朗上口，却无实际意义。广西、云南等地有称呼阿姐的，那个阿姐中的阿与阿姨中的阿作用相同。康巴地区通用词阿姐中的阿则不同，它是藏语音译用字。

藏语有三大方言：拉萨方言、康巴方言、安多方言。三者在藏文书写上一致，在口语表达中相差甚远。远到什么程度？我在芒康县昂多乡曲塔村驻村时，已知道康巴话与拉萨话的不同，一个在拉萨长大的同事无法用藏语与芒康当地人交流。

康巴是个泛称的地理名词。藏东、川西、云西北、青东南，甚至甘南，都属广义的康巴地区。为何说西藏芒康、四川巴塘一带是康巴的核心区域，或者说具有典型性？听听他们的名称就知道，芒康的后一个字与巴塘的前一个字连在一起，正是康巴。两地一衣带水，隔江相望，居民在风俗习惯、语言表达等方面趋于相同。有趣的是，我所在的村是朱巴龙村，对岸有个竹巴龙村。朱巴龙村隶属西藏芒康县朱巴龙乡，对岸竹巴龙村隶属四川省巴塘县竹巴龙乡。

康巴所处的地理位置及在川藏交往交流交融中所起的作用值得一说。康巴的主体部分由藏东与川西组成，还要怎么说呢，多么好的区位优势，东可入川，西能进藏。这正是茶马古道穿行此地的地理因素。看看经四川而来的318国道和经云南过来的214国道，在芒康县城交会，明白了吧，今天的国道大致沿着曾经的茶马古道修建。

康巴地区居民以藏族为主。商道为交往提供途径，商贸为交流提供便利，杂居为交融提供可能。考证起来，从血缘关系上溯，藏族的族谱在康巴。这一区域的古羌人辗转到青藏高原的腹心地带，与早期居住在那里的先民结合，繁衍出今天的藏族。藏族人要寻根，康巴是个必去的地方。

在中华民族的历史长河中，有个说法，天下未安蜀先安，天下未乱蜀先乱。康巴的大部分区域处在青藏高原的东南边缘，折多山以东山高林密，折多山以西高寒缺氧。安也好，乱也罢，这里正好成为理想选择，安可通商，乱能避难。内地人就这样进入康巴地带。同时，青藏高原的人们没闲着，他们为盐巴和茶叶费尽心思。为了盐巴和茶叶，西藏地方政府在康巴一带与内地设立互市，用马、毛皮换取盐巴、茶叶，简称茶马互市。一些来做生意的藏族人看中这块宝地，在此居住下来。各民族间长期的交往生出感情，相互的交流增进共识，自然而然的交融产生团结族家庭。当地把不同民族之间的通婚叫作团结族家庭。

这种团结族家庭的优势很快彰显。他们汉藏双语运用自如，拉萨等地来的藏族在这里听到带着康巴味的藏语，有种寻到根的感觉；内地来的汉等民族在这里听到带着川味的普通话，感受了唐诗“天涯若比邻”，都是一家人。早期汉藏翻译多为康巴人，即可体现此地特有的语言现象。这为康巴人出外闯荡提供了先天条件。他们西至拉萨、东到成都，起家时为茶马古道上的马帮，成功了是声名远播的富商。

类似现象在当地文坛也有体现。出生于四川省阿坝藏族羌族自治州一个小山寨的阿来，之所以在文学创作上收获颇丰，因为他的小说故事背景大部

洗野菜的阿姐阿妹（唐大山／摄）

分发生在中原与西藏的过渡地带，即康巴地区。

长者为孩子起名时带有团结族家庭的特点。如果有两个孩子，往往是一个孩子起藏族名字，一个孩子叫汉族名字。同一个孩子有两个名字很正常，一个藏族名字，一个汉族名字。藏族名字说明这个孩子在此地出生，根在这里；汉族名字强调姓氏，不管孩子在哪里出生在哪里成长，都没有忘本。

日常生活中，对人与物的称呼打上民族团结的烙印。比如称呼比自己年龄大的女子，西藏的阿佳，汉族人觉得拗口；内地的姐姐，藏族人说不顺溜。不知谁随口一句阿姐，既带有藏语音译阿字，又把姐给喊出来，全家高兴，社会通用。

一声阿姐，叫出康巴人的韵味，喊出妙语中的感情。

羊皮

杨培，村里这个人姓杨名培。这是我对村民杨培名字的望文生义。进而又想，康巴大地是多民族交往交流交融密切的地方，杨培的妈妈是藏族，他的爸爸或者爷爷抑或……反正有一个姓杨的汉族在这个家族出现过。老人为了不忘本，给孩子起名时用上自己的姓氏。

羊培，村里这个人姓羊名培。初见此名，我与对杨培的理解思路相同。感觉这个村民的姓氏“羊”字切合地域特征。他的祖先姓羊，这里是农牧结合区，无论牧区还是农村都有羊。汉族的羊姓人来到朱巴龙，很快与当地居民融为一体，生儿育女，男孩遂取名羊培。

羊皮，村里这个人姓羊名皮。略一思考，觉得奇怪，睁大眼睛再看此名，身份证上“羊皮”二字依然清晰。不管汉族藏族还是其他民族不可能给孩子取名羊皮。以前汉族和藏族的个别人家有给孩子起贱名的做法，反其意而用之，还是祈求避灾向好。羊皮这个名字不雅，但体现不出好也反映不出坏。

我百思不得其解，便请教村党支部第一书记西热多吉。

他说：“这三个名字，藏文是同一个词，藏语发同一个音，只是使用的汉字不同。从翻译的汉字看，只有‘培’沾点边。”

“此话怎讲？”

“从汉字上看，是三个人；从藏文上看，这三个人重名，用的是同一个名字。藏语意为精益求精，有好上加好、锦上添花的意思。你看，不管杨培还是羊培，‘培养’的‘培’字多少有些藏文名字的原意。把这么好的名字翻译成羊皮，不是扯淡，也不是扯羊皮，第一个书写者简直让人不可思议。他会给自己的孩子起名羊皮吗？”

我如梦初醒，原来是翻译不够精准造成的误会。

名字，是一个人的称呼用语，体现在证件和各种各样的证明上，成为他的文字符号。用字规范用意良好是基本标准，在翻译时尽量做到信达雅。像藏语中的姐姐，起初翻译为阿加，后来改成阿佳，悦耳且意美。即使贱名，也要翻译出名副其实的特征来，让人感觉到其名虽贱其意向好。

现实中，由于说话人吐字不清或者书写人听得不准，造成一些误会在所难免，但涉及名字等关键词时，不要匆忙落笔，需问清楚再写。

很多证件是伴随终生的。村民生个孩子高高兴兴上户口，你提笔在姓名一栏写下“羊皮”，这个名字成为他一生的符号。孩子长大觉得不好听或者看着不顺眼，想扒下你给他披上的这张羊皮都难。

驻村以来，通过报表、材料和村民的户口簿等，我看到朱巴龙村所有人的名字。在新生儿上户或开相关证明时，一定弄清楚上户者所说名字的意思，采取音译与意译相结合的方式确定采用的汉字。比如，不管杨培还是羊培，换成央培是不是好些。藏族女孩有叫央金或央宗的，她的哥哥或弟弟叫央培，不管听起来的发音还是看得见的文字，都很舒服。从字面上解释，央培接近藏文名字本义。

农牧区有不识汉字甚至藏文的人，如有汉藏翻译人员把一些常用名、常见字予以规范并通过合适方式告知工作人员，效果更好。

无论如何，千万别让人以羊皮的面貌出现。

错 觉

丁真火了，他家在四川，起初却被一些网友当作西藏的。

看过一波热闹，那些曾经产生错觉的人醒过神来，在祖国的大西南有这样的一个区域存在。

这片区域俗称康巴，范围和曾经的西康省大体相当。

1939 年，出于时局需要，国民政府设置西康省，管辖范围包括今天的四川甘孜州、凉山州、攀枝花市、雅安市及西藏昌都市、林芝市。1950 年 10 月，昌都解放，中央人民政府把金沙江以西的大片区域改设昌都地区，直属中央管辖。1955 年 9 月，第一届全国人民代表大会第二次会议决议撤销西康省，金沙江以东并入四川，金沙江以西的昌都纳入西藏。

通过这番梳理，人们发现网红丁真的家甘孜藏族自治州理塘县正在这一区域。理塘是世界上有名的高海拔城市。如果不知道甘孜藏族自治州属于哪个省区，这就难原谅了。国人皆知的《康定情歌》听过吧，康定市是甘孜藏族自治州的州府所在地。四川康定，多么熟悉的地理名词。

康巴地区居民以藏族为主，汉、彝、回等民族数量也不少。单说藏族，与拉萨、格尔木等地有明显不同。以人名翻译为例，拉萨叫旦增，芒康写作丁增，到了理塘变成丁真。在没有背景资料的前提下，只看用字，以为是一个姓丁名真的汉族小伙。其他人名多有变化，如拉萨叫晋美，到了理塘成居美；拉萨叫洛松，理塘写作络绒。诸如此类的例子比比皆是。

那些把丁真误认为西藏的人，原因不在名字上，是那几秒钟视频中的形象造成的。打眼一看，丁真是藏族，千真万确。观者脑子里的第一反应藏族生活在西藏，丁真是藏族，所以他是西藏的。其实四川所拍宣传片《丁真的世界》字幕多次提到四川甘孜，只是丁真的叙述里没有出现“四川”二字。他反复说到理塘，可是很多人不知理塘在哪里。网友以丁真的藏族身份把他想当然地当成西藏的。

有人说，那位摄影师只是顺带拍下丁真。因丁真的长相特殊，迅速在网上红起来。说到长相，他是典型的康巴汉子，在当地无特殊性可言。但他和拉萨等地的藏族相貌确实有些不同，这成为他火起来的形象因素。在青藏高原上，四川西部一带的民族交往交流交融的程度走在前列。这里的团结族家庭为数不少，好多家庭有两个甚至更多的民族成分。四川省作协主席阿来的家乡阿坝藏族羌族自治州紧挨着丁真所在的甘孜藏族自治州，他的父母是一汉一藏。还有上世纪末走红的藏族笑星洛桑，他家与丁真的家在同一个州，其父母为一藏一汉。当然，还有其他民族间的通婚联姻，让康巴文化丰富多彩，让康巴人绚丽多姿。

网上的热闹告一段落，我们该了解一下伟大的祖国。丁真的家理塘在四川还是西藏，从一定程度上反映出中国版图之大、内容之丰富。但在网上出现如此笑话实属不该。想当年方志敏在国将不国时写出《可爱的中国》，足见他对祖国的了解程度。在社会主义新时代，我们只有了解祖国、熟悉祖国，才能发自肺腑地挚爱着这个国家。

登增土邓

在金沙江桥头值班，边玛央金把儿子登增土邓带来。

2020 年春季，登增土邓在朱巴龙乡中心小学读三年级，因为疫情尚未开学。

聊起作文，他说喜欢看图说话。我让他在语文课本中随便翻，任意挑选一幅图来。

我往他选的图看去，画面中一个老人在看面前的一条蛇。

我让他想一会再说。他想了几秒钟讲出一个故事来。

一条蛇饿了，出来寻食，迎面碰到一位老爷爷。

它说："我要吃你的肉。"

老爷爷告诉它："我老了，已经没有肉了，骨头很硬，你啃不动。"

蛇听后很失望，扭头走了。

老爷爷觉得蛇没吃上东西，饿极了，会回来凑合着吃他。

老爷爷回到屋里，藏进大衣柜，从缝隙往外瞅着。

一会儿，蛇果然溜进老爷爷的屋子。

它找呀找，怎么都找不到老爷爷。

蛇饿得爬不动，只好躺在墙角休息。

一只大老鼠从洞中伸头看看，没有动静，沿着墙根找吃的。

找着找着，它不知不觉来到蛇跟前。

蛇休息一会，体力有所恢复，见到一只大老鼠送到嘴边，猛一抬头，整个吞下去。

老爷爷在柜子里看呆了，心想费了好大劲没除掉的大老鼠，让蛇当美味吃了。

蛇扭动着身子爬出去，回头对着屋里说：“大老鼠的鲜肉比老头子的硬骨头好咬多了。”

听着登增土邓看图说出来的故事，我有些吃惊。他的想象力丰富。单从作文水平说，十岁的他可以从三年级跳到六年级。

他家住在江东岸，爸爸是四川竹巴龙人，妈妈是西藏朱巴龙人。

妈妈在朱巴龙乡卫生院上班。他跟着妈妈每天在四川与西藏两省区穿梭。

登增土邓汉藏双语流畅。与他玩一天，我明白了巴塘一带为什么出那么多汉藏双语翻译人才。

登增土邓喜欢枪械、车辆。他的玩具是各种各样的枪。

小时候，爸爸给他买喜欢的玩具，现在不准他玩，装了两大袋子玩具枪，收藏起来。

我不懂枪械。懂的人看看他随手写的名称吧：射手枪、冲锋枪、AK、M416、M94、M24、AWM……

我问登增土邓长大干什么，他脱口而出“特种兵”。怕愿望实现不了被我笑话似的，随后说干什么都可以。

我给他说特种兵吃苦。他说只要有速度啥都不怕。我问他怕蛇吗，他说敢把活蛇拿在手中举过头顶。末了，我告诉他，要当解放军。他说知道。

我们在村委会大院做游戏。

他站在升旗台上，手摇着滑轮，让我唱国歌。我唱起来，他的手不停地模仿着摇滑轮升旗的动作，就像五星红旗正在我俩面前升起一样。

从登增土邓身上，我重温了康巴大地的历史，感受了金沙江两岸的现实，看到了康巴人民的未来。

康巴大地由于地貌的特殊性，解放前甚至延续到中华人民共和国成立后的一个时期，打家劫舍者层出不穷，民风强悍可见一斑。经过七十多年的社会主义治理和引导，这里居民的受教育程度普遍提高，尤其是年轻一代，考上公务员的很多。放眼全国，从生态文明建设的角度看，这里将成为一片独具特色的生态乐园。

“十年树木，百年树人”，用在康巴大地正合适。一百多年来，康巴一带为什么发生这么大的变化？时代背景不同，社会发展程度不同，国情不同。以前内忧外患，民不聊生，盗匪横行；如今国家强盛，已经全面建成小康社会，人杰地灵。

社会主义中国的伟大之处，在这里体现得淋漓尽致。曾经的土匪窝，现在成为金窝银窝，成为各族人民和谐相处的幸福地。

生活在康巴大地的登增土邓们，好好学习，健康成长，你们的前途无量。

要坝子

草地，藏语意为“地形像铁锅底的地方”，是西藏芒康县朱巴龙乡的一个村。

草地村村委会我去过多次，在山顶一处平地上，感觉形如其名，像倒扣的锅底。

到了要坝子地点，环顾四周，特别是草地村居民区，才意识到自己犯了颠覆性错误。这口锅是正常放置的，居民住在锅底平坦之处。村委会和那里相距不远，中间被一座小山峰遮挡，算在两者之间添置一处天然屏障。

这一片的海拔有3800米，最热时温度比乡政府低将近10℃。换言之，草地村没有夏天，美其名曰避暑胜地。

多数藏族群众在丰收之后会来场歌舞庆祝一番。我想来想去想不出草地村在这样的夏天能丰收什么。青稞几乎没有，核桃正长果实，牛羊一如既往地吃着草。

刘枫是西藏日报社驻草地村工作队队长，他挠挠头：“他们是庆祝丰收。前段时间上山挖虫草，前前后后在山上住了一个月，一年中的大部分收入来自虫草。现在是一年中的好时节，大家在一起载歌载舞，愉悦心情，增进友谊。这是民俗会，也是奖励会。我们在这个节点对上半年的工作进行总结，在村组干部中评出优秀，在双联户中推选出典型，进行表彰。乡党委书记来了，给他们颁奖。要完坝子，很多村民上山采菌子，雨季已经到来。”

我有些不解：“他们为什么叫要坝子？”

刘枫饶有兴趣地说："西藏的大部分地方有望果节和赛马节，草地村除了核桃几乎无果可望，赛马的寥寥无几。无论居住在哪个地方，都要有自己的放松方式或者说欢乐时光。这里受四川影响大，村民会说普通话，和四川人一样爱吃辣，连庆丰收的歌舞表演也叫耍坝子。其实和拉萨等地的过林卡差不多，不同之处为我们是有组织的，节目先由村民报上来，工作队和村'两委'共同筛选确定。从了解风土人情角度说，耍坝子集其大成，我用眼睛看，用相机拍，用心感受，在草地村收获很大。"

刘枫的感慨于我同样适用。我从"横看成岭侧成峰，远近高低各不同"演绎出所见：远观成圆近为舞，各展魅力情不同。

耍坝子场地的外围帐篷是个大圆，中间跳舞的人围成小圆。仰头远望，我们头顶着蓝天白云；近前一瞅，曼妙女子正右手侧举左臂摆着长袖款款舞动，刚劲男子手拉弦胡声情并茂。他们的舞台是地，他们的幕布是天，他们心中流淌着欢乐和幸福。

生活在这里的牧民，在草场放牧是动的，上山挖虫草采菌子是动的。政府的安居房使他们定居下来，惠民政策使他们静下心来。大家静静地围坐在一起享受快乐时光。

众多舞者，静中有动。她的表情沉稳，目视前方，左手下垂，右手抬起一挥。幸福生活不是等靠要能够得到的，需要全体村民动起来，万众一心加油干，才能实现共同富裕。一张一弛耍坝子，动静结合奔小康。

我把一块猪肉放进嘴里咀嚼，这是一种从未有过的味道。这种味道里沁着一股清香，还有一丝青草味。

村支书杨培骄傲地说："只有在草地村才能吃到这种味道的藏香猪。"

我擦擦口水："卖吗？多少钱一斤？"

刘枫代言："这里的藏香猪长成了一百斤左右，如果买整头猪，优惠价三十五元一斤。放心，村民准能打理得包你满意。"

猪肉的余香飘出我的感受：丰收可以是一次性的收割，也可以是日常中的日积月累。草地村的耍坝子，就是把平常的收获积聚在一起共同庆祝。

圆舞曲

月光下，小河旁，吃着烧烤跳锅庄，恍若人间仙境，却是圣天温泉风光。

倚在格桑花衬托着的栏杆旁，我欣赏着舞动的人们。

我所在的角度很好。他们在月光下围成圆圈按照顺时针方向旋转着，每一个人的身影都从我眼前飘过。

巴桑卓嘎，一位厨师，印象中，她要么擦桌扫地，要么洗碗刷锅，从没见过她跳舞。今晚，她的衣着与厨师判若云泥，恰到好处戴顶宽檐帽。在穿单衣的户外，那顶帽子不用来遮阳，无需以之保暖。戴着它有何用处？你看，她的脚步如此优雅，她的双手那么轻巧，她的长发随着腰肢飘洒。帽檐下，月光一照，她的脸庞时而妩媚，时而一闪，不让你看。月色中的美人，是她。

麦郎中等个头，身材很好，感觉似跳街舞的形象。他在人群中不起眼，因为相熟，引起我的注意。他的帽子倒着戴，阳光照耀时不把帽檐拉前面，月光照着时朝后的帽檐成为装饰；寒冷时帽子取不了多少暖，天热时帽子遮不住额头的汗。在跳舞的人群中，帽子为他增加一丝俏皮，增添些许风采。他的笑是持续的，无论在哪里遇见都让人舒心。他的笑天真中带着温柔，善意中透着诚恳。每次看到他的笑，我的心中暖意顿生。与这样的人在一起，感到多么惬意；瞅着这样的人跳舞，生活充满甜蜜。

我与达瓦尼玛熟悉，他是朱巴龙村人。他性格内向，平时话较少。看到人们舞起来，受到氛围感染，他加入旋转的圆圈。舞蹈有一种魅力，无论高矮胖瘦，女的舞起来优美，男的跳起来潇洒。达瓦尼玛属于潇洒型舞男，他一顿足是一种情调，一弯腰是一种礼仪，方脸是一种骄傲，连将军肚也成为一种自豪。

赵建英跳舞像着了魔，怀里不到半岁的孩子成为年龄最小的舞者。月光下，孩子在妈妈怀抱里随着舞曲抖动。什么是舞蹈？孩子不知道，但从会走路的那一刻起，迈出的准是舞步；什么是音乐？孩子不清楚，但从嘴里发出的第一个音开始，飘出的定为歌声。有人说，藏族是个生下来会唱歌跳舞的民族。我觉得不可能。看到赵建英右手兜着孩子、左手随着节拍摆动，一扭一晃地走来走去，我懂了，所谓生下来就会，是在环境中潜移默化习来的。

从傍晚七点到次日凌晨两点，忙得不亦乐乎的是普次。他穿着背心在火炉旁烧烤着食品，时而有女生协助工作。猛一看，特像夜市中一对烧烤摊前的夫妻。十多分钟后，说着好香的女生与烤熟的串串一起转移。普次不愁没有伙伴，很快又来个女生在火炉上翻转着他抹上作料的串串。我终于明白普次连续六七个小时不下火线的动力，原来掌握一种技能会使心情这样舒畅。今夜，不会跳舞的我想像普次一样掌握一种让女生垂涎欲滴的生活技能。

把圆舞曲推向高潮的是次仁玉珍与何小布。

烧烤给人的是能量，月光送来的是激情。次仁玉珍邀请何小布同台共舞。所谓台，是人们旁边一处稍高的地方。次仁玉珍丰满不失文静，想不到舞动起来，是一种超凡脱俗的状态。她穿着牛仔裙，一举一动让人着迷，长长的秀发一甩，全场沸腾起来，有人挥动着饮料盒，有人在空中划拉着吃完串串的竹签。

她的舞伴何小布，一看神态就是跳舞的坯子。他的动作随意，透露着一种男子汉的张力。他俩称得上最佳组合。次仁玉珍踏着舞步款款前行，何小布昂着头张开双臂随之前趋。音乐猛地变得激昂起来，一瞬间，次仁玉珍蓦然回首，何小布凌空一跃，那种欢喜在月光下如此动人，那种幸福在欢呼声中那么令人神往。

次仁玉珍与何小布的节奏快起来，旋转成一个让人目不暇接的立体圆圈。台下的人们以他俩为中心，在飘着格桑花香的月光下舞成一个同心圆。

川藏一家亲

在成都，常见到挂着藏字牌照的车辆；到拉萨，挂着川字牌照的车辆往来穿梭。

成都有藏族一条街，穿行其中，感觉来到西藏；西藏无论哪个县，甚至偏远农牧区，都有飘着香辣味的川菜馆。

在成都的藏族聚居区，能听到不绝于耳的藏语，是个学民族语言的好地方；走在拉萨的大街小巷，四川话不时钻进耳朵，当地人也能说几句。

四川和西藏为何如此亲密，互相嵌进，犹如一家？

我在成都住过三年，在西藏已生活十多年，如今在金沙江畔的朱巴龙工作，努力从自身感受寻找这个问题的答案。

首先是温度接近。我问过老同事次仁平措，如果在内地居住，会选择哪个城市。他毫不迟疑地回答成都。2011 年退休后，他每年冬天在成都住上几个月。他说，成都冬天不冷，夏天不热，时常下些小雨。长期生活在青藏高原的人们，禁不起高温烘烤。成都为挽留他们，用云和雾遮住太阳，起到降温作用。

另一位老同事舒润生在西藏工作四十多年，退休后满怀深情地说，拉萨夏天超过 30℃的天数很少，冬天低于 0℃的日子不多，单从温度看，是个宜居城市。

妻曾对我说，拉萨要不是海拔高，想在这里待一辈子。我戏言，如果海拔下调 1000 米，我们无立足之地，因为日光城必然人满为患。

对走出家门的人来说，目的地的温度在潜移默化起着作用。我在隆子县遇到来自四川大邑县的民工，问他为何不去内地而选择来西藏打工。他的回答是，曾经去过河南山东等地，夏天热得无处可躲；在西藏夏天温度适中，干一样的活，工资高些。如果统计兄弟省市在西藏的人数，四川稳居榜首。四川的天气经常云雾缭绕，长期生活在这种气候环境里，人们害怕烈日烤晒，对高温唯恐躲之不及。上了青藏高原，虽有烈日，但无高温，在体感上好像回到家一样。

整体上说，藏族是个不愿远行的民族。随着社会主义新时代的到来，一些人抛弃陈旧观念，陆续走出家门。如果问他们理想的目的地是哪里，好多人会说成都。问为什么要去成都，答案：不热，好耍。成都是个休闲城市，居住在西藏特别是拉萨的人在休闲娱乐方面接近成都人，这在心理上拉近两地距离。全国好耍的地方有的是，成都不热，成为藏族心中的天堂。到其他地方工作生活，来自西藏的人要考虑一下，如是成都，则为最爱。

其次是位置适中。四川与西藏是一衣带水的近邻。金沙江东侧是四川，西侧为西藏。以前在枯水期，两岸人们可以轻易渡过金沙江。即使雨季，几只牛皮筏向江中一推，四川与西藏就这样连在一起。这种地理位置上的相邻关系，使两地人感觉亲上加亲。

以我体验过的地方为例。芒康县朱巴龙村与巴塘县竹巴龙村仅一江之隔，两个村庄以前通过摆渡互相往来，如今大桥把两者连为一体。虽然住在不同省区，但两个村庄互有亲戚。西藏朱巴龙人在四川巴塘县买房居住，四川竹巴龙人在西藏芒康县工作生活。

顺江而下，紧挨着朱巴龙乡的是索多西乡，与对岸四川巴塘县的苏洼龙乡同样存在这种情况。索多西和苏洼龙虽然分属两省区，但两地人零距离地生活在一起，谁说不是一家人。

四川和西藏这种你中有我、我中有你的连体村连体乡连体县比比皆是。推而广之，四川和西藏自然而然成为连体省区。

第三是历史渊源。四川和西藏在地理位置上如此之近，近得自从出现人类活动就抱在一起。妇孺皆知，人们生活中离不开盐巴。对生活在青藏高原的人来说，他们还需要茶叶。

西藏的物产不丰富，盐巴少得可怜，茶叶难觅踪影。为了生存，他们把目光投向内地。北边唐蕃古道早就存在，但沿途酷寒的气候和长距离的跋涉让人望而却步。为了盐巴和茶叶，他们把目光锁定东边的茶马古道。这条线路上气候虽有恶劣地段，但有像朱巴龙一样出产水果的地方；虽有高耸入云的缺氧山峰，也有翻过去能缓口气的峡谷。经过反复对比，大体沿着今天318国道形成的茶马古道，成为西藏与内地物资交流的主渠道。

茶马古道上的商贸往来，既有有组织的定点贸易，也有自发的个体商贩。宋元时期，西藏地方政府和中原王朝在芒康、巴塘、理塘和康定等地设立茶马互市。西藏用马和毛皮换取内地的盐巴和茶叶。这种大规模的茶马互市，为藏族人民提供生活必需品，促进内地商品经济发展。中国最早的纸币“交子”出自四川，足以说明当地经济繁荣程度。

说起自发商贩，行走在茶马古道上的马帮具有典型性。做生意的既有内地人也有西藏人，既有汉族也有藏族，还有回等民族。金沙江沿岸有多个古渡口。以四川竹巴龙和西藏朱巴龙之间的江段为例，那里曾是茶马古道中线必经之地。茶马古道大体分为三条线路，沿317国道的为北线，沿318国道的为中线，沿214国道的为南线。南线与中线在芒康县城会合后，向西直通拉萨。

有组织的茶马互市与自发商贩为西藏和四川的发展作出历史性贡献。1939年，国民政府在这一带设省，称为西康省，进藏要道属性和战略意义由此可见一斑。

从历史长河看，康巴是个泛称的地理名词。四川与西藏之间的经贸往来使康巴地区闻名遐迩，两地民族间的交往交流交融形成既不同于拉萨也不同于成都的区域万花筒。如果问四川与西藏长期交往何以佐证，在风俗、文化、语言等方面均别具一格的康巴地区为最好的说明。把四川和西藏比作一对夫妻，康巴是他们孕育出的孩子。

最后是血脉相连。人类学家考证，今天的藏族是由古羌与青藏高原的先民结合长期演变而来。古羌来自哪里，怎样到达青藏高原的腹心地带？这些问题已有答案。古羌生活在今天的川西北和甘南一带，后来沿着青藏高原西北边缘自东南向西北迁移，到达青藏高原北部中段后转而南下，纵穿青海，来到西藏。科学雄辩地证明，藏族祖先来自康巴地区。

对生活在康巴地区的藏族人来说，历史是一个巧妙的轮回。他们说老家在拉萨等地，殊不知他们居住的康巴地区正是祖籍地。老家在西藏昂仁县的次仁平措说，他们口口相传的家史是，祖先生活在甘肃，为避战乱辗转迁移到日喀则一带。

西藏朱巴龙的人去世后，会被送到四川理塘天葬。为何费那么大劲跑那么远去天葬？我问朱巴龙的老人，他说不清楚，但有一点肯定，祖先在东方，无论生活在哪里，死后要回到祖先的居住地。祖籍地在哪里，只有理塘的秃鹫晓得。

内地人特别是四川人向西走到康巴不走了，觉得这是一个安可通商、乱可避难的好地方。西藏人尤其是拉萨一带的人往东走到康巴不走了，认为这是一个既有高原特点又适宜长期居住的好去处。四川和西藏两地人在这里和睦相处、声息相通、通婚联姻，一个个团结族家庭出现了。

无论从远古说起还是从现实分析，四川与西藏都是血脉相连，亲如一家。

朱巴龙村幸福的老人（唐大山／摄）

社会人生

乡村政治

一

我欲休息，随着轻轻的敲门声，西热多吉走进来。驻村工作队宿舍的门，白天敞开着，晚上睡觉亦不反锁。

“我们商量了一下午，你还是不放心呀。”

“我不想打扰你，可是心里不踏实，不知不觉过来了。”

“我们都是报社派来的，但你是村里的第一书记。昌都市推行村第一书记全权负责制，你的担子重。根据分工，我这个队长配合你做好全村工作。”

“没想到村民对这次摸底选举反响这么大。自从通知发下去，村组群里讨论得热火朝天。”

“这是好事，说明村民的政治参与度高。说说你的不踏实。”

“明天确定村‘两委’后备干部人选，是为明年换届作准备。关键环节没告诉现任村干部，他们会不会说驻村工作队包办一切。”

“西藏自治区强基办给驻村工作队的定位是指导不领导、帮扶不包办。没把选举细节说出来，是防个别人不守纪律，扰乱选举甚至操纵选举。县委组织部对培养后备干部很重视，文件说得清楚，芒康县已如期脱贫，由于国家政策扶持力度大，要把基层组织建强，才能巩固提升脱贫成果。”

“不缺位，不越位，敢于担当，是我们的职责。你的话增强了我的使命感。”

二

2020年7月29日上午，朱巴龙村村委会大院。

西热多吉以村小组为单位，把朱巴、卡玛、岳巴、白洋四个组分在四处，分别推举候选人。

四个组长分别召集组员。驻村工作队与村“两委”班子同步在会议室开会。

村干部知道今天推选后备干部，如何确定人选则一无所知。

西热多吉：“我们这次选举，在程序与内容上有所改进。候选人由三部分组成，一是组织推荐，二是自荐，三是他荐。大家直入主题，把适合做后备干部的人提出来。有些人选，我们可以讨论，初步判断是否合适。如有好办法，请说出来，任何人不要只看眼前，只考虑自己，要有大局意识。这个会只有十分钟时间。”

土邓：“我觉得像以前那样直接投票好，是看得见的公平。”

尼玛：“你说明年换届，我觉得这次摸底基本上就定了。把现任村干部原封不动报上去，按程序走，都省事。”

西热多吉：“选举上的改进，是防止某些人，恕我直言，包括村干部，在选民中拉票，或者采取其他手段影响公正。过一会，在座各位如愿意继续为村民服务，可采取自荐方式成为候选人；如有别的想法，即使村民推举你为候选人，登记时不签名，等于放弃。各组经自荐和他荐成为候选人的，都要履行这道程序。这样做的好处，是避免有能力的人没机会、不好好干的人占位子。”

向巴：“何必分组推选，多道程序多费事。”

西热多吉：“四个组中朱巴组人最多，白洋组人最少。如果直接选举，村干部几乎全是朱巴组的，多年来存在这种状况。有人说这是巧合，但其他组有些人的声望比村干部高，能力比村干部强，却进不了村‘两委’班子，作何解释？不管自荐还是他荐，分组初选是保证有能力且愿意为大家服务的人能够进入候选人序列。尤其是有初高中学历的有为青年，能在乡村振兴中大显身手。对照选举要求，村‘两委’具体岗位与后备干部是1∶2。确定候选人后，不论来自哪个组统一投票。这样选出来的后备干部，是经过组织和群众双重筛选出来的。”

三

组织推荐、自荐、他荐人数汇总，共有18名候选人。

西热多吉主持，村“两委”班子成员参与，又开个十分钟短会，对候选人逐一进行资格审查。

西热多吉：“对后备干部资格审查，主要从以下方面衡量，判断他们有没有资格参加候选。一是否拥护中国共产党领导，能否与党中央保持一致。二在维护祖国统一和民族团结上的态度、言行是否一致。三是不是‘两面人’，手里端着共产党的碗，却与分裂集团藕断丝连。四信不信仰宗教，党员候选人如是宗教信徒，不仅取消其候选资格，而且要对其教育，视情节轻重在党内进行处理。五在思想品德、廉洁与否、生活作风等方面的表现怎样，有没有能力与威望。”

我补充：“优点暂且不谈，念到候选人名字，如其有问题或对其有看法，直接说。如果没有，立即转入下一个人选的资格审查。”

这一环节顺利，在预定时间完成。

为什么非要按手印？西热多吉是这样解释的：“没有特殊情况，候选人必须到场，按下手印，表明愿意被选举为后备干部。乡村政治看起来简单，有时复杂。有人积极参与，有人不当回事。积极参与的，要纳入，为其提供机会，公平竞争；不当回事的，不来按手印即为自动放弃，省却以后麻烦事。”

我说：“你在这里待的时间长，觉得村民对这样的乡村政治感兴趣吗？”

西热多吉：“参与度出乎想象的高。他们关注村‘两委’后备干部选举，主要有两方面的考虑。一是党和政府惠民政策多。村干部能不能公平对待涉及家家户户的利益。有人可以享受这种政策，如果村干部没把其个人信息上报，到时领不到相应钱款，影响不好；有人不符合享受那种政策的条件，村干部却把其列入享受范围，冒领福利，不得人心。二是朱巴龙村有集体经济砂石场和游客接待中心。砂石场的正式名称叫朱巴龙乡两河砂石开采有限责任公司，每年的砂石款以百万元计，分红时，朱巴龙村占80%，其他四个村占20%。朱巴龙村分红份额大，是因为当时砂石场资金由朱巴龙村104股组成。村干部有没有能力管理经营砂石场，直接关系全村乃至全乡居民的利益。你已感受到，不愿意做村干部的人有，是个别的；愿意做村干部的，总是很多。为什么？挑主要的说，一有荣誉感，二有薪酬，三锻炼人。锻炼人不是一句空话，以经营集体经济为例，村干部和各种各样的人打交道，能力很快提高，普通话进步很大。村‘两委’是个平台，需要德才兼备的人；德才兼备的人有了平台，才能发挥聪明才智，为全村服务。”

四

在投票环节，西热多吉颇费一番脑筋。

西热多吉把18个候选人名字用藏文写在黑板上，反复说明，选哪个人就把前面的序号填在选票上。照葫芦画瓢，即使不会写字，在选票上写个阿拉伯数字是能做到的。

问题来了，由于候选人多，一些选民看到黑板上密密麻麻，极易把名字混淆。西热多吉只好多念几遍。有位老人认字，但对填阿拉伯数字不适应，坚持把候选人名字写在选票上。老人眼花，看不清黑板上的字。西热多吉蹲在他面前，把候选人名字为他复述一遍。

投票结束，立即确定1名唱票人、2名监票人、1名计票人。他们的产生方式均为当场自荐。

结果很快出来，现任党支部书记土邓票数最多，村主任尼玛的票数位于前列。

西热多吉信任地对他俩点点头。他俩的脸微红，有些激动，又好像为多余的担心感到不好意思。

西热多吉:“选举是好事，村民信任你，会继续投你的票；如果干得不好，说什么都没用，因为选票在村民手里。”

土邓:“以前不是村干部时，一到换届，盼望着公平选举，而且积极参加。干了一届村支书，提到选举，心里有些不自信，怕给选下去，脸上没光。”

尼玛:“这样的选举令人信服，昨天晚上村组群里说啥的都有，还有个别人做小动作。今天的选举从始至终，没人拉票；实际上，想拉也没机会。选举过程大家看得到，选民坐在国旗下面，选上正好，选不上口服心服。”

西热多吉:“眼前看到的是选举，事实上是全村人对你们这几年的工作是否认可。后备干部中增添了几名新成员。选举要体现能者上、庸者下。一个人能力怎样、愿不愿意为大家服务，村民心里有数。”

土邓:“我现在担心的是砂石款能不能按照合同上的时间要回来。”

尼玛:“我要做的工作是如何把村里的富余劳动力输送出去务工挣钱。”

西热多吉:“这些事情选举结束后分头去做。我们一起把选上来的后备干部对照岗位分工。从今日始到明年换届，现任村干部要和驻村工作队一起做好传帮带工作。”

明确了岗位职责，西热多吉看着迎风飘扬的五星红旗，感到每个村都是一个大舞台，真正的成长来自基层。在村党支部第一书记任职期间，他要把后备干部培养起来。功成不必在我，功成必定有我，明年无论谁来朱巴龙村，都会在全面小康的阳光大道上继续带领群众奔跑。

带着使命竞选

村民委员会进行换届选举，有改进的是候选人须进行竞职演说。

我把这个流程给候选人说明后，他们问能不能把这一环节省去。

我解释："你们问过我什么是社会主义民主政治，村民委员会换届选举就是朱巴龙村的社会主义民主政治。村民代表会议推举你们为候选人，是对你们的信任。你们同意做候选人，说明愿为村民服务。一旦当选村干部，任期五年。在任期内，你们要有总体思路，给大家说明白怎么干。你们心中有规划，村民心中才有数，监督现在说的和以后做的是不是一致。"

四位候选人的回答均有隐忧。

"当着那么多人说怎么干，挺不好意思的。大家熟识，不说也知道。"

"现在说要做什么事，到时没做到，他们要责问，反而留下把柄，不如不说。"

"村民委员会选举就是那么回事，驻村工作队支持我们，走个过场就行了，没必要自找麻烦。"

"如今选举越来越规范，让我上台，要是说错了，起反作用。"

针对他们的担心和顾虑，我一一作答："你们感到为难，说明缺少锻炼。作为村干部，不管开会还是安排工作，能说是基本要求。你的能力强，说不出来有什么用，群众怎么跟你干？有人担心说出来以后由于某种原因没实现，反而不好。进行竞职演说，说的是如果当选要按照全村的发展思路去做工作。只要你的出发点是好的，设想可行，按照目标任务努力就行。在未来五年时间里，有些内容要充实进去，有些不合时宜的事情需淘汰，有些项目因为不具备主客观条件确实做不了，村‘两委’及时予以调整，村民会理解的。至于说选举走形式，这就大错特错了。昨天在村民代表会议上，为什么有人紧张，为什么有人自信却没成为候选人，为什么有人全票通过？到正式选举时，选票在选民手里，你虽然是候选人，有人认为你不称职可以投反对票，可以另选他人。选举在村委会大院进行，乡干部全程监督，关键是每个流程都在阳光下进行，全体选民既是参与者也是见证者。谁能经受住考验，谁就能在选举中胜出。在选举前，候选人进行竞职演说，是组织的硬性要求，是候选人行使社会主义民主权利，也是对全体选民负责。”

听我这么一说，四位候选人解开思想上的疙瘩，表示愿意参加竞职演说。

第一个走上台的是巴桑，他竞选的职位是村委会委员，侧重于财务工作。他说，集体经济关乎每家人的利益，不管砂石场、饭店还是游客接待中心，都要做到管理规范、账目清晰。只有给全村交上一本明白账，才能证明自己是清清白白做人、干干净净做事。

尼玛进行竞职演说（唐大山 / 摄）

其次是尼玛演说，他竞选的职位是村委会主任，注重全局工作。他说，朱巴龙村是318国道上的进藏第一村，又是乡政府所在地。如果当选，将带领大家推进乡村振兴，听党话、感党恩、跟党走，遵纪守法得实惠，把全村打造成进藏就能看到的亮丽名片。

向巴接着演说，他竞选的职位是村委会副主任，突出青年工作。他说，如果当选，将通过组织活动让青年心中有追求，致富有办法。会引导青年人积极参加县里组织的技能培训，掌握一技之长有事干，能挣钱家温暖。

最后演说的是达瓦珍玛，她竞选的职位是村委会委员，主要做妇女工作。她说，妇女能顶半边天，在家庭里没问题，在社会中同样要起到半边天作用。如果当选，要把妇女联合会的作用发挥出来，不仅参与村务，而且保证适龄儿童百分之百入学。

选举结果很快出来，四位候选人都获得法定票数。我问他们有何感受，他们的回答令人振奋。

“开始胆怯，一上台反而不怕了，越说越想说，说完更有信心。”

“村民委员会换届选举不是闹着玩的，站在选民面前进行竞职演说，感觉很严肃。每一句话，今天说到，以后要做到。”

“这种形式好，往前一站，忽然觉得自己是被大家推上来的。全村人通过选票把你举起来，才是值得骄傲的。”

“平常说不忘初心、牢记使命，没有多深的感悟。参加了竞职演说，如愿当选，才觉得每一句话都是对父老乡亲的承诺，催生出强烈的使命感。”

扎西格乃的时间观

驻村工作队与乡政府为邻，乡干部问我愿不愿意和他们同出早操。

乡政府工作人员集体出操，是我在西藏第一次听说。金沙江畔的朱巴龙乡就是不一般，我抱着好奇的心理加入其中。

集合时间为9:30。我是个守时的人，9:25即到指定地点。

来到的人已组成队。距离队列五六米处站着一位中年男子，大家都认识，他是这片土地上响当当的人物——乡党委书记扎西格乃。

我与他没有实质性接触，只听说“凶得很”，全乡人都怕他。

到了规定时间，集合完毕。女同志站在前排，男同志站在后排。一位副乡长出列点名。

点完名，扎西格乃走上前，讲了不到两分钟话。

大意是说，在疫情防控方面，大家不要松懈大意，318国道从朱巴龙乡穿过，同志们要一如既往地按照上级要求做好防控工作。乡政府工作人员要搞好个人卫生和周边环境卫生，让来乡里办事的人感到舒适。今年巩固提升脱贫成果是全部工作中的重头戏，从现在起，大家要抖擞精神进入状态。

讲话简明扼要，语气铿锵有力。联想到有人说他“凶”，从这一分多钟的讲话神态，我觉得他像一只扑扇着翅膀准备搏斗的公鸡，尽管他没有把面前的人们作为搏斗对象。

扎西格乃讲完话即加入队列。曾俊程出列带队，喊着号子跑三圈，接着做扩胸、压腿和下蹲等锻炼。整个出操时间十多分钟。

开始，我猜测出操是不是表演给我们看。经过长时间的观察与参与，确认这是乡政府的日常行为。

扎西格乃（左二）在安排工作（唐大山/摄）

扎西格乃从担任朱巴龙乡党委书记以来，一直坚持与工作人员一起出操。出操前只是偶尔讲话，有事说事，无事考勤后直接跑操。

用扎西格乃的话说，上班前出操可以让全体工作人员以饱满的精神开始一天的工作。退一步说，他们都是年轻人，如果不督促不过问，给老百姓留下邋遢形象，不单是朱巴龙乡的问题，还影响到党和政府在群众心中的威信。早上集体锻炼一下，于己于单位于群众都有益，都有益的事情当然要坚持。

每次开会，扎西格乃都在通知时间之前十分钟出现在会场。

时间一到，准时开会。

我非常欣赏他的这种时间观念。有些单位，主要领导压着点进入会场甚至迟到几分钟，而我们大概习惯了。扎西格乃守时，不仅没有减少他的威望，反而让全乡干部养成集体守时的好习惯。

在朱巴龙乡这么长时间，每次开会，无人迟到。

如果你无故压着点到达会场，扎西格乃鹰一样的眼睛会让你不寒而栗。

扎西格乃做事干练，无论在哪个场合，不讲废话，声音洪亮，语速稍快。如果有村干部参会，他会汉藏双语交替进行。

在一次民主生活会上，扎西格乃批评完一位同志后说："发现同志有不足或错误，要及时指出来。千万不能当老好人，做错了还说他干得好。后来那个人被问责或者被抓了，又说我早知道他不是好人，早该处理。从另一个角度看，如果你遵规守纪，工作做得很棒，还找你的茬挑你的刺，我不是人。"

听到这句话，我一愣，这是一个乡党委书记说的话吗？没错，是朱巴龙乡党委书记扎西格乃说的话，也是一个康巴汉子敢于担当作为的直言快语。

我时常想，作为主要领导，如果都像扎西格乃一样，本着对同志负责的态度，对规矩和纪律较真一些，我们的精气神和工作效率会大不一样。

熏　陶

工作日上午上班前，乡政府工作人员进行集体锻炼。

点名时，常有两三个娃娃依偎在妈妈身旁。大人跑步，他们在附近学着样儿做类似动作。

在朱巴龙乡政府，一年四季都有这样的学龄前娃娃。长大了，他们生活有规律，做事有条不紊，组织纪律性强。没有谁有意教他们怎么做，长期在这种环境中熏陶，自然而然养成终身受用的好习惯。

吕光树和范丽娥是在乡政府工作的一对夫妻，他们的儿子经常在操场上跑来跑去，模仿能力强。晚饭后，他们一家三口来村委会散步，我们得以闲聊。

大山：“小朋友叫什么名字？”

丽娥：“吕昊霖。”

光树：“出生时五行缺水，用了霖字。”

大山：“你们给孩子起名挺讲究。把昊霖带在这里，夏季的朱巴龙经常下雨，不会那么干燥了。”

丽娥：“家里老人信，我们不信。为带不带着昊霖，我们纠结了好长时间。”

大山：“这有什么纠结的？过了暑假送幼儿园，不用天天发愁。”

丽娥：“没有那么简单。昊霖出生不久，放在老家云南由爷爷奶奶带着。去年我和光树考虑到亲子教育，虽然不能教他什么，小时候不在一起生活，长大了他不跟你亲。以前有些老西藏调和不好亲情关系，就是由于条件限制父母与孩子不在一起造成心理隔膜，留下永远的痛。想来想去，我俩把昊霖接到朱巴龙。”

大山：“到时可以在隔壁学校上幼儿园，你俩省些事。”

光树：“不急着上幼儿园。上幼儿园不是说孩子认识多少字、会做多少算术题，而是教孩子怎样玩耍、如何与小朋友相处、养成良好习惯。我们打算在乡政府大院里再带一年，明年考虑上不上幼儿园。”

丽娥：“昊霖已养成早起习惯。天亮了，大人起床，他嚷嚷着去操场跑步。”

大山：“确实是受环境熏陶，大人做啥他做啥。我在你的朋友圈看到昊霖学画画了。”

丽娥：“他是涂鸦。不管工作忙闲，我保留着的小爱好，偶尔画几笔，他看到了就抢我手中的画笔。为了不让他捣乱，只好送他一支画笔，画着玩。”

大山：“你的画我看不懂，觉得昊霖画些草呀树呀云呀挺好看，得益于你指点得好。”

光树：“她画画时给昊霖画笔，是把他支开，不影响自己画。昊霖拿着画笔看着妈妈画一下，在旁边照葫芦画瓢戳一笔。三岁的毛孩子，有时候能涂得像模像样。”

大山：“这是家庭环境和孩子兴趣在起作用。丽娥有画室，昊霖有爱好，两者结合，潜移默化中培养出个小画童。”

丽娥：“我消磨时间，他画着玩，没想到成什么才。”

大山：“给他树立远大的目标，不一定培养出来。有着好习惯，发现他天赋中的特长，稍加引导，说不定长成一棵参天大树。”

丽娥：“什么树不树的。他爸爸的名字不好，树没啥说的，偏偏叫光树，说全了是捋（吕）光树。叶子都没有了，能发什么芽？别说参天大树，连小树苗都难长起来。”

光树：“正在说孩子，你怎么拐到我名字上来了？”

大山：“丽娥逗你玩。光树，说说你怎么把她钓到手的？”

光树：“我俩是大学同学，在学校举办的书画展见到她的一幅画，误认为她是才女，就表达一下，谁知这么容易钓到手。”

丽娥："不知羞。大学毕业那一年，他说西藏引进人才，劝说我和他一起去面试，结果双双被录用，一起来到朱巴龙。"

光树："这地方不错，海拔2500米，和我家乡差不多，犹如人间天堂。"

正聊着，在旁边独自玩耍的昊霖闹起来："妈妈，你说把我的画和你的画放在一起，怎么说话不算数，今天没挂墙上。"

丽娥："妈妈说话算数，回去就把你的画挂得高高的，谁让昊霖比妈妈画得好呢。"

看着这么快乐的一家三口，我被感染了，生活在朱巴龙的人们在简单中享受着幸福。

护桥人

每天上午，金沙江大桥上都有一两个黄点在晃动。

怀着好奇，我走到近前看个究竟。

随着脚步的移动，黄点逐渐变大。

两个中年男子，手持扳手，在拧紧护栏上的螺丝。

我走向其中一位，与他攀谈起来。

“我在桥西边值班，看到你，就过来了。”

“我每天都在这里。来来往往的车辆与行人无数，跟我说话的人只有你一个。”

“桥太窄，车子单向通行，行人不敢在桥上逗留，这里危险。”

“就是因为危险，我每天都要在这里待半天。”

“每个螺丝都要紧一遍？每天如此？”

“这座钢架桥每个部件都是由螺丝组装在一起。车辆通过，桥身震动，螺丝容易松动，如不及时拧紧，要不了多长时间，危险就找上门。”

“半日制，工作强度不大，对你这个年龄的人来说，挺好。”

“全日制。上午 8 点上班，11∶30 下班，在桥上；下午 2 点上班，5∶30 下班，在桥下。”

“桥下的螺丝也要紧？怎么拧呀？”

“受到震动，桥下的螺丝同样会松动。在桥上要时刻注意安全，不要以为每一位司机都能注意到我们穿的黄色衣服，自己要有安全意识，时刻想着怎样防范。在桥下要有胆量，有恐高症的人干不了这活。看起来简单，有人站在钢架上腿打颤，扳手举不起来，怎么工作？”

“这样的工作，有没有感到枯燥？”

“那要看心里怎么想的。心里烦，干什么都不行；心里顺，干活的时候看到的都是风景。”

“你懂哲学？”

“我爱生活。”

“说说怎么个爱法。”

“我在桥上，车子快到跟前，停下手中的活，靠边站，便于人家通过。上螺丝的活可快可慢，随时可停，只要负责，都能拧到位。从身旁过的车辆里，有人对我笑笑，我感到欣慰；有人目不斜视，可能是初次进藏，我为他担心；有的旁若无人，我知道他是从眼前飘过去的一粒浮尘。如果没有车辆通过，活干得差不多了，我会手扶护栏站一会儿。往北看，江水对着我流过来，左侧西藏朱巴龙乡，右侧四川竹巴龙乡。我每天都在两地之间往来穿梭。往南

工作中的康春强（唐大山 / 摄）

看，从我脚下过去的水后浪推前浪，从不回头。要经过多少个日日夜夜呀，最终东流入海。在桥下，可用钢铁侠形容我的状态。这侠那侠，我知道一些，经常听小孩子讲着玩。我两脚踩稳，左手抓住钢架，右手转动扳手。桥上有车辆通过时，桥下的我感到就像当年汶川发生地震时一样，身体随钢架一起抖动。和地震不一样的是，那时吓坏了，现在是工作，早已习惯，熟悉了抖动的节拍，一点不影响。有时倚在钢架上，看江水卷着浪花跑过来，挺开心。”

“你在这里工作多长时间了？”

“七个多月。”

“可以知道你的名字吗？”

“康春强。”

“你天天看江水，江水每天看着你。”

“是这样的吗？上大学的孩子给我说的是，爸爸天天看江水，江水奔流到海不复回。它不回来，我今天看到的江水已不是昨天看到的江水。”

想在他面前卖弄学问的我，竟掉进四川人摆的龙门阵里。

康春强，一个快乐的护桥人。

大篷车

我从乡政府回村委会，看到路旁停着一辆皖 K 车牌的红色货车，一对夫妻模样的人正在车旁端着碗吃饭。

因为货车是皖字头牌照，我与他们攀谈起来。男的话少些，问一句答一句，微笑中带着腼腆。女的性格开朗，流利的普通话标准而响亮。

“在这里遇到老乡不容易。我叫唐大山，可以知道你俩的名字吗？”

“我叫谢海丽，感谢的谢，大海的海，美丽的丽。他叫刘伟，文刀刘，伟大的伟。”

“不看车牌，不听说话，我以为你是当地人呢。”

“我的形象适合在西藏做生意。无论到哪个地方，摊子一摆，我在附近忙着，一会儿就有生意。你看，有人往这边来了。”

“你们先招呼顾客，等村民买好毛毯，咱们接着聊。”

“不影响。没有同时接待几拨人的能力，生意怎么做？扎西德勒！这些都是做毯子用的，有的厚，有的薄；有十五六个品种，看中哪个选哪个；你看这种料子的花纹，有图案，好几种设计。以前那种单一颜色的料子我们不进了。价格按米计算。选好后，我现场加工，包你满意。”

“这是一条龙服务。车里真带着加工的机器。”

“这里人厚道，我们赚了他们的钱，服务要到位。芒康县的大多数乡我们都去过。同一种东西，安徽叫毛毯，西藏叫毯子。他们喜欢厚的，我们带的大部分料子是厚的。他们洗毯子很特别，把毯子铺在水泥地上，一边往上面冲水一边用脚踩。有些乡干部专挑薄的，用洗衣机洗，平常好打理。做生意说话重要，同时保证货真价实。我们走了那么多乡，老百姓是识货的，色彩中不中意、图案好不好看、手感舒不舒适，他们会判断。我们进货时贵些，坚持挑好货。”

唐大山与谢海丽夫妇合影（西热多吉／摄）

“你们以前来过这里？对朱巴龙村好像挺熟悉。”

“我们第一次来芒康是造锅，用废铝浇铸在模子里造新锅。把车一停，往这一站，村民认识我们。”

“现在怎么改行了？由造锅改为卖毛毯。”

“怪就怪他的技术好。造锅是一次性买卖。为什么这样说？我们造的锅用上十多年不会坏，有的能用上半辈子。不信你问买毯子的她，用的肯定是那年我们造的锅。从生意角度说，我希望他们的锅经常漏水；从良心上讲，我们不能那样做。不管回头看还是往前看，都是他们得实惠，我们赚大钱。造锅生意做不成，我们卖毛毯。不管在芒康还是卡若区，认识我们的人想起家里的锅，就对我们像家人一样信任，换啥生意都是火辣辣的。”

不大言语的刘伟撑不住了：“别听她瞎说，在深山中钻来钻去，能赚什么大钱？生意火辣辣的？我们的脸被高原的紫外线晒成红辣椒了。”

“没必要担心，挣再多的钱都是你们一路奔波辛苦换来的。你不大说话，说起话来幽默。我们不提钱，能告诉我最远到过哪里吗？”

“昌都市 11 个县区的绝大部分乡镇都去过。拿芒康县来说吧，一共 16 个乡镇，南部不用说，北部只有戈波乡没去过。”

“你该说最远去过哪里了。”

“阿里地区的噶尔县。”

“在那里感觉怎样？”

“生意还可以。头有些晕，搬东西慢些，一次少搬些，没大问题。”

“你俩晒得像当地人，但听不懂藏语，更不会说藏语，生意怎么做？”

“我不爱讲话，有一个能说会道的就行。你听，海丽跟她们聊得多热乎。昌都一带的年轻人基本上会讲普通话，年龄大些的连说带比画再看表情，要哪个品种、多少钱，这样的事情能表达清楚。到了阿里，交流没有这边顺畅，附近一般会有几个会说普通话的年轻人，经他们翻译，买卖做成，增加相互了解，感觉挺好，头晕也忘记了。”

“牧民买到想要的毯子，你赚到钱，双方把美好留存心底。这些是好的方面。有没有不顺畅的时候？”

“干哪一行都不容易。今年受疫情影响，出来晚。想把年初几个月的损失补回来，我们决定去趟墨脱，听说那里的生意好做，谁知半途而废。”

“什么情况？”

“离墨脱有五六十公里的时候，天下起小雨。路本来不宽，加上湿滑，装满货的车子有些不听话。我是个老司机，心却发怵。咱出来是挣钱的，但有底线，不玩命。一向天不怕地不怕的海丽担心起来。头脑清醒的她说，手机信号消失，这趟生意不做了，一家老小等着咱平安回家。”

“我去过墨脱，虽说比以前好多了，危险还是有的。”

“打算明年去一趟。有个老乡去过几趟，他说选好时间段，别麻痹大意，能到墨脱。”

“在保证安全的前提下，赞同你们去墨脱看看。到了那里，你们能见到不一样的西藏。在金沙江畔可以吃到梨子，到墨脱能尝到喜马拉雅山中生长的香蕉。”

谢海丽把加工好的毯子叠好递给一位妇女，接过话头：“明年过完春节就去。听说墨脱的辣椒 1 斤 15 块钱，我的孩来，真贵。”

“我的孩来，这句方言暴露了皖北身份。”

“在西藏说普通话，一句老家话都没有。你和我们说家乡话，我的口头语给带出来了。”

“我的普通话不好，见了老乡只能说家乡话。哦，车上有蓄电池？”

“五六年前我们来朱巴龙村时，没有通电。蓄电池里的电用完了，跟村民商量，用他家发电机发的电充一下，不收他家造锅的加工费。如今村里通上国网，我们车上有移动太阳能。”

“太阳能可以移动？我第一次听说。”

“车篷上有一大块光伏板，西藏的太阳多，走到哪里都有电用。”

“你们确实是在移动着。车里装得真多，衣食住行全在这辆大车里，是另一种形式的自驾游。”

“我们是穷游。人家开的是房车，我们开的是大篷车。”

我看一眼谢海丽和刘伟，又看一眼正在挑选布料的村民，觉得有了这样的大篷车，生意人财源滚滚，农牧民生活多彩。

卖菜者

傍晚，外面传来吆喝声。

西热多吉说是卖水果的。再一听，确如其说，小喇叭反复吆喝三个字：卖水果。

张济荣感慨，不得了，生意做到这里，不容易，也不简单。

他俩高高兴兴出去，几分钟后，手提装着香蕉、橙子、芒果和葡萄的袋子回来。

让我惊奇的是，乡政府工作人员在工作群里连发三遍信息：卖水果、蔬菜的来了。看来这件事虽与工作无关，但似乎有些特别，值得在工作群里专门提醒大家。

我要去看看，到底是个什么样的人引起这个江边小村的轰动。

一辆只需几万元就能买到的小货车停在路边，一个男子在用帆布盖菜，旁边一女子帮着拉扯，看来准备赶路。

时间紧，男子边干活边聊天，从见面到离开不到十分钟，只好把他的话简略记下。

我在雅安装菜，昨天早上出来，晚上住在雅江，今天傍晚来到朱巴龙。

你感到奇怪，朱巴龙东有巴塘，西可去芒康，谁来买我的菜？说的有道理。我们从雅安过来，一路上不卖，从卖菜点说，朱巴龙是第一站。

这一站卖不了几个钱。朱巴龙在公路边，早上从雅江开到这里，下来活动半小时，当作休息。熟悉了，每次都在这里停一下。昨天装车的蔬菜水果，新鲜，价格低于芒康县城、略高于巴塘，不管乡政府的干部职工还是附近村民，听到吆喝声，晓得我来了，多少会买些。

今天晚上住芒康县城，明天到左贡县才正式开张。8:30 到不了芒康，不像你们的小轿车，一个半小时赶到，我的车不行，拉一车菜，要三个小时才能赶到县城。现在快 7 点，10 点多能住下。

你问我怎么想起这种卖菜法，是逼出来的。以前摆过菜摊，后来老婆出点事故，身体受伤，不严重，干体力活有影响。在批发市场见到大货车往西藏运菜运水果，猜想那边的需求量大。咱没本钱做大生意，用这辆小货车自己跑。

第一趟算试水，赚不了多少，不会亏本，两地差价心中有数。上高速路，享受优惠政策，菜车不收费。生意比想象的好，过了金沙江就发市。四川这边有生意，差价拉不开，不卖，只做西藏的生意。到左贡不用往前跑，一车菜卖得一干二净。

俺两口子高兴，看看没人，拥抱一下。想起初中时学的《卖炭翁》，炭

唐大山与一车蔬菜合影（张济荣 / 摄）

卖不掉还被官家抢走，哭都没有眼泪。我的车子不时髦，但我拉的菜抢眼，一路绿灯。在西藏，除了买菜买水果的，没人找俺的事。

我一个来回趟，车行3000公里，八九天时间，一年内来西藏二十多次。冬天来比夏天好卖，冬天也比夏天受的罪多。

我是1984年生人，有三个娃，不挣钱不行。西藏的娃上学不用交费，学校管吃管住。在我家，农村开始重视娃的教育，不管成才不成才，不接受教育不行。开学了，把上学的娃送到学校，小娃交给老人，我们两口子出来了。

去年这时候，我们已经来三次。今年受疫情影响，这是第一趟。不管哪一趟，都会来朱巴龙停一下。刚才你听到，还有人想我们。

我想与他俩合个影，男的忙得分不开身，女的笑着不好意思近前。看着一车菜，我五味杂陈，和它们青青的圆脸合张影吧。

我与他们挥手道别，车子沿着金沙江向318国道驶去。

一趟八九天，来回3000公里，一年二十多次进藏，他们像候鸟一样在川藏间穿梭。一对中年夫妇，上有老下有小，回到家中三个娃娃身边绕。从言谈与神态中，我感受到，他们对一年跑80000公里把菜卖感到满意。

在地球上，人与动物在生存之道上没有本质区别。我们的生活之所以有意义，是由无数个有追求的人赋予它的。就像千里奔波卖菜者一样，在卖菜过程中有辛苦，更有对家庭的责任和对未来的希冀。

芸芸众生中的你我他，不都在做着为人为己为生活为梦想而奔波的事情吗?

父子工

老何是1965年人，二十岁时得子小何。他是做木匠活的好把式，这是祖传手艺，挣不了多少钱，日子过得比左邻右舍殷实得多。这么好的手艺得传下去。

小何上学聪明有余，用功不足，经常骗过老师骗家长，在小镇网吧寻找快乐。小何上完初中，回归社会。那时的乡村学校，学生毕业后多是背着编织袋子闯天下，为社会提供劳动力。

小何要去打工。老何觉得他年龄小，到外面吃不了苦，不如在家跟着自己学手艺。

小何勉强答应子承父业。随着时间推移，他慢慢喜欢上木匠活。

小何按照家乡节奏，结婚生了两个娃。他到此时才感觉自己长大了，要好好干，才能像村里多数人一样拴住老婆，把两个孩子送进县城读私立学校。他有时苦笑，当初家里条件算好的，自己愣是不想上学。如今公办学校不收学费，学生流失得快办不下去了；私立学校一个学生一年花去一万多元，家长咬着牙把孩子送进去。

小何看下同龄人，只有他一人坚守着全村的非物质文化遗产木匠技艺。让老何和小何烦恼的是，活计越来越少，几乎歇业。举例说吧，以前结婚做木床，老何在床头雕上鸳鸯图案，古朴好看；如今要结婚的小伙子一个电话，小镇上的家具店把材料送上门，半小时组装完毕，放在宽敞的楼房里亮堂得很。

家里的生意做不下去，小何想去打工，家人只得同意。老何停下手艺没闲着，开起电动车接送孙子孙女上学。

小何来到一家广告公司。老板问他会什么，他没抱希望地说什么都不会；老板问他以前干过什么，他说在老家做过十年木匠活。老板看他机灵，有木工基础，收下他。

干了两个月，小何的技术优势得以彰显，成为这家广告公司打工人中的佼佼者。

干了两年，小何实现把一双儿女送进县城私立学校的梦。对老何来说，拿手的是木匠活，家里的地本不多，早流转出去，孙子孙女去了县城寄宿学校，他彻底失业。

虽然做了爷爷，自己刚过五十岁，根本不老。他闲得无聊，小何打来电话，说广告公司生意好，缺人手，问他愿不愿意来打工。

儿子能干，老子就能干，既然用到会木匠活的人，说不定能指导他们呢。就这样，父子俩成为同一家广告公司的员工。

在朱巴龙村村委会，我认识了老何和小何。中午，这拨打工人借用村委会厨房，我得以与他们聊会天。

“老何，从干活可以看出，你的木工技术用得上。”

“就是有了这点技能，身体还可以，广告公司才让我跟着干。”

“小何十四五岁时，已进入新世纪，我是农村人，知道木匠活明显走下坡路，你怎么坚持让他跟你学？”

“我当时有这个感觉，心疼儿子。他不好好上学，没办法的事。我没想着让他成才，能不上网、别学坏就成，只有自己带着。”

“爸，我学坏了吗？不上学是我的不对，后悔晚了。多亏你教我做活，进了广告公司很快成为熟练工。你的活是我介绍的。”

“老何，你现在还可以当儿子的师傅吗？”

“他是我师傅。”

“此话怎讲？”

“我这代人是一辈子做徒弟的命。年轻时父亲是我师傅，教我怎样做木匠活；老了儿子是我师傅，跟着他学广告装潢。”

“你有没有感到不舒服？”

“没有。村里比我大得多的人都在打工，老板说啥得听。反正在外听人家使唤，不如听儿子的话。”

“小何，你已经出来几年了，干得不错，有没有什么想法？”

“有呀。打算和我爸一起干几年，回去在小镇上开家广告公司。到时候我是老板，爸爸就会扬眉吐气。”

老何低声呵斥：“胡诌啥子？把老板交代的活做好就行。”

我知道，小何的话说到老何心坎里。愿他们的梦想早日成真。

兄　弟

站在阳台推窗向外一望，一对兄弟的身影进入我的眼帘。

早上队友告诉我，这拨人来自四川资阳，其中一对高空作业的是兄弟。

他们离我水平距离不足二十米，只是所处位置比我高。我站在村委会二楼，他们站在钢筋笼旁搭起的脚手架上。

2021 年春夏之交，金沙江上斜拉桥的主体工程要完成。在地质结构不稳定的芒康山区给金沙江架桥，技术要求之高和工程量之大，在这一地段前所未有。七八台旋挖机昼夜不停地作业，巨大的钢筋笼被高高吊起，缓缓落下，沉入地洞。

与地面上竖起的钢筋笼相比，村委会的两层建筑成了小矮子。施工人员说，建成的大桥，桥面高出村委会主体建筑好多。两年后如果我仍住在二楼南端房间，在侧上方大桥上来来往往的车子每天有数百辆，旅游旺季将以千计。

眼前的这对兄弟在干什么？他俩头戴安全帽，身穿工作服，在脚手架上拧着螺丝。随着他们的往来穿梭，脚手架在一节一节生长着。

他们的工序在整个大桥建设中不值一提。他们搭起的脚手架，是便于施工人员为钢筋笼穿起衣服，就是在其外围安装模板，整车的混凝土自上而下灌进去。桥墩浇筑成功后，顶端才能架起桥身。

两年后，从 318 国道进出藏的人们，远远看到金沙江大桥，啧啧称奇。从桥面经过时，有谁能想起当年建桥时在桥墩旁搭脚手架的这对兄弟？

我和他们素不相识。我在窗前久久地注视着他们，每一个动作都在阳光下留有剪影。他们没看我一眼，或者说，工作专注的兄弟根本不知道二十米外有个闲人在为他们发呆。

搭脚手架的兄弟是建造者中的成员，只是别人留下看得见的成果，他们曾经搭起的脚手架已不见影踪。

从整个工程看，他们搭起的脚手架是必不可少的一个环节。在建桥初期，不搭脚手架，桥墩难以浇筑。

设计者的伟大之处，在于绘出一幅天堑变通途的蓝图；奠基者的伟大之处，在于一呼百应的号召力和凝聚力；建造者的伟大之处，在于把梦想变为现实；这对兄弟的伟大之处，在于滚滚黄尘中用脚手架托起上面的设计者、奠基者和建造者，在金沙江上托起一座斜拉桥。

推而广之，我们都是兄弟，像脚手架一样，用脚用手架在一起，没有做不成的事，没有完成不了的伟业。

很快横空出世的金沙江大桥，东端的桥墩位于四川竹巴龙村，西端的桥墩位于西藏朱巴龙村，江水把四川与西藏分为两个省区，大桥又把这两个省区紧紧连在一起。

四川竹巴龙村和西藏朱巴龙村同饮一江水，共享一座桥。把视野扩展在中国版图上，四川和西藏正是这样的一对兄弟，肩并肩，手牵手，迈开大步朝前走。

打桩人

元旦，金沙江畔的6点，离天明还有一个半小时，打桩人在工地焊钢管。

站在江边，风不大，我感到冷飕飕的。他偶尔到村委会院子里接水，我们打过招呼。往江心一瞄，看到他的身影及面前刺眼的焊花。我能想起他的面容，黑黑的，瘦瘦的，与夜色融为一体。

工地位于江心，这是一处人工填起的坝子。桥墩设计在哪里，打桩人把机器拖到哪里。那是离岸最远的一个桥墩，也是江水中最深的一个桥墩。从机器拖下去，直到打完桩，在长达半年多时间里，打桩人住在那个位于江心临时筑起的工地上。

金沙江中的工地（唐大山／摄）

今天是2020年农历冬月十八，月亮很高，月光很亮，在岸边能看到江中的水在涌动。月亮的光辉遮住星星的眼睛，这里确实适合看星空。月亮跟前的星星很少，如果目光远离它，星星还是挺多的。北斗七星横跨在金沙江上方，斗柄指向东北。如果没有月光，满天的星星会争着眨眼睛。他在那里看江水中的星星，该是一动一动像闪着银光的小鱼吧。这是我的想象，他对星星不感兴趣。与他做伴的，还有高高挑起的电灯。月光、星光、灯光交织在一起，铺在工地上，照在他身上。如果不是断断续续的焊花，有谁知道他的存在？月光与星光是柔和的，灯光是耀眼的，三种光都照不出他的存在。唯有焊花发出的光，才能把过路人的目光吸引过去，发现江心有个人在劳作着。

傍晚，他提个装纯净水的空桶来了，我俩蹲在村委会大院摆会龙门阵。

“大哥，我来村委会接桶水，洗漱用。”

“你们平常在江下面做饭吃吗？”

“吃饭在江东岸活动板房里。晚上睡在江心工地上。”

“江心比这里冷得多。你那么早起来焊钢管，受得了吗？”

“我一两个小时要起来看下旋挖机，必须睡在机器旁。不冷，我们住的是铁皮房，里面有空调，比我刚干这活时舒服多了。晚上起来有些凉，干起活啥子都忘了。”

“我看机身上写的是旋挖机，怎么都说你们是打桩的？”

“以前叫习惯了，打桩机和旋挖机是一回事。”

“工地上有个女的，和你是一家人吗？”

“我老婆。我俩住在铁皮房里。”

“前段时间村委会旁边打桩，机器离我的床铺十米远，噪声大，我搬到乡政府住一个多月。机器声音那么大，你们怎么睡呀？”

“人累了，天上打炸雷都能睡着。要不是担心机器，一觉睡到天亮。”

“听人说你们这半年能挣几十万，辛苦些，值。”

“正常情况下，四五十米深的桩能挣两万元，七十三米深的桩能挣八万元。桩越深风险越大。”

“你们负责打洞，往下放钢筋笼和浇筑混凝土有专人负责。旋挖机开起来，人有什么风险？”

“我的一台旋挖机停转半个月了。一个二十多米的浅桩需一个多星期，像七十三米的桩要打四五十天。停转了，误工又赔钱。”

“我听说这件事了，锤子掉下去了？”

“八吨重的合金锤被岩浆糊住，钢丝绳没断，就是拉不出来。”

“明白了，下面形成真空，有那么多的岩浆压着，我无法想象得用多大的力才能把合金锤提上来。我们上初中时，物理课本上有个马德堡半球实验，说的是这种情况。”

“那时候没好好上学，没考上高中，跟着亲戚出来打桩，想不到今天碰上了。”

“想办法把合金锤捞上来。”

“打电话叫来水鬼，人家不敢下，给再多钱没用。”

“水鬼是什么？”

“潜水员。我们这样叫。他们说四五十米深可以下去。这个桩打到六十三米深出了问题。他们从没下到那么深的地方捞合金锤。太深了，谁都不敢揽没把握的活。”

“挣钱要紧,命更重要。如果一切正常的话,春节前能把所有桩打完吗？”

“不能。这个工程大，不是闹着玩的，是在金沙江上建大桥。”

“家里有老人孩子，在家过得再短，春节要回去几天吧？”

“春节定下来不回家。2021 年是建党一百周年，工程日期排得紧，到啥时候干完啥活，一清二楚。打桩是前期工程，要在预定时间完成。”

“家里一个孩子还是两个孩子？春节不回家，他们失望。”

“四个孩子。”

“你们超生了。”

“都是合法的。第一胎两个女儿，按照当时政策，可以再生一胎。我们落实政策，生下来又是双胞胎，两个儿子。想想四个孩子，感到压力大。生下来了，得好好养着。原来打算我一个人出来，老婆心强，把孩子交给老人带着，跟我一起出来了。”

“我看到你俩连帽子也不戴，这里是高原，紫外线强着呢。”

“天天和泥巴打交道，结婚多年了，为的是挣钱，让孩子上好些的学校，晒得再黑也不要紧。”

我打量一下他，上衣有干泥浆，裤子上更多。外套肘部磨穿，洞口有手掌那么大。脚上穿双黄球鞋，前半部分是湿的，顶端磨出洞来。

我的心一酸：“你的脚冷吧？”

“不冷，干起活来啥都感觉不着。”

我经历过那种干起活来衣服淋湿却感觉不到冷、停下来一会发抖的情形。如今让我干类似的活，无论如何扛不住。

他比我想象得乐观：“总有办法把合金锤捞上来。机器正常，打桩就快。”

“知道你是四川人，具体哪个县？”

“安岳县，有名的柠檬之乡。”

“我知道四川的橘子多，对柠檬不熟悉。”

“每年秋天，我们那里的橘子像陕西的苹果一样，落得满地都是，两毛钱一斤没人要。以前的老橘树砍掉，换成畅销的果树品种。安岳是柠檬之乡，安岳的柠檬在全国响当当。”

我答应退休后到柠檬之乡看看，他满意地笑了。

捞锤子

“锤子捞上来没有？”两个男子走进小吃店，里面有人喊起来。

他俩是专业打捞人，来到这里一星期了，常客都认识。

中年男子笑笑，声音洪亮：“两碗面。能不能挣到钱，饭要吃的。”

小店里的话题自然转移到捞锤子。

“你们是专门捞锤子的，能有捞不上来的锤子？”

“你以为这碗饭好吃？这里的情况和我们那里不一样。”

“锤子不一样，还是什么不一样？”

“锤子是一样的锤子。这里海拔高，锤子落那么深，水鬼不敢下。水鬼来了，说最多下到45米深，在广西能下70米深。”

“水鬼下去了吗？”

“水抽到11米深，塌方，有什么办法？抽到15米深，不抽了，谁都没办法不让它塌方。”

“你们干这一行，该有办法。”

“你以为这是在地上？这是在水里！水一抽走，周围的流沙碎石哗啦哗啦往下掉。你敢往下跳，不要命了？”

“昨天你说锤子往上提了半米高，今天它没动吗？”

“钢丝绳拉断了。”

“钢丝绳怎么能拉断？”

“用的时间长，拉上来一看，周边起毛啦。”

“你说这个锤子没人能捞上来啦。”

“我们捞不上来。你想想，8 吨重的合金锤，在 63 米深的地方倒了，只好在那里睡大觉。”

“真是捞个锤子。这趟 28 万元带不走了。”

“折了几万元。”

“怎么会折？项目部给你们路费。”

“锤子捞上来，能挣 28 万元。锤子捞不上来，我们来到这里，过路费花去几千元，带来的材料废了。”

“材料在这里不能用，拉回去能用，怎么能废？”

“你说得容易。型号不对，其他地方用不上，我家里到处是废料。”

“水鬼的钱会给吧？”

“一样的。锤子捞上来，水鬼下一次水能挣五六万元。锤子捞不上来，路费赔进去。”

“捞不上来，路费该给人家。”

“这是规矩。”

“这样说，你们有时一下能挣几十万，有时还赔钱。”

“你以为钱是好挣的？不担风险能挣钱？”

“江里的锤子怎么办？听说值 30 万元。影响不影响修建金沙江大桥？”

“项目部赔。他们有办法。”

“我以为打桩人买单呢。”

“要是打桩人买单，那个安岳人今年白干了。”

“以前见到那两口子，笑眯眯的。这一个多月，锤子掉下去，打招呼连笑容都没得。”

“项目部给赔锤子，他们的旋挖机这么长时间干不了活，恼火。”

“锤子捞不上来，项目部要多花 300 万元。”

“你说的我晓得，原来的桩废了，在两侧再打两个桩，够高后，在上面连起来，有人说要花 100 多万元。”

“你晓得个锤子？100多万元？100多万元能做个啥子？”

“300万元。我们干这一行，知道多打两个桩的造价。”

“你的手怎么啦？怎么不戴手套？”

几个人同时把目光投向中年男子的手。他个头不高，脸黑黑的，手却粗壮，甚至让人怀疑指头是不是正常。看到他的手，我想起老柳树的皮。

他不以为然：“开始戴手套，两天磨得稀巴烂，费手套，干活误事。干脆不戴了，赤手空拳上阵。”

“这样的天，他怎么穿拖鞋，不冷吗？”

众人把目光下移，聚焦在青年男子的双脚上。他低着头吃面，没感到窘。既然大家问，他吸口汤，抬头说声不冷，又低下头用筷子挑面了。

“你是广西的，不是北方人。北方人冬天不会在外面穿拖鞋。”

“他临时穿一下，在江里干活不会穿的。”

“我看到了，在江里工地上干活也穿拖鞋，不信你问他。”

青年男子仍在用筷子捞碗底的几根面。

中年男子从内侧衣袋里掏出一把钞票，除了红色的，其他面值的都有。他抽出一张十元一张二十元的票子递给店主，同时回答烤火人的问话。

“对，吃完饭就走。”

“这都9点了，你们从巴塘回去吗？”

“那边堵路。从215国道，经得荣，去香格里拉。”

“那边有生意？这趟28万元没带走，一年捞上来四五个锤子，挣一百万没问题。”

“你以为随便捞个锤子人家就给28万元？哪有那么容易的事？这趟一万不万，赔了几万。回家。”

“你们不如在这里住一晚，明天早起走。”

“你们晚上睡哪里？”

“走到哪里睡哪里。”

“我算算，从这里到香格里拉，小车跑6个小时，你们的是大车，7个小时，晚上开得慢，要跑8个小时，下半夜才能到。”

青年男子终于把最后一根面条送进嘴巴：“大车跑得慢，在里面睡觉比小车舒服。”

他俩走出小店，里面有声音相送：“哎，要会再走。”

中年男子没听懂这句四川话，以为有什么事：“钱付了，两碗30元。能不能挣到钱，吃饭不能耍赖。”

店主赶紧出去解释：“他让你们再坐会，在一起吹会牛。”

“不吹了，得赶路。”

他俩钻进停在门前的货车，向南驶去。

小店里，有人往炉子里添柴。众人烤着火，继续讨论锤子能不能捞上来的问题。

牧民是亲人

晚饭后，我们出去散步，只花五分钟时间便从西藏来到四川，信步走进陈勇的摩托修理铺。

两口子正忙着。除了我，他们四人都是四川人。我们聊天不影响他们干活，他们干活正好需要聊天来调节。

陈勇和丁群原先在四川省成都市大邑县修理摩托。一个偶然机会，有个来修车的说，要是在金沙江桥头开个修理铺，准能发。

说者无心，听者有意，陈勇萌发了去竹巴龙的想法并征求丁群的意见。她有些不放心，那里没去过，语言不通，不知道人好处不好处。

陈勇决定试一下。丁群只好让步，生意要做，人更重要，她不能与他分开。2015年4月21日，两口子一起来到金沙江老桥东侧，租下简易房，开个夫妻店。

金沙江大桥两侧的村庄名称藏语发音相同，藏文书写一样。不同的是汉字表达，东岸是四川竹巴龙，西岸是西藏朱巴龙。这里是半农半牧区，偏重牧业生产。牧民出门，主要交通工具是摩托。即使家中有轿车，摩托是必备的，因为去挖虫草、捡菌子，上山只有摩托车道可通行。

每年五月中下旬，是这一带挖虫草的时节。挖虫草的地方很远，要在山上住十天半月甚至更长时间。以前徒步上山，平均每人要背五六十斤重的东西；现在好了，把吃的用的往摩托上一搭，捆结实，比马跑得还快。摩托成为牧民的最爱，家家户户都有。

正说着，西岸朱巴龙的土邓把摩托推进修理铺。

工作中的丁群和陈勇（右一）（张济荣 / 摄）

高波笑言：“西藏没有修摩托的，你来四川修理？”

土邓的四川话说得顺溜：“桥西边要有修摩托的，和陈师傅一样发啦。”

东岸竹巴龙的郎卡说：“陈师傅来的时候，老桥东边共有三家修理铺。没过一年，只剩这一家。”

土邓：“我晓得。陈师傅没来的时候，我们的摩托坏了，用皮卡车拉着去巴塘修，有 30 多公里远；要是去芒康县城，70 公里。去哪里修都不方便。陈师傅的夫妻店一开，乐坏了我们，收费和巴塘差不多，关键是省去路上的折腾。”

郎卡：“看到陈师傅挣钱容易，附近很快又出现两个修理铺，想赚钱的人多。”

土邓：“那两家干了半年多，走了。为啥子？陈师傅不管哪里来的人一样对待，不管啥时候来修要价稳定。那两个店生人来了宰一刀，赶到挖虫草时胡乱要价。买东西货比三家，修理铺正好三家，我们修摩托当然选择守信用、技术好的这一家。”

陈勇忙完那边的活走过来：“啥子问题？”

土邓：“快去挖虫草了，来检修摩托，确保安全。要是在山上坏了，麻烦大了。”

陈勇检查一遍：“这辆车能骑，暂时修不修都可以。大灯坏了，不要在晚上骑。后轮外胎磨损严重，换新胎，200元；不换，正常情况下，今年的虫草季没问题。”

土邓：“大灯不亮我知道，后胎老化也清楚。大灯需修，后胎要换，有些贵。”

高波：“陈师傅在这待五年了，讲什么价？他敢胡乱要，干不下来。200块钱，挖4根虫草就够了。”

郎卡：“骑摩托挺划算。油箱装满70元，能跑300公里，一公里约合两毛钱。每年挖虫草前，上山的摩托会到这里检修。没毛病，骑着放心。要不要换配件，陈师傅说明情况，车主决定。如果是紧几颗螺丝，免费。车主非要给钱，他们象征性地收点手工费。”

陈勇给土邓的摩托换上新胎，检修大灯的活交给丁群。两口子略有分工，陈勇负责技术含量高和需要体力的大活，丁群解决常见问题和不大用劲的小活。

张济荣看到墙角放着一堆农具：“老乡，你多种经营，什么都修？”

丁群：“我们刚来的时候，人生地不熟，修理铺开张，知道我们干啥子的村民不多。我和陈哥看到人家的农具坏了，提出免费为他们修理。让我没想到的是，与他们交流不存在语言障碍。个别人听不懂说不清楚，有人帮着翻译。慢慢地彼此熟了，他们把有毛病的农具送到这里。我们的主业是修摩托，这段时间集中修理。我从早上起来，除了做三顿饭，不是转螺丝刀，就是握扳手，每天要干十多个小时。说是没有累人的活，白天没闲着。这些农具，等挖虫草的人骑着摩托进山了，慢慢修。不需换配件的，算帮个忙，什么钱不钱的。”

陈勇："别说那么高大上好不好。我们刚来的时候，确实是她说的那样。后来，金沙江两岸的人都清楚我们是开修理铺的，不收钱，他们反而不乐意。他们说，不管是江哪边的人，不差钱，你们是来挣钱的，帮了大忙。不收钱，怎么好意思麻烦你们？"

我禁不住插话："君子爱财，取之有道。你们以心换心赢得信任，通过摩托与金沙江两岸的人联系在一起，凭双手让一家人过上小康生活。"

丁群："大哥说得好。从老桥到这座钢架桥，我们都是住在桥头，桥头是俺俩的家。挣钱不容易，哪一块钱都是通过两只手干活得来的；挣钱很容易，只要讲诚信，把摩托给人家修好，不管四川的还是西藏的，争着把钱送过来。你让说句心里话，我骄傲地告诉你：桥头是俺家，牧民是亲人。"

夜色降临，丁群转身进了旁边的小厨房做晚饭，陈勇仍在为顾客更换配件。

站在金沙江钢架桥上，看着山头上的一弯月亮，回头望一眼铁皮搭成的摩托修理铺，我的心一动：月亮已经爬上来，他俩什么时候才能在月色下入眠？尽管累一天，他们梦中必然充满欢声笑语。

友增的爷爷

在四川巴塘县竹巴龙乡的一家餐馆前，我偶遇在这里做服务员的友增。

她是一位和善的中年妇女。我对她的名字感兴趣。

“你的名字是哪两个字？”

她放下正在刷的盘子，用右手食指在左手掌心里画起来。随着手指的移动，“友增”两个字清晰地进入我的大脑。

她的普通话说得好，是一位会写汉字的藏族妇女，让我佩服不已。

“凭你的名字，餐馆找对人啦。在国道旁开馆子，来自五湖四海的客人在此吃饭，彼此增多了朋友。不对呀，你应该叫增友，为什么是友增？”

她的笑容是那么耐看：“我爷爷是汉族，奶奶是藏族。在我出生前，爷爷给我起好了名字。这个名字表达出爷爷的意思，包含着奶奶的感情。爷爷随着解放军来到这里住下来，希望和当地居民融合在一起，不断增加朋友。藏族人名字中带‘增’的很多，孩子名字里有个‘增’字，不管听到声音还是看到汉字，知道是藏族。爷爷有文化，他把‘增友’两个字的位置调换一下，意思没变，符合藏语特点。我的名字好吧，几十年前实用，今天不落后。”

“很高兴在这里说上几句话就能认识你。不管我增加朋友还是你朋友增加，是一样的。如果你愿意，我俩加微信好友吧。”

“我冲冲手上的泡沫。”

友增把手伸向水龙头，冲一下，在围裙上擦擦，掏出手机。

“你刚才说爷爷随着解放军来到这里，他是民工？”

“爷爷是解放军，从这里渡江，去解放西藏。”

“前面战斗打响了，他为什么在这里住下来？请原谅，我不该问这个问题。”

“我出生时爷爷已经不在了，好多事情是爸爸告诉我的。”

“你把爸爸说的话给我重复一遍好吗？”

“解放军来到这里，西岸的叛匪吓坏了。他们游荡惯了，不想让解放军过江。解放军劝他们缴械，他们不服气。我爷爷的部队在江这边试炮，为了避免伤及无辜，有意把炮弹打在炸不着人的地方。叛匪不知天高地厚，认为解放军打的是臭弹，更加放肆，脱掉裤子把屁股对着解放军。解放军被迫瞄准目标，一发炮弹落在叛匪中间，把他们炸得皮开肉绽，只好作鸟兽散。解放军战士在江身略有弯曲处顺水放开小船。船上的战士漂到对岸，用缆绳快速地把江东岸的小船拉过去。在这一段，解放军顺利渡过金沙江。”

“爷爷参加渡江战役了吗？”

“参加了。正当爷爷要和战友一起去解放昌都时，部队安排十个人留守竹巴龙，他是其中一位。爷爷有些失落，但明白守住竹巴龙是为了打好昌都战役。”

“爷爷就这样住下来了？”

“对头。爷爷以为很快能返回部队，谁知道西藏和平解放了，噶厦政府赖在那里不下台。事实上，在这里住下来后，爷爷和战友与当地居民一样参加生产，上山放牧，过起日子。爷爷有语言天赋，很快学会常用藏语。解放军人人爱，奶奶早看上爷爷，大胆地表达爱慕之情。因为军人身份，爷爷不敢接受她的爱。奶奶说，你们长期住在这里，害怕什么？要是不放心，问问组织得啦。爷爷果真向上级报告。上级考虑到实际情况，征求他本人意见，同意在当地结婚成家，坚守竹巴龙。”

“他有没有享受到后来的退伍军人政策？”

“爷爷去世好多年了。他那一代人，想的是解放西藏、建设西藏，从来没想过享受什么待遇。爷爷去世前对爸爸说，打了那么多仗，进藏途中出现那么多非战斗减员，如果不留守竹巴龙，当时能不能活下来不好说。千万别向组织提什么要求。竹巴龙海拔不高，在这里生活挺好。以后你的孩子出生，不管男孩女孩，叫友增。党的统一战线注重这个，朋友越多，我们的政权越巩固。要说有什么遗憾，就是没参加解放昌都的战斗。话说回来，前方重要，后方不能麻痹大意。前后方配合好，才能确保全局胜利。”

“你的语言表达能力真好，我好像听了一堂历史课。”

“爸爸说的次数多了，我不知不觉把内容背下来。”

告别友增，我沿着江边走过去。我明白，渡江是由点到面的扩展，开始是一条小船，随着抢滩登陆人数的增多，附近几十公里的地方成为再出发的起点。

除了公路边悬挂着“十八军进藏渡江点”标识，这一带看不到当年的遗迹。附近有一条小船，只是恰巧放在那里。

在四川竹巴龙和西藏朱巴龙之间建造一座现代化的金沙江大桥已进入施工阶段。两年后，川藏之间的交通将实现快速便捷。

无论四川的竹巴龙还是西藏的朱巴龙，藏语发音相同、意思一样，是“船夫居住的地方”。看到这片船夫居住的地方发生如此大的变化，所有为解放西藏、建设西藏作出贡献的人们会感到欣慰。

318 国道上的“十八军进藏渡江点”标识
（唐大山 / 摄）

西藏缘

给张小平定位易如反掌，打开他的朋友圈，即知他身在何处、与谁在一起、做了什么事。

通过张小平的朋友圈，感觉他像个七八岁的孩子。以 2020 年为例，七十八岁的他在西藏一耍就是大半年。

2020 年 5 月 11 日 8：35，他来到日光城的第二天，即在朋友圈发布西藏之行（1）：庚子春夏之交，离京飞向拉萨。西藏，我又投入你的怀抱。

5 月 15 日下午 2：20，他写道：拉萨第 6 天。高原反应逐渐消失。走进中国高海拔公园宗角禄康（龙王潭）。

你看，这个老头，多么像个孩子一般淘气。从 1963 年算起，他数十次进藏，每一次都充满新鲜、感到兴奋。

从 2020 年春节蔓延的疫情，把好多人关在屋里快憋疯了。张小平那段时间在北京家中是怎么生活的，我不知道。我知道的是他没有疯，无论在什么样的生活状态下，他与“憋”字都不沾边，他的生活有序而充实。我相信，他在上世纪写的几十本日记该整理出来了吧，变成数字版，才能永久保存。2021 年 12 月，他的《一名新闻工作者的西藏记忆——张小平日记选编》得以出版，被业界誉为史料。

我什么时候与他通的电话，记不确切了；第一次与他相见的情景，依然在目。

正常情况下，每年夏天，张小平会在拉萨家中度过。在天海路西侧的一个小区门口，精神矍铄的他迎接我的到来。他退休前做过中央人民广播电台副总编辑，后来做过中国西藏信息中心（中国西藏网的前身）总编辑，而我是一家报社无人知晓的小编辑。

在宽敞的藏式客厅，他翻开我送过去的拙作《高处不寒》："刚出的新书呀。"

"2017 年 7 月出版，想不到 8 月份就见到你。"

"书名熟而不俗，从苏轼词中引申而来，反其意而用之。夏天的拉萨是高处不热，生活中的感受。你的《高处不寒》体现的该是一种精神境界。"

他注意到我和夫人的目光不时扫向放在柜子上方的照片，便笑道："那是我夫人的照片，藏装是她的日常装束。你和夫人来我家，我的夫人在楼上，会下来的。"

话音刚落，楼梯上传来轻轻的脚步声。

我的目光投向侧上方。当她走过来的时候，我感觉是照片中的阿佳从柜子上飘然而下。

我脱口而出："阿佳啦。"

她笑盈盈答应一声，提起壶为我们添茶，然后在沙发上落座。她的衣着、神态与坐姿，自然中体现出一种修养。不知道的，以为她是来做客的。

张小平平缓的话语从微笑中流淌："高考时我的分数高出中央民族学院（中央民族大学的前身）许多。填报志愿时我把中央民族学院写在里面。西藏当时边平叛边改革，急需藏文专业人才，我就这样被对口培养。大学将毕业，到哪里去不成问题。同学们满腔热情，坚信好儿女志在四方，要到边疆去，到祖国需要的地方去。我的思想没有纠结，既然祖国挑选我、西藏需要我，我就上青藏高原。为了表达决心，我咬破手指，在白纸上写下'我要去西藏阿里'一行血书交上去，心想要去就去艰苦的地方，不达目的决不罢休。没过多久，工作分配下来，我没去成西藏，而被分配到中央人民广播电台。为什么不把我分配到西藏，我的思想有些疙瘩。老师告诉我，中央人民广播电台要开办藏语节目，通过藏语广播宣传党和国家的政策，是对西藏最大的贡献；通过藏语广播对敌斗争，是对祖国最好的捍卫。既然如此，我放下包袱，很快进入工作状态。”

“从此你与西藏结下不解之缘。”

“我走进中央民族学院就与西藏结缘了，这是由所学藏文专业决定的。我那时的想法简单，所学专业是为祖国服务的。由此可知，同学们的学习劲头十足，都是不用扬鞭自奋蹄。大学期间去拉萨郊区岗德林乡实习，住在一位翻身农奴家。他叫次仁顿珠，我俩同岁，前年我专门去看望他。我与夫人有缘，与西藏有缘，与藏族同胞有缘，与那里的一草一木有缘。”

这是我与张小平第一次见面的情形。

2019 年秋天，听说他在拉萨，我专程去趟他家。得知我的《情系玉麦》出版，他勉励我多去基层采访，多写稿子。

2020 年驻村期间，我对张小平的朋友圈关注多些。他是我的业界前辈，又有忘年交感觉。值得敬佩的是，他的态度是那么和蔼，他的精神是那么饱满。我与他没有距离感，想起他我就干劲十足。

2022 年 5 月，张小平第五十次进藏，唐大山前往家中拜望（周淑敏 / 摄）

年龄不饶人，毕竟是年近八旬的人，他从北京飞上高原，难免出现反应。这次西藏之行，到第6天，他的高原反应才逐渐消失。恢复正常，他要到处走动，到宗角禄康公园看看，去八廓街转转，看望一下新华社西藏分社的老朋友，到西藏人民广播电台做节目。

这有朋友圈的记录为证：11月30日凌晨0：49，西藏之行（180）：应主持人向红之约，做客西藏人民广播电台《今夜有约》节目，讲述我的西藏故事。

张小平爱他的职业，退休多年，对广播的痴情不改。他行走的轨迹，不断拓展着一位老记者的职业生涯。

张小平朋友圈的特点是以图为主、图文并茂。2020年半年多时间里，他的西藏之行发布180条这样的消息，每条消息中有一组图片。由此看出，他几乎每天都有活动，都在拍摄，都在书写。

退休之后的他在西藏出行，常有夫人相伴。他们在南山公园徜徉，他们在冈底斯山中的温泉沐浴，他们……

这对老夫妻无论走到哪里，都在用事实广播：我们因西藏结缘，相敬如宾；我们拥抱青藏高原，终生相守。

援藏情

晚饭后在桥头散步，接到张莹的电话。我知道她在西藏山南市人民医院的援助工作即将结束，便聊起来。

“我在金沙江畔的朱巴龙驻村，从你进藏，没去看望你。”

“时间过得真快，不知不觉将近一年。说实话，我刚来的时候盼望日子过得快些，结束就回家；要结束了，却有种说不出来的感觉，有些舍不得。”

“说详细些，舍不得那里的什么？”

“舍不得这里的人，舍不得这一片天地。”

“先说人吧。”

“我们都在平原地区长大，很少接触少数民族，对他们的性格和生活习惯知之甚少。来到山南，往大街上一望，忽然觉得自己是少数民族，因为多数人是藏族。我从皖北康复医院来到山南市人民医院，透过藏族同事的眼神，读出他们的期盼。我与他们的交往从业务入手。我怕他们听不懂普通话，这种担心是多余的。我是一名财务工作者，结合医院的收入与支出，给同事讲解如何学习政策、怎样遵规守纪，如何造表、怎样归类，如何发现问题、怎样处置疑点。当他们听懂了要点、掌握了技能，脸上会露出憨厚的笑容；如果他们听不明白、理不清账目，脸上往往显出无奈的样子。遇到问题时，我会一再讲解，手把手地反复教他们操作。财务报表的专业性强，做好了，能够促进单位的整体发展；做不好，可能导致单位的大事小情剪不断、理还乱。正像一位藏族同事所说，想不到通过一张财务报表就能了解掌握一个单位的大致情况；通过一沓票据，基本上能判断一个人的人品。”

“谈的都是工作。生活中有没有感动你的事情？”

“有啊。同事尼玛邀我去她家做客，我有些犹豫。看着尼玛的诚实劲，我不忍心拒绝。来到她家门前，我惊呆了，这是一栋带有院落的二层小楼，从院门到室内，可用雕梁画栋来形容。让我没想到的，是院落正中相当于天井的地方装上钢化玻璃，冬天可以保暖，丝毫不影响阳光照射进来。不说室内如何，单这个像温室的院落就成为一个会客厅，或说茶叙的好地方，周围墙上错落有致地镶嵌着装有相框的照片。我指着一幅黑白照片问尼玛，这张毕业照中哪个是她。尼玛让我找。我的手指对着照片中的一个个女孩，不时地抬头看看尼玛的脸庞，突然兴奋地说，这个就是你。她笑了。她说，这是在西藏藏医学院毕业时的全班合影，现在学校升格，叫西藏藏医药大学。我问她为什么房间装饰得那么好，还有文化品位。她对我提出的问题有些不解。她说，这有什么奇怪的，如今收入高、条件好，美化生活环境、提高生活质量，幸福指数上升，也有利于做好工作。你家在内地，肯定比我家漂亮多了。我不自然地一笑，心想，尼玛的家就是一栋别墅，在内地花多少钱都买不到。让我佩服的是，他们的生活态度如此乐观，好像从来没有烦心事。比如，我们二胎放开了，生个男孩，想着第二胎是个女孩正好；反之亦然。如果不是一男一女，怎么生都不完美。生两个男孩感到压力大，甚至为此哭一场；生两个女孩感到断了香火，出门觉得有人看不起自己。藏族从来没考虑到孩子的性别，男孩长大结婚到女方家住不以为奇，女孩成家赡养老人丝毫不比男孩差。尼玛就是这样，丈夫是大学同学，从拉萨入赘到她家。内地说一个女婿半个儿，在西藏，一个女婿就是一个儿子。”

“我们考虑的事情确实比藏族人多，所以感到累。”

“我问过尼玛累不累，她说有什么累的，上班时把工作做好，下班了享受生活，生命走到尽头喂秃鹫，一生都不污染环境。”

“说到这儿，自然想起刚才你说的舍不得那一片天地。”

“听说山南这个地名，我以为不是平原也是一片开阔地，谁知道来到这里才发现周围都是山。”

“我明白，你是根据家乡名称推断的，我们生活的地方在淮河北边，叫淮北。雅砻大地位于念青唐古拉山南面，统称山南。这两个地名体现不出地形，都是根据附近山河的位置而命名。”

“淮北的相山海拔 342 米，爬到电视塔有种‘会当凌绝顶’的感觉，因为周围是平原。山南市的泽当镇海拔 3500 米，零头都比相山的海拔高。我这回见着山啦，天天生活在山窝里。夏天到了，水仍然那么凉，当地人敢用河水洗头。这几天淮北的温度有三十七八摄氏度，我在这里还穿着春天的衣服。山南成为我的避暑胜地。”

“我以前说在拉萨往往穿着秋裤过夏，你们不相信。这次在山南住上一年，该相信了吧？对天有什么看法？”

“蓝天白云，真真切切。空气清新，挺宜居的。刚来时出现轻微高原反应，经同事提醒，注意一下过去了。要不是海拔有些高，我真想在这里住上一辈子。”

“在山南住一年可以，真在那里住一辈子，连我都不会同意。丈夫在淮北工作，孩子在四川大学读书，你不回去，这可能吗？”

“大山，先不要说我。从出生到工作，你在淮北过了 30 多年，怎么拖家带口在拉萨住下来？不是一年，不是三年，也不是十年八年，而是干到退休。请问，你怎样解释自己的行为？”

电话没有挂上，我却无语。

是呀，我劝张莹回家，为什么自己待在西藏不走？张莹感到一年援藏时间过得快，我在西藏已有十多个年头，是什么让我们对西藏如此留恋？三言两语说得清吗？

心中有盏灯

作为脱贫攻坚检查组的一员，卓玛给我讲述了在昌都市察雅县扩达乡的易地搬迁点唐琼孜遇到的故事。

这家来自扩达乡的俄达村，有四口人，卓玛分别称为阿爸、阿妈、阿姐、妹妹。

卓玛："阿妈，是住在唐琼孜好还是住在俄达村好？"

阿妈："住在这里好。"

阿爸："当初村支书做工作，说搬迁点离县城不远，条件好，让我们搬过来。到过村里的干部说住在山窝里，生存条件恶劣，不适合人居住。我一听就反感，不适合人住，我不是人吗？我从出生住在山里，挺好的。勉强来到搬迁点，我心想看一下应付差事。谁知房子这么好，家具摆得整整齐齐，一拧水龙头哗哗地淌水，还有卫生间。她们仨喜欢，我舍不得走了。我见到你们有些难为情，因为政府考虑这么周到，还想不通、不配合。"

卓玛："你们过得开心比什么都好。村支书说，你们家情况特殊。阿姐怎么不说话？"

阿妈："她什么都看不到，只能听我们说。说起来心酸，我有三个孩子，儿子和大女儿上小学时成绩都好，谁知没到毕业，两个孩子啥都看不见。没过多长时间，两个孩子出现肌肉萎缩现象，没法上学。去年儿子去了天堂。大女儿今年 25 岁，看着她，我心里难受。"

卓玛："她比我大一岁，是我的阿姐。看了你家的明白卡，我们知道你家为特困户。我念一下，这些政策你家享受了吗？”

阿妈：“你说的政策都知道。拿大女儿来说吧，她属残疾人，我是她的妈妈，照顾她是应该的。谁知乡干部来到我家，问明情况，在本子上写些什么。没过多久，村干部告诉我，800块钱已经打到我家的银行卡，还说以后每年都有，叫照料护理费。我们有的困难，政府解决了；我们想不到的好事，政府送来了。”

卓玛：“家里有个小妹，怎么没见到？”

阿妈：“在县城上学，学习不用操心。来到唐琼孜，小女儿就近入学，谁能相信她能上县城的小学，三年级啦。不交钱不说，学校还管吃管住。我对她说，不好好上学，对不起来咱家的干部。她说知道，只有上好学，才能像来咱家的干部一样有本事帮助有困难的人。”

卓玛：“眼前的困难解决了。阿妈阿爸，还有阿姐，只要你们想着好日子，好日子就会到来。”

阿妈：“现在过的就是好日子。干部经常来看我们，我们能做的事情那么少，觉得心中有愧，对不起你们。”

卓玛：“这些都是党的政策、政府的措施，我们只是落实政策、把措施送到家。等小妹长大了，考上大学，毕业工作，你家的情况会有根本转变。”

阿妈：“我家四口人，能住在唐琼孜这么好的地方，大女儿看不到东西心里明白，小女儿知道学习比啥都强。”

卓玛：“阿姐，我俩是同龄人，我们多想些快乐的事，日子也就快乐了。”

阿姐：“白天和黑夜对我一样，不过我是高兴的，因为感觉到小妹在教室里专心听讲、在家里认真做作业，觉得她是我心中的一盏明灯，给我家带来希望。”

卓玛：“小妹是你心中的一盏灯，党和政府是你家的一盏灯，给所有建档立卡户送来光明。”

考 研

璞和渔从考场上出来的感受，一个说手指写得不听话了，一个说胳膊累酸了。一句话，考研试卷整体上量大得有些招架不住。

他俩生日相差四天，但对考研的态度大不一样。璞知道自己考不上，一是英语进步有限，二是写字太慢。考不上要体验一下，如果考上了，岂不更好？渔是奋力一搏，一是英语过六级增强了信心，二是考上考不上决定着人生道路的不同。考上硕士会在新台阶向更高目标看齐，如果考不上，重整旗鼓再战。

队伍庞大的考研大军在体现我国教育水平提高的同时，让人思考研究生在社会中的定位与价值。

以多数人而论，一个人三岁入幼儿园，上了小中大班，经过九年义务教育，读三年高中，考上四年本科，在硕士上研究三年，共接受二十二年教育。如果接着考博，受教育年限长达二十六年。有些人喜欢把博士后等同于高一级学历。这是什么概念？这么长的受教育年限连发达国家也难望其项背。

研究生数量的增加，使很多单位在招聘时把学历定在硕士及以上。想起自己十多年前硕士毕业时找工作时的情形忍俊不禁。我从一所农村初中教师岗位考上研究生，毕业后却失去为家乡工作的机会。我到市里学校应聘，校长笑着说，高中生由本科毕业的教师教就行，研究生进来屈才。事实上，那所高中在校园网公布的招聘启事中对学历的要求是，名校本科学历，硕士生优先。我理解校长婉拒的原因，年龄大，能力差。在他眼里，研究生的含金量大为降低。我想回原先的农村初中，对不起，梦已难圆。根据新规定，凡进必考。城市不需要我这样的高层次人才，考农村学校的编制竞争不过那么多盼着就业的年轻人，只有远走他乡谋出路。

在西藏，2000年前后，专科毕业生留在拉萨是轻而易举的事情。如今硕士毕业生很难留在拉萨工作，本科毕业生多是到乡镇上班。从基层看，这是好事，提升了整体工作能力，在行为与观念上对农牧区产生影响，有利于农牧区发展，有助于乡村振兴。

从社会需求看，某些行业确实需要研究生，而多数行业具有本科学历者或专科毕业生就足够了。如一些党政机关和企事业单位招聘时要求研究生学历，没必要。研究生，顾名思义，主要从事研究性工作，日常性工作交给普通高校本专科毕业生去做完全胜任。

换个角度看，多数人无限延长受教育年限，不利于人口发展，即优生优育。按照正常情形推算，三岁上幼儿园，本科毕业时二十二岁，参加工作，二十五岁左右结婚，此为最佳生育年龄，无论男女从身体发育状况看，都是成熟期。早了不宜，难以做到工作、生活和家庭兼顾，甚至违反婚姻法；晚了不妥，有可能错过良好婚育期，甚至出现剩男剩女。现实说明，不接受高等教育不行，学历高的人扎堆出现，会带来一些社会问题。硕士毕业二十五岁，博士毕业二十九岁，而在单身男女中，多为高学历人员。这么好的智商，没有结婚成家生儿育女，实在可惜。之所以没说情商，因为在这方面足够高的话，不可能把自己剩下来。

说到这里，回到主题，要不要考研，考研会不会得不偿失？

这是因人而异的话题。如今考研者，为了事业发展需要的少，多是为了找到一份好工作，或者说为就业压力所逼。这背离研究生的定位，使大部分研究生等同于以前的本科生。另一方面，本科生的生存空间被压缩，导致他们被迫加入考研大军，努力获得一纸文凭，所学专业与从事的工作没有关联。相当数量的研究生所做工作非本专业即为例证。有些行业实事求是，有针对性地招聘职业技术学院毕业生。由此看来，自己在某一专业有禀赋且愿意为之拼搏，支持考研。除此之外，本科毕业生就业为上策。当前实现这一目标并非易事。在人才短缺期，扩大研究生招生规模，是必须的。在储备一定数量的人才后，教育须有顶层设计，把研究生数量控制在适度范围内。

提高国民整体受教育水平，关乎中国特色社会主义事业的发展和中华民族的未来。平均受教育年限的提高，反映了国民文化水平的提升。这与上面所说并不矛盾。我们在发展研究生教育的同时，本科教育的功能要彰显出来。研究生教育能够带动本科教育，反过来，本科教育可以推动研究生教育。关键是两者比例得当，才能相得益彰，在社会发展中异彩纷呈。

单 位

入现职时我对单位满腔热情。年龄不小能力不高，居然被一个厅级单位接纳，怎不心怀感激？

随着时间推移，我慢慢成为单位中年龄偏大者。又到了一年一度的驻村轮换，已到知天命之年的我主动请缨驻村。

正在深山逍遥，谁知妻子打来电话，说在火车站被卡住，因为是外地身份证，必须有单位证明才能通行。

我告诉她，都到晚上八点钟了，办公室没人，到哪里开证明去？车站愿意把你拉到哪里，你去哪里。反正一个人在哪里都一样。

这年头，即使在疫情防控期间，我听她的话是常态，她听我的话是例外。知道她进了城，防控措施是严些，对她没多大妨碍，顺便让她体验一下全国一致的隔离措施不是闹着玩的。

有二十分钟吧，我的手机铃声响起，以为又是她，不想接，于心不忍看一下。

一看，陌生号码；一接，是单位政工人事处一个小伙子打来的。他让我提供妻子的电话号码。

十分钟后，手机再次唱歌。我不当回事地一划拉，里面传来妻子高兴的声音："单位证明开好啦，小赵用彩信传过来，工作人员看到就让我回家了。"

我苦笑一声："因为你是好人。如果你有不良症状，省委书记签字也没用。"

在村委会会议室里散步的我，尽管没有被隔离，实际上和隔离差不多，走到窗前看着满天眨着眼的星星，有大把时间回想一些事情。有人说，开始回忆的时候，说明你老了；有人说，当你老了还有想不明白的事情，说明你白来世上走一遭。

在来驻村之前，我对单位要求普通员工手机保持24小时开机颇有微词。我不是领导，手机想开就开，想关就关，与他人有何关系。从妻子在车站需单位证明一事来看，在特殊时期，单位的规定是对的。早过了下班时间，单位在那么短时间为一名员工家属提供必要的证明，不管政工人事处领导还是普通工作人员，哪一环节手机打不通，证明都难以及时开出来。

自己对这看不惯对那想不通，当有需求时，才能换位思考，理解单位考虑得周到。

再说自己对文学的爱好。如果没有单位这个平台，自己怎能发表文章？请假去喜马拉雅山中定点深入生活，领导还是批准了啊。退一步讲，自己月月有工资，没感到什么；如果没有这个工作，我连生存都是问题。我除了认识几个常用汉字，其他方面一无所长。连带的是，我的小家庭只能喝西北风。

面对满天星辰，想着自己的过往，我觉得有愧于单位。从明天起，不，从今晚起，我要一如既往地热爱单位。

老编辑

三楼办公室西北角，我入职报社时坐在那里，先后与三位老编辑相依为命。

一位老编辑叫舒润生，理论室主任，是我的顶头上司。理论室是单位里最小的科室，共三个人，另一位姓游名洁，很快转岗。

舒润生 1969 年参军进藏。他是陕西汉中人，实际上和四川挨得近，倒像一个四川人。他们进藏的任务明确，平定叛乱。当他来到西藏时，平叛恰好结束。服完兵役，他自愿留藏，因为有文化，被分配到西藏日报社工作。

舒润生能说会道，喜烟乐酒。说到什么程度？他往某人跟前一站，直说得对方想走又不好意思离开。他常穿一件浅黄色西服，内侧口袋里分别装有一包云烟，一支接着一支吸，吸完这包掏那包。至于喝酒，他从来不怯场，虽然是啤酒，亦让旁观者吃惊。

或许有人问，他难道不工作吗？他工作，而且认真。他的西服内侧口袋用来装烟，外侧口袋同样有作用，一侧装着大样纸，一侧装着彩票宣传小报。我把理论版排好打印出来看两遍，下面的流程到他了。他一字一句看，一笔一画改。如果有事外出，几下把大样纸卷起夹在腋下或者顺手往西服外侧口袋里一塞。什么时候看完只有天晓得，反正保证按时完成。另一侧口袋里装的是手绘的中奖走势图，与双色球有关。

他想把我培养成喝酒助手，无奈我滴酒不沾，上了高原更是敬而远之。我没成为酒友，他有些失望，但培养我的决心没变。他转而给我讲彩票，把中奖走势图给我看。他用的是大样纸的背面，格子打得笔直，忽上忽下忽左忽右的小黑点用折线连起来，居然挺好看。他认为里面有规律可循，我觉得中奖纯属偶然。

他开始买双色球只是碰运气，有一次中了五万元大奖，从那以后一发不可收拾。经多年努力，他在双色球上投入的钱远远超过曾经的奖金。他坚持买彩票，为我义务讲解彩票知识。长期玩彩票的人需要智商，我不具备。从数学角度看，中奖概率已设定，一人得奖，多人为之买单。我有主意，无论什么票，只要带有赌注性质，不想意外发财，也别想从我口袋里掏出一分钱来。

舒润生上了几个月的彩票课，知道我不可教也，只好作罢。

退休前，他的血压突然升高，被送往西藏军区总医院治疗。过段时间，我去看望他，状态和平时差不多。他住的是高干病房，不是因为职位，而是职称为高级编辑，而且享受国务院政府特殊津贴。

转眼间，舒润生已退休十多个年头。退休的第二年，他和夫人一起想到拉萨看看，这里毕竟是他工作生活四十多年的地方。坐火车到西宁，他头发晕，嘴唇发紫，只好半途而废。不久，他到云南小住。来自内地长期在西藏生活的人，退休后要到中高原地带住段时间，慢慢过渡，才能保条老命。

舒润生是个乐天派，听说回内地后烟酒全戒。为了保命，只得割爱。他在西藏时瘦瘦的，说自己是个怎么吃都不长肉的人。退休不久，身体发福，让人不敢相信，真是心广体胖。

另一位老编辑叫阿慈凭，真实名字为次仁平措。由于长期在副刊岗位工作，无论作者还是同事，多记得他的笔名，真名被人忽略。

他和舒润生是同年兵。他是满腔热血地参军。他家在日喀则市昂仁县，牧民家庭。当年部队去他家乡征兵，他崇拜解放军，报名入伍。到成都新兵连，他蒙了，战友说的话一句听不懂。好在部队实行一对一帮教，他从 aoe 学起，凭着一股钻劲，掌握了国家通用语言文字，能说会写。他有美术天赋，在部队里出黑板报，绘画是他的特长。

阿慈凭进入报社后，被分配到副刊岗位。副刊从“阳光周末”到“雪莲花”再到“格桑梅朵”，无论怎样变化，他的工作没变。随着技术改进，他从传统码字转变为熟练使用激光照排组版机。我刚到报社时，他经常义务教我组版。

他总是第一个来到办公室。正常工作日，他从不缺席；节假日，除非有事，他把单位当作家。一连几年，受他影响，我天天去办公室。他确实有事做，全是组版、看版、改版之类的工作。他是老编辑，没有架子，我们时常在一起琢磨字词句的用法。

他家在团结新村，从家到单位徒步十多分钟。他对报社有感情，对同事很热情。退休后一段时间里，他隔三岔五来单位，看看报纸，与我聊天。大概有半年光景，在家人劝说下，他才停住走进报社的脚步。

阿慈凭的退休生活充实而有规律。他冬季住成都，夏天在拉萨，家务全包，有时间画幅水粉画。

想起与他共事的日子，我总想写些什么。机会终于来了，中国副刊公众号征集副刊人的故事，我写篇小稿交上去。文章在网上推出后，我转给他，他看了很高兴。过了一星期，他给我打电话，批评我胡编乱造，要求我从网上删除那篇文章。原来，他把那篇网文转发在战友群，一些老战友对其中编造的部分不满，认为有损阿慈凭的形象。我赶紧向他道歉。幸亏他多年从事副刊工作，知道文学作品有虚构成分，很快原谅了我。他提醒我，文学作品可以虚构，但写真人不可天马行空，尤其是有损人格的内容。因为虚构，我出了一身虚汗，如果写的不是阿慈凭，可能会惹上官司。

驻村前，我特意去团结新村看望他。他保养得很好，与退休时没有太大变化。他是个讲究的人，日常生活中把自己打理得干干净净，是一副退休老干部的形象。他的住处像精心布置的家庭旅馆，两层小楼围成院，天井上方有一层钢化玻璃，院落成为一个温室。周边墙上错落有致地镶嵌着老照片和他的水粉画作品。

他感慨时间过得快。退休前，他推着自行车送孙女上学，前面坐一个，后面坐一个。在西藏，女儿的女儿和儿子的女儿是一样的，都称为孙女，外孙女喊他爷爷。他会骑车，拉萨一小离家不远，推车送学既安全又锻炼身体。不知道过了多少年，大孙女已去湖北上大学。送学使命早已完成，退休后去布达拉宫后面的宗角禄康公园跳锅庄成为他的日常健身项目。

阿慈凭心中装满七色阳光，总有快乐相伴；他饮食有度、生活得法，总给人身体健康的感觉。

在三楼办公平台西北角，与两位老编辑相伴多年，他们退休了，我心中空落落的。时间不长，又一位老编辑成为我的顶头上司，他叫韩勉。理论室一将一兵，他为将我是兵。

韩勉平时话不多，说起来慢条斯理，有板有眼。开始我俩都算任务，搞笑的是以前三个人恰好完成任务，后来两个人谁都完不成任务。理论版的工作量是固定的，原来是不同时期给版面所定分值不同造成的。他向领导反映，答复是编辑要写稿子，通过分值调整逼理论编辑写评论稿。领导是对的，编辑要有所作为，既会编也能写。

完不成任务的后果是经济上受损失且名誉受损。为了完成任务，我奋笔疾书，曾在一年里写了 130 多篇千字文。看着两三天刊出来的一篇篇评论，我喜忧参半。喜的是我来报社前多年投稿未中一篇，后来只要凑够字数，第二天就能在报纸上赫然刊登。忧的是浪费许多资源，写出来的稿子只有三个人看，一个是校对，一个是编辑，一个是作者。很多同事认为我挣了一大把钱，其实不然。当时部门绩效平均为 2500 元，单位绩效设置的基数为 600 元，我粗制滥造的东西超过任务 10 多分，1 分折合人民币 12 元，算算能挣多少钱吧。

韩勉同样为完成任务发愁。机会终于来了，单位进行改革，绩效基数提高到 800 元，出现一片新气象。部门领导青黄不接，加上会多事多，此时想起韩勉。他协助部领导看大样，拿绩效中的平均数，终于摆脱任务加身的烦恼。

过段时间，我发现他的工作量未减反增。按约定，他每天看三块版即完成任务。事实上，领导太忙，他实际看的大样翻番。有时编辑做好版子，到办公室找不到领导，转过来问他能不能代领导审稿把关，他亦默认。

韩勉1979年参加工作，藏政发〔2012〕64号文件下发后，他随时可以退休，上面规定在藏工龄满25周年即可。除了痛风，他是健康的。年轻时，他是报社足球队健将。后来不踢足球，他的锻炼方式改为快走。妻子比他小五六岁，有升迁可能。他住在单位大院，报社工作节奏不快，同时为了与妻相伴，自动放弃千载难逢的退休机会。

退休不退休，或者什么时候退休，对韩勉似乎没有影响。我和他准点在办公室出现。我俩基本不说话，坐得久了，会起来聊几句。他聊我听。他对政策吃得透。儿子大学毕业在成都工作，按照政策领到几万元的就业补助。他说西藏出现就业压力，政府鼓励多渠道就业，在区外就业能减轻区内压力，就出台了这样的政策。

2020年春天，韩勉光荣退休。2025年的春节即将来临，他正在成都含饴弄孙呢。

舒润生、阿慈凭和韩勉三位编辑令人敬重。他们在西藏的工龄均超过四十年。平常我喊他们老师，在文中怕影响阅读，省略了。永远不能省略的，是他们在我心中的位置。

老同志

单位开会，自觉找个角落坐下；

自由发言，不被点名就静静地听；

平台工作，做完分内事拿起闲书翻翻。

这是我的日常状态。

偶尔受到领导表扬。有时会场上看手机的人多，郎总会突然停止讲话几秒钟。众人抬起头来，郎总顿了顿，然后慢条斯理地说："把大家召集在一起不容易，在认真听会方面，要向老同志学习。你看老唐，每次开会连手机都不带。"

郎总比我小五六岁，能力强，经过二十年的拼搏，成长为单位的主要领导。

他入职时，我三十多岁。他毕恭毕敬地喊唐老师，我自然地答应。

一晃七八年过去，他成为部门领导。我由之前直呼其名改称主任。他有些不自在，全部门的人都这么叫，很快习惯。当时除了入职不久的人喊我老师，大山是通用称呼。我认为同事都是一样的，没必要那么客气，况且我的名字响亮悦耳。他仍喊我唐老师，我觉得不妥。我建议主任应和多数人一样，喊我大山。第一次，他好像有些难为情，不久顺口了。

如今，他是我们单位的领导。我有事找领导签字的时候，才能见到他。到他的办公室前，轻轻敲下门，这是常识。他从工作中抬起头来，所说的话每次一样："老唐，什么事？你先坐，我把这个件看完。"

开始我坐下，后来看到来签字的人都不坐，赶紧起来站着。说实话，他是辛苦的。每次到办公室，他确实在看文件，总有人排着队等他。有一次下班，在电梯口与他巧遇。我脱口而出“郎总好”，他对我扭扭脖子，“太累了”。

我记不起他从什么时候喊我老唐的。我五十开外，他是奔五的人，这个称呼随着年轮的增加水到渠成。

开完会后，他一边收拾面前的文件，一边对着从他身旁经过的我说：“老唐，熬成老同志喽。”

他的这句不经意的感慨，让我浮想联翩。

当一个人被称为老同志时，常常含着敬意；当说一个人熬成老同志时，往往建树不多。

我是看着郎总成长的，郎总对我知根知底。想想几十年来的工作，的确如此。刚入职时敬佩老同志，他们教我码字、排版，看着他们娴熟的动作，我羡慕不已。当我成为一名合格编辑时，激光照排技术应运而生。更新换代，正值中年的我很快掌握新的工作方法。到了知天命之年，新媒体走进人们的工作和生活，媒体融合迅速展开。再看身边同事，学历多是研究生，年龄三十上下，玩起新媒体得心应手。

在一次小组学习交流会上，主任点名要我发言。我坦诚地说：“以前说向老同志学习经验，如今在理念与技能上，老同志要向年轻人学习。”

说某人熬成老同志，虽然给人无所成就的感觉，但认为那样的老同志还行，或者说是个老实人。

现实中，想事业有成者大有人在，而有所成就者毕竟是少数，更多人在默默工作中熬成老同志，在季节轮回中变为老人。

老同志有发挥作用的时候。单位选派驻村人员，我所在部门的男同志轮了一遍，接下来只好在女同志中采取抓阄方式确定人选。我考虑能去村里接地气，第二次主动报名驻村。领导的眉头舒展开来：“大山精神可贵。按照选派条件，你的年龄已不适合驻村，但部门决定破格录取，再圆你的驻村梦。”

在驻村座谈会上，郎总仍是我的知音：“在这批驻村队员中，老唐年龄最大。他总是顾全大局，为单位分忧，为同事着想，为村民服务。”

我美滋滋地来到村里，村委会大院因洪水被冲垮，暂时住在乡政府。

乡政府有五十多位工作人员。他们有个好传统，每天早上出操，集体锻炼身体。

乡党委书记见我加入，不无担心地说：“在这个大院里，你是高龄，你跑步、做操，要是绊倒了、闪了腰，不好。建议你在附近散步，效果一样。”

村民见我高兴，觉得工作队的人没架子，说话和气，办事踏实。

终于熬成老同志，决不敢以老同志自居。此老同志非彼老同志也。

送报刊

临近中午，一中年男子抱着一叠报纸走过来。

我喜不自禁，心想终于有报纸可看。

我要接过来，他把准备好的手机递给我，对张济荣喊道："你来收一下，让他给我们拍个照。"

至此我方明白，他要拍照存证，说明把报纸送到，这项工作圆满完成。

送走他后，我开始翻阅这些来之不易的印刷品。

报纸全是 2020 年 1 月 26 日的。其中，《人民日报》7 份，《西藏日报》汉文报 39 份，《西藏日报》藏文报 2 份；《中国纪检监察》2020 年第 1 期 1 本，《时事报告 · 党委中心组学习》2019 年第 6 期 1 本。

今天是 2020 年 2 月 12 日，从 1 月 21 日来到村委会，这是第一次收到的报刊。

说起来不容易，况且是在疫情防控期。

报纸的出生流程我清楚，运到这里真是一路颠簸。从拉萨柳梧新区里的印务中心出来，经过几次转交与接收，到这位送报人手里，邮车合计要走 1200 公里的路程。我所在的村位于 318 国道旁，相对说来便利些。有的地方，说不定要经过马驮人背才能运到。

报纸来到村里，命运如何？

就说我收到的这摞报刊吧。看起来一沓报纸，因为是同一天的，藏文看不懂，实质上两份，一份《人民日报》，一份《西藏日报》汉文报。《西藏日报》的头版内容基本上是从《人民日报》上搬过来的，因此有人称之为“小人民日报”。两分钟浏览完毕。那本《时事报告·党委中心组学习》中，多是国家部委负责人的长篇理论文章，刺啦一翻，完毕。《中国纪检监察》中有几个小故事，一字不落地读完。

再看村委会会议室墙角处，报纸杂志胡乱堆在一起，快有一米高了。用手抠抠，报纸的折痕原封未动，杂志均未开拆。我拿起几本2018年第4期的《中国西藏》杂志，有汉文版，有藏文版；有送给农家书屋的，有送给寺庙书屋的。我长期向这家杂志社投稿，所以关注它。这些从首都来的知名杂志，与所有来到这里的报刊一样，尘封于此。据我所知，来到这里的报刊全为赠品。

恰巧村支书来到村委会，我把收到的报纸交给他。他看一眼，对我笑笑，用手指指桌子，示意我放在那里。我以为他的意思是先放在桌上，走的时候带着。

不知忘了还是觉得为公物，或者根本没打算要，总之他人走后，报纸依然在桌上。

对我来说，这摞报刊的作用已发挥，只好无可奈何地把它放在墙角纸堆上。

2012年，我在一个偏远牧村待半年。那时，不远千里而来的报纸，还有一个功能：引火。

村委会外面的风呼呼刮着，不管烧饭还是取暖，要先把大铁炉子里的柴火燃着。容易找到的引火物就在眼前，报纸。扯过来一张，哗啦哗啦在手中揉几下，点燃，往柴火下一放，一会儿工夫，达到预期效果。

有一次，正打算点燃报纸，无意中发现自己的名字在上面，原来这张陈年老报上有一篇我写的应景小文。点火的手停下，唐大山在上面，烧报纸不就是眼睁睁地火化自己吗？犹豫一下，又一想，自己不知被农牧民烧过多少次了，无神论者不在乎把自己亲手送进炉膛，就算浴火重生吧。

队友调侃式地讲个故事。一位领导到高海拔牧区调研，问牧民能不能见到《西藏日报》，答能看到。又问起到什么作用，牧民用手一指火炉：“烧火很好用。”

不管故事是真是假，报纸的引火功能是我体验过的。

像我这样多多少少对写有文字的东西怀有敬畏之心的，大有人在；像我这样对报刊尚有一丝感情的，为数不多。

历史的车轮是无情的，随着时代的进步和社会的发展，越来越多的纸媒被碾碎。一张报纸、一本杂志，有没有必要存在，或者说以什么样的形式存在，从上层建筑角度说，取决于党和政府；从社会层面看，取决于受众。

我的生活中离不开报刊，但我不愿现实中出现那么多没人理会的报刊，因为它们耗费了大量资源。

说　话

意识到自己说话不中听，是近几年的事情。

虽然时间晚些，毕竟发现问题，亡羊补牢，改过机会是有的。

我说话不得体，表现在方方面面。

附近十多人喝同一台饮水机里的水。有人端着杯子走到饮水机旁，发声感慨："上午刚换一桶水没了。大家是水牛，怎么喝这么多水呀。"

坐在电脑前的我，头也不抬顺一句："排水量大呗。"

工作平台瞬间一片寂静。我诧异地站起身来，脸上一热。这种情况没法解释，我赶紧坐下，继续埋头工作。

同样一句话，别人说出来是俏皮，我说出来给人的感觉是尴尬。

母亲说，我出生时没有声音，接生婆捏着我的双脚，对着屁股拍几下，头朝下的我才哇哇哭出声。

正常孩子是腿跟着嘴，先会说话接着学走路，这种现象多在周岁左右出现。我兄弟多，排行靠后，长成啥样，会不会说话，父母来不及关注。即使关注，除了徒增烦恼，亦无良方。

我十岁半上学，后来取得研究生学历。千万不要说我聪明，我来到世上与这个词不沾边。掰着手指头算一下，我前后在学校读了二十一年书，远远超过国民平均受教育年数，在发达国家也是靠前的。中间参加过三次高考、四次研究生考试，如今回头一看，都坚持过来了。

我在说话方面，和我的受教育历程一样，总不连贯。

我性格内向，平时话少，一来到人间即被证明。连自己都难以置信，不开口倒也罢了，一张嘴即为败笔，要么出口伤人，要么自毁形象。

家人和好心同事在我的请求下，多次提示我，张嘴前先想想，合适再说，不合适就能避免。

我按照家人的叮嘱去处对象。

在这个小地方找个合适的对象不容易。我有优势，在小镇上有工作；女方有优势，长得好看。一见面，女方开门见山问我有没有考虑在县城买房子。我的想法真实："我家有三间红瓦房，俺庄离这不远，不需跑到县城买房子。你知道的。"

过几天，我想她了，敲她家的门。开门见大山，没等我表达，她先开口，"你知道的"，随即把门关上。

我按照同事的温馨提示称呼领导。

在一次党组织民主生活会上，领导说："按照党章规定和中央要求，党内互称同志。以后见面，不要喊什么总，叫我郎佳忠。干脆直接喊佳忠，多好的名字呀。什么郎总，好像我是一群狼的头目。"

接着是民主生活，同志们畅所欲言。提到郎总时，发言人仍是老称呼。郎总有涵养，喜时脸上偶有笑容，怒时脸上却无表情。轮到我发言。我一字一顿地说："佳忠同志讲得好，不管担任什么职务，在民主生活会上，大家是同志关系，地位是平等的……"

刚才有说有笑的氛围一下变了，因为只有我的这张乌鸦嘴在叫，反衬出会场的安静。

一位了解我的同事见我越说越不靠谱，想截住我的话挽救我。

郎总微微一笑："大山同志讲得好，要实事求是。说得严肃些，这是党的作风问题，涉及党的政治生态。"

在公开场合，除了宣传部领导，我是唯一喊郎总为佳忠的人。

那位热心肠同事埋怨我不该如此不尊重领导。我说心里非常尊重领导，不知怎么回事，说出的话总给领导不被尊重的印象。我喊名字是经过考虑的，党章有规定，中央有要求，郎总率先在民主生活会上提出来。我觉得不按照领导的意思去做，才是对他的不尊重。谁都明白，有些人对领导当面叫得山响，背后直呼其名就算不错了。

我发誓痛改前非。

部门领导比我年轻，我不再像以前那样喊他们的名字，不管正副，一律称呼主任。见了其他领导，根据担任的职务，毕恭毕敬地喊朱局苟县毛处吉科等。

过段时间，问题又来了。根据好心同事的提示，自己觉得有些不对头。

我称呼领导时，语气生硬。给人的感觉是，一个知天命的老同志非常勉强地喊着而立之年领导的职务，双方感觉不自在。换个人，不管年龄大小，人家叫起领导来，用词得当，声音悦耳，听起来甜甜的。

还有一种情况，对领导而言，之前这位老同志喊自己的名字、说出的话能噎死人。今天怎么啦？正儿八经喊职务，装出和颜悦色的样子。姜还是老的辣。老家伙在玩阴沉，不是深沉。

有一阵子，我怎么说话都不对头。我后悔过，反思过，干脆闭口不言。

有两个月的样子，怎么都没想到政工人事处找我谈话。

升迁与我无关，想不起做过什么错事。我有些纳闷，只有遵命前往。

处长热情地请我坐下，非常客气地给我倒上一杯水。

谈一会，明白了，他怀疑我的神经是不是出了问题。

和谐社会，稳定为重，单位不能因为我存在安全隐患。

我一脸的无可奈何，原来是两个月的沉默惹的祸。

说话，得罪人，有时还打自己的脸；沉默，差点麻烦组织把我送进精神病院。

不行，我要从头再来，学着说人话。

头　疼

谈到公款，村党支部第一书记和乡党委书记都说头疼。

村委会靠路边的房子，定位为便民超市，打算租出去。

开始愁没人租，后来有人想租，经过分析，风险大，不如不出租。按照政策规定，这个项目有扶持资金，用来帮助村里建档立卡户经营超市时做运转资金。村委会面向全村招商，没人接招，那三家建档立卡户只等着分钱。面向社会广而告之，承租人不是朱巴龙村民，问题是他租两年向村委会交租金，同时享受村委会为其提供的政策资金。按规定，承租人两年后把政策资金本金归还村委会，到时他不归还怎么办？承租人在这方面的聪明已不是秘密。

村里请示乡里，乡里请示县里，答复是支持村委会出租经营，但要保证扶贫资金安全。想想几十万元砂石款没讨回来，村“两委”和驻村工作队没有措施保证扶贫资金的安全。

村第一书记一直想办成这件事，一是房子租出去才有收入，村民才能得到实惠；二是不能让项目资金躺在账上睡大觉。现实中遇到无人能解开的症结，他只好作罢。

乡党委书记遇到的问题既简单又复杂。为什么说简单？2018 年金沙江堰塞湖泄洪后，乡政府雇用村民的挖掘机平整地面，把连人带机器的费用付了，多么平常的一件事。问题是当时没付村民钱，时过境迁，上级拨的恢复生产专款用完。一转眼几个年头过去了，村民讨要工钱和挖掘机的租金，乡政府解决不了这个问题。原因何在？当时的专项资金早已用得一干二净，乡政府有的是钱，但不能付给他，因为每笔钱的定位与用途都有明确规定，没人敢挪用。

从这两个例子可以看出，公款的支配与使用已由人转为事。以前公款怎么用，由掌握权力的人说了算；如今公款不存在怎么用的问题，因为它在下拨之前已被精准定位，掌握权力的人落实好就行。

这是体制上的转变，从根本上消除经济领域的顽疾。对具体单位来说，以前拨多少钱都喊着不够用，如今年底盘账，居然有一大把项目资金没花出去。

这是种喜忧参半的现象。乱作为得到根治，贪污腐败失去温床，干部队伍得以净化，是好事。已申报的项目没有落地，可以办的实事无人担责，躺在账上的资金没有发挥作用，类似的事情同样需要解决。

我们做到了用制度管人，形成了风清气正的政治生态。权力已被关进制度的笼子，但掌握权力的人不能顺便进笼子。有些领导这不敢干、那不愿做，说到底是怕担责犯错，不如跟着权力一起进入笼子安全保险。这是曲解笼子的含义。设立制度的笼子，是说凡事有法可依、有章可循，不是用来束缚人的主观能动性。这要求主政一方的领导、单位负责人站在全局看问题，把心思用在发展上，把能力体现在谋事中，分门别类定清位，精准对接出效益，再多的资金能用完。换个角度看，年初规划好的资金事项，年底有一摊子事没做，是一种失职，或者说能力不足。

领导干部面对公款感到头疼，是党的十八大以来出现的新病。治疗这种头疼病，必须服用新时代的药剂。党中央已为患者开出药方：领会精神，学习政策，了解情况，服务人民。

从干部的头疼可以看出我国的治理体系和治理能力现代化是一个螺旋式上升过程。曾经的胆大妄为造成国有资产流失，引发一些社会问题。今天的头疼，说明掌握资源的人敬畏权力、敬畏制度，从本质上说是敬畏人民。以后不头疼，证明人民公仆回归本位，制度理顺了，权力规规矩矩为人民服务，为全面建设社会主义现代化国家服务。

装窗帘

装窗帘的人经常来到院子里，主动要求为村委会服务。有一人显得诚恳而慷慨，他如果揽下这个生意，会请驻村工作队在餐馆吃顿饭。

我们对送上门的生意不放心，村委会能保证窗帘的价格，流动生意人难以保证窗帘的质量。尽管是公家的事，既然经手，我们想办好些。

利用去巴塘买菜之机，我们找到一家专业装窗帘的门面。店主是个知天命之年白净且有些瘦的男人，给人信任感。他介绍了各种布料的质量和价格。我们选定料子，说妥价格，满意而归。

第二天，店主来到村委会。我们看了他带来的布料，与所说一致。他说快过年了，装窗帘的多，人手紧张，亲自来了，保证让客户满意。

两个人装窗帘比较合适，一个人上上下下不方便。村委会所有窗户需装窗帘，工作量大。店主有把握，一人一天干完所有的活。他说从四川巴塘来到三十多公里远的西藏朱巴龙干活，人生地不熟，还得赶活，能不能在村委会吃顿便饭。我们满口答应，只是加把米添双筷子的事情。

下午，他走进办公室忙活。我们离开平台，想帮些忙，他说用不着，只好站在旁边看他熟练地往窗户上方挂窗帘。

西热多吉跟前的窗帘装好了，他欣喜地拉过一角看看。里外翻翻，他脸上的兴奋变为质疑："老板，窗帘装反了吧？"

站在梯子上的店主扭头扫一眼，语气轻松又坚定："没反。我们都是这样装的。"

我凑到前面看看：“反了，这是正面，该朝里，却朝外了。老板，下来，你看清哪是正面哪是反面。”

店主只好过来，随意扯起窗帘，边比画边说：“你看看，这面花纹清楚；你摸摸，这面能感觉到花纹。这是正面。”

我不懂怎样装窗帘，但有信心判断布料的正反面，联想一下家里所装窗帘，认定店主有意颠倒着说。我不容置疑地对他说：“你的生意再好，活再多，干得再紧，不能把窗帘装反。不要装了。已经挂上去的取下来。”

站在旁边的张济荣语气和缓地说：“老乡，你怎么能这样？昨天我们说得好好的，你看这活干的！你说怎么办？”

店主软下来：“我们一直都是这样装的。店里加工的时候，都是这样子的，将就着用吧。”

我不再看他：“村委会将就着用，你将就着回吧，不用要钱了。”

他一脸无奈地站在那里。西热多吉说一句：“返工。”

我补充一句：“不要赶时间，十天半月装好都可以。”

张济荣对他说：“老乡，没办法，拉回去吧。质量保证，方法对头，钱不少你的。”

店主嗫嚅着：“我们给单位都是这样装的，没有说反的。”

没人理会他。他在门外站了半个多小时。

一个村民来办事。我想通过村民验证哪是正面哪是反面，让店主回巴塘重新加工窗帘。趁着村民不知道怎么回事，我对店主说：“他是来村委会办事的，不知道我的观点也不知道你的想法，请他判断哪是正反面，一切都明白了。”

店主顺手扯起跟前袋子里的窗帘，刚想说话，被我制止。

待我给村民说清楚后，他扯起布料反复看。他不知道为什么让他认正反面，但意识到是件大事。本来简单的事，他花了几分钟时间，最后对着阳光一抖说：“这是正面。”

店主立即接过话头：“那是反面，那上面没有花纹。”

村民不知所措:“我不知道。我看到光亮的那面是正面。”

我对他俩分别说句话:“不要再说了，该怎么办，你比我清楚。你辨别的任务已完成，要办什么事？过来吧。”

店主站在门槛上，对着里面反复说返工损失大、生意不好做、请高抬贵手、公家装窗帘都是这样。无人搭话，他返回阳光下，一脸苦相地站着。

又过了半个多小时，几个乡政府工作人员来村委会找西热多吉。

“哇，你们装窗帘啦。”

“真漂亮。”

“好舒服。”

“别总感慨，你们看看窗帘装得对不对，哪面是正面，哪面朝里。”

“乡政府都是这样装的。”

这句带有乡音的话语犹如给店主吃了兴奋剂。他几步蹿上台阶，来到窗前:“我刚才给几位领导说单位的窗帘都是这样装的，他们不信。”

我冷冷地说:“这里是村委会，没有领导。”

他不放弃最后一丝希望:“我在巴塘开了二十多年店，给县城那么多单位装窗帘，都是这样的，没有一个人说不对。”

又过了几分钟，张济荣悄悄对我说:“这个老头可怜兮兮的，不容易。窗帘有没有装反，没人拿得准。他们几个说乡政府是那样装的。公家的事情太认真不好办。唐老师你看，让他挂上算了。”

所有人的目光聚在我身上。从周围射来对我的态度，有固执，有不懂装懂，有怀疑，有肯定，有不要欺负人，有看起来可怜实则嘲讽。

我违心地点下头。张济荣转向店主:“老乡，这次原谅你，以后认真些，再不要装反了。”

晚上，我躺在床上难以入睡。宿舍装上窗帘，效果很好，应该有助于睡眠。布料到底哪面是正哪面是反，窗帘有没有装反，纠结着我。我相信自己是对的，但明白了一个令人啼笑皆非的道理：假话说上一百遍，有人信以为真；多数窗帘装反了，也是正的。

或许我确实错了，因为我的固执是众所周知的。

全民防疫

钢架桥

2020 年 2 月 4 日，立春，无风，暖阳。

朱巴龙乡政府院中的一棵风景树绽开花骨朵，以粉红的颜色向焦虑的人间报春。

金沙江钢架桥两侧的检查站，今天如同昨天，不放行过往车辆和人员。

昨天傍晚，我们远远看到桥面上停着几辆车子。后来得知，那些车辆来自一个让人关注的地方，尽人皆知，那里出现了疫情。为了防止输入性传播，与全国其他地方一样，西藏采取果断措施，立即切断川藏公路的交通运输。

不管西藏还是四川，中断省际间陆上往来简单而有效的办法，就是严防死守金沙江钢架桥。事实上，在这场牵动国人心弦的全民防疫战中，很多地方是这么做的。

西藏海拔高，气候寒冷，与内地相比，传染病盛行的概率小得多，但不能大意。2003 年非典，西藏躲过一劫。今年疫情肆虐之时，很多人对西藏心向往之，因为在疫情分布图上，中国省级行政区划中，只有它是一片空白。

不幸还是发生了。病毒没有从公路上走来，没有从空中飞来，而是一位男子从内地坐着火车带进来的。这种全覆盖不是人们期待的。有的网友说，在疫情面前，西藏没有成为一片净土。

与全国同步，金沙江钢架桥两侧的检查站增加了新功能：测体温，封堵车辆，劝返人员。用防疫专业人士的话说，防疫正是关键期。

照这个架势坚持下去，金沙江钢架桥的作用非同寻常。

金沙江钢架桥（唐大山／摄）

金沙江是长江的上游。历史上，长江往往被称为阻断南北交通的天堑，但没有人把金沙江称为阻断东西交通的天堑。

从生物学角度看，金沙江的天堑作用远远大于长江的天堑作用。在南北走向的横断山脉和南北流向的金沙江、澜沧江、怒江的共同作用下，往往一江之隔，两侧的生物迥然不同。滇金丝猴只分布在狭小的特定区域就是例证。长江两岸的生物差异性没那么明显。

在地理障碍、军事功能方面，金沙江基本不起作用，不管上面有没有桥，大体一样。

金沙江从没有阻断两岸人们的往来。自从这一带出现人类活动，金沙江在他们眼里，不过是一条大河。它曾经波涛汹涌过，也曾泛滥过，但平常就是一条大河而已。在枯水时期，窄窄的水面能阻隔两岸的动物，却不影响两岸人们往来。久而久之，两侧交往的范围越来越大、人员越来越多。这一带渐渐成为连接四川与西藏的商旅通道。人们的商业意识渐浓，很多人会做生意，因而形成一些商品集散地，如康定、巴塘和芒康等。金沙江两侧的大片区域往往被看作一个整体，称为康巴，这里的风土人情具有鲜明的地域性；这里的语言具有独特性，在藏语中被称为康巴方言。

金沙江从来没成为军事上的障碍。远的不说，清朝时中央政府派兵入藏，按照惯例，清兵进驻打箭炉，即今天的康定，西藏地方会惊慌失措；清兵来到昌都，拉萨会崩溃。金沙江是横在清兵面前必过的一条江，但它阻挡不了清兵进藏的脚步。1950年，人民解放军进军西藏同样如此。解放军在四川集结，行军途中因高寒缺氧、补给不足等原因消耗大量人员，但渡金沙江如履平地，当年10月攻下昌都。噶厦政府很快同意接受中央人民政府和平解放西藏。

如此说来，金沙江不足挂齿？非也。

2018年，金沙江江达段出现泥石流、山体滑坡，形成堰塞湖。有人认为是无人区，没有什么大不了的事情，尽管国家动用武警部队抢险救灾。2020年1月21日下午，当我站在金沙江桥头正想抒发感慨时，有人指着北面说，那是老桥，前年，金沙江出现堰塞湖泄洪时冲垮了。看着水中的桥墩和岸边的断痕，我才知道江水的力量。老桥的西侧，是被洪水冲垮的朱巴龙乡卫生院的残垣断壁，路旁树上的枝杈还挂着当年洪水带来的漂浮物。

面对临时搭起的钢架桥，我相信荀子所说，人定胜天；望着老桥，觉得老子说的有一定道理，人在大自然面前无能为力。

今天是2月4日，立春，无风，暖阳。

看着检查站前身穿防疫服装的检测人员，我想，在灾难面前，人定胜天；在人与自然相处方面，和谐优先。

过 节

西热多吉放下手机，以不容置疑的口气说："大家听到了，这是乡党委书记的电话通知。明天9:30，我们去桥头值班。"

2020年正月初二上午，我们来到桥头。扎西格乃和几位乡干部已经站在那里。

"书记，驻村工作队的任务是什么？"

"守着这个路口，盘查有没有从外地回来的村民或者想进村的其他不明身份的人。"

"肯定有，正值春节假期，一个月后过藏历年，在外务工的人陆续返回。他们来了怎么办？难道不让他们回家？"

"现在没说不让回家。县委书记说疫情比想象的严重，党中央昨天开了专门会议。我们一面登记外来人员，一面听上级指示。"

年初三，金沙江钢架桥两侧同时出现身着白色防护服的检查人员。先是桥西头西藏的检查人员劝返进藏人员，接着桥东头四川的检查人员劝返入川人员，很快大桥成为禁止一切人员和车辆往来的关卡。

驻村工作队接到芒康县发来的关于防控疫情的通知，大意是说：取消系列活动，实施交通检疫，打击野生动物非法交易。不得造谣传谣，高度警惕，严加戒备。

我们立即安排两名驻村队员和两名村干部值班，在路口拉起警戒线。乡政府派来一名带班领导、一名乡干部和一名医护人员，24小时在桥头严防死守。乡卫生院对 2020 年 1 月 12 日以后进入辖区的人员测体温，并进行详细登记。

在桥头值守的日子，我们曾遇到左右为难的事情。

一对夫妻带着六岁的女儿自驾回四川过年，来到钢架桥西头，被告知须有户籍所在地社区开的证明方能通过。他们长年在西藏做生意，一时不能与家乡人对接。

夫妻俩向进村路口走来，在距离值班室十米远的地方站住。

女的怯生生地说：“我们在这里已等三天，不知啥时能通过。车里带的食物快吃完了，能不能用你们的锅给女儿做点热饭？”

西热多吉想想说：“不要靠近，在那边等着，我把倒上开水的泡面放在路旁石块上，你给女儿带过去。”

女的赶紧掏钱。西热多吉说：“把钱收起来，泡面是赠送的。”

2020 年的春节，我们在金沙江桥头度过，既有紧张的日子，也有温馨的时刻。

圆圈会议

疫情扩散凶，任务压得紧，我们决定召开村“两委”班子会议。

会议室和住处挨着，离约定时间还有十分钟，我走进去。

这是我进村后第一次开会。春节前夕，西藏日报社派驻芒康县朱巴龙乡朱巴龙村工作队来到金沙江畔。没过一星期，我们接到做好疫情防控工作通知。作为队长，我不敢大意，立即按照要求把上级精神传达下去。

村委会在318国道旁，有的村干部住在深山里，要在很长一段山路上骑摩托才能赶过来。

最先来到的是住在附近的妇联主席达瓦珍玛。她看到我笑笑，我对她点点头，示意她坐在旁边卡垫上。

她没有坐下，而是把摞在墙边的塑料凳取下来，在会议室中间摆成一圈。

我有些困惑，村“两委”班子就那么几个人，周边座位足够用，干吗还摆凳子？

我初来乍到，心想，她熟悉村里的一切，那样摆自有道理。

我注意到，村干部进来后，不是坐在舒适的卡垫上，而是一屁股坐在光溜溜的塑料凳上。

人到齐了，我开始犹豫，要不要离开铺有卡垫的座位。

村党支部第一书记西热多吉看我发愣，招手示意，他旁边的凳子是给我准备的。

西热多吉传达上级关于防控疫情的文件精神。他是用藏语说的。这一带

圆圈会议（张济荣 / 摄）

与四川很近，当地人多能用普通话交流。为了说明白、讲透彻，用藏语讲听众容易理解。

看着坐成一圈认真听讲的村干部，我若有所思，这样的会议形式拉近了相互之间的距离，有利于交流，有利于会议精神的贯彻。

时隔两天，随着疫情严重程度的增加，工作队决定召开一次扩大会议，参会者由村“两委”班子成员扩大到村组组长和双联户户长。

朱巴龙村有四个组，加上双联户户长，与会人员猛增，会议室的空间有些狭小。

我们来到大院里，在一棵核桃树下围成一个圆圈。

与两天前相比，人们对疫情的认识有所提高。之前，有个别人觉得疫情发生在远方，与西藏不沾边。2003 年非典没光顾西藏，这次也没什么大不了的事情。事实击碎一些人的侥幸心理。拉萨出现确诊病例。稍后，一江之隔的四川省甘孜藏族自治州出现确诊病例，尤以村民熟知的道孚县为多。

一位村干部说，我们不怕传染，怕的是疫情发生在我们熟悉的地方。我们必须按照会议要求，做好防控措施，保护自己，利于家人，让他人放心。

作为圆圈会议中的一员，我听不懂他们讲什么，但通过神态、语气和声音大小，知道他们讨论热烈，并且达成共识，该做的必须做，不能做的决不做。

防控疫情没有旁观者，作为工作队，更是冲锋在前。

随着藏历年的临近，我们决定深入村组宣讲如何防控疫情。

按照惯例，村民会在藏历年前进城购物。过节期间，亲友相互拜访，聚餐娱乐，有的开怀畅饮。

放在平常，一切皆为正常。疫情让这个新年变得不平常。往年的惯常行为，如今很多不提倡，有些是禁止的。怎样让村民转过这个弯来，必须深入村组进一步宣讲。

去白洋组的路让我感受了村民进出深山的不易。离开国道，村民骑着摩托来接我们，经过半小时的拐急弯上陡坡过木桥，才来到山坳里的牧家。

我们按照不集中宣讲的预案，决定一户派一个代表来听会。

我是一个参与者，由于语言障碍，实际上成为一个参与其中的旁观者。

对西热多吉和我来说，当局者不迷，旁观者更清。

为了让听众分散开来，保持必要的距离，我们把用来坐的木板均匀地放在空地上。

村民来了。西热多吉跟他们说不要坐在一起。他们顺手拉下木板，随意往下一坐。我一望，天呀，这个会场有意思。局部看，参会者是分开的，中间留有必要的距离；整体看，是一个围坐而成的圆圈。

西热多吉是主讲，他没有照本宣科，而是结合实际引出防控疫情的必要。

他说，正是因为村民去县城一趟不容易，才决定在藏历年前办年货。这种想法可以理解。但是大家清楚的是，这种疫情在拉萨出现了，可怕的是，离这里不远的四川道孚县有一大把确诊病例。与芒康县城相比，去四川巴塘方便，上了国道，只有半个多小时的车程。不能去啊，往东挪动一步，离出现疫情的区域近了一步。我们要对自己负责，对家人负责，对社会负责。冬天即将过去，春天很快到来，根据全国防控疫情的力度和措施来看，这场灾难不长时间能过去。那时春暖花开，我们再走亲访友，举杯相庆，多好呀。

村民听得频频点头。有几人向西热多吉提出一些问题，都得到满意回答。

西热多吉注意到，一位以前对开会不感兴趣的老人出现在会场。

他走到老人身旁，相互说了一番话。从表情看，老人时而困惑，时而高兴，后来伸出大拇指，说声“呀咕嘟”。

会后，我问西热多吉，才了解他俩之间的谈话内容。

老人是位虔诚的藏传佛教信徒，自己吃再多苦、作再多难，都无怨无悔。他相信在来世一切会转变，自己将成为一个超级幸福的人。他相信佛祖是万能的，能降伏人间一切灾难。2003 年，非典没敢折腾西藏，他认为是广大信众齐心协力祈福的结果。

这一次，老人听说内地出现疫情，赶紧对着佛祖磕头祈福。让他不可思议的是，拉萨还是出现了确诊病例。他有些气愤，在心里让佛祖惩罚那个给圣城带来不祥的人。过段时间，让他难以置信的是，没听说佛祖惩罚那个人，医院却把他治愈了。

老人开始认真地看电视新闻。佛祖没办法消除的病魔，党和政府能解决，有病的治病，没病的居家隔离，方法简单有效。今天，驻村工作队走那么远的路来到家门口，告诉大家灾难是能克服的、疫情是可以预防的。

从老人的思想转变可以看出，党和政府用事实说话，使越来越多的人认识到党的领导核心至关重要，政府的鼎力作为赢得民心。

不管在会议室还是牧家门前，通过会场的形状令我想起，藏族是一个围成圆圈翩翩起舞的民族。这个高原上的圆圈越跳越大，在灿烂阳光下跳出中华民族一家亲的同心圆。

山旮旯里的防疫

正是疫情高发期，每天的隔离人员和疑似病例都在上升。

怎么办？是待在村委会里眺望金沙江，还是深入牧民家中宣讲防疫知识与措施，需要我们立即作出选择。

根据芒康县防控疫情指挥部的要求和西藏日报社的指导意见，我们决定做逆行者，走遍朱巴龙村的每个角落。

2020 年 2 月 7 日上午，驻村工作队前往深山中的白洋组宣讲。

金沙江钢架桥一头连着西藏的朱巴龙，一头连着四川的竹巴龙。桥西侧横着一辆车子，那是前几天设的路障。检查站前无车辆通行。我们清楚，318 国道暂时处于封闭状态。

看了一眼江东岸的四川，一片静悄悄。十多分钟后，我们把车子停在国道旁，徒步走向通往白洋组的简易桥。

上得岸来，已有三辆摩托等在那里。

早听说去白洋组的路不好走，需要村民骑摩托来接。见了骑手和他的座驾，心里生出无限感慨，我年轻时曾经骑过这样的摩托。

带我的骑手名叫扎巴，从装束上看不出年龄，他用套头巾把脖子和面部围得严严实实，只露出一双闪光的眼睛。冬日暖阳照在背风的平地上，我后悔穿得太多，而他却像阳春三月的着装。

我抬头向侧上方望去，一条小溪渐隐于山谷之中，与它相伴的小路捉迷藏似的犹抱琵琶半遮面。

白洋组在哪里？怎么不见民房？我问准备启动摩托的扎巴。

他头也不抬地说句“在里面”，一脚踹下去，摩托响了。

路，比我想象的要差。山路不宽，路面上是自然滚落的石子，由于车轮的碾轧而分散在低凹处。弯弯曲曲在意料之中，没有想到的是弯急坡陡。

我相信骑手的驾驶技术。车的速度不算快，在坡度小略微平直的地方却跑得两耳生风，感到发凉。在拐弯带上坡的地方，扎巴会顺着地势一只脚着地，连蹬几下地面，主要是保持平衡，同时为车助力。

这是一条名副其实的摩托车道，三十多度的陡坡时而出现。

半路上，遇到步行的一家村民。扎巴停下车，让一个孩子坐上来。我在心里不赞成，看到他与孩子的家人很自然的样子，只好紧紧地把孩子夹在中间。

外面有些冷，后背上冒汗，孩子上来后，我的心窝渗出汗来。这是2020年的我第一次出汗。

担惊受怕半小时，终于来到白洋组。

村第一书记西热多吉和村支书土邓，当即布置会场。

按照不集中宣讲的要求，村干部从矮墙根旁搬来一些木板，分散地放在地上。看来这一片是公共活动场地，碎土夹杂着草末让我足够接地气，一些大小不一的干牛粪告诉我这里是高原牧家。

这里有十五户人家，手机早已普及，但通知事情靠嗓门。效果不错，一会儿附近的人走过来，有的年轻人骑着摩托参会，山腰上有骑着马来的。

我问土邓：“手机没用，买它干吗？”

土邓说：“出去用呀。快到318国道时，信号就强了。村里几乎没信号，我的手机有时能办公。我把手机放在家里楼上窗台，能收到微弱信号，看看微信留言，可以简单回复。你们今天要来，就是第一书记在微信中告诉我，我安排摩托去接的。”

各户代表相对分散地坐下来，宣讲任务落在西热多吉身上。从他的神态和听众的表情看，作为西藏日报社选派的村党支部第一书记，经过一年多的锻炼，他成为合格的基层干部。

除了基本知识和必要的防护措施，西热多吉强调，村民待在家里安全。藏历年快到了，不要走亲访友聚餐，不要到巴塘等地玩耍。

西热多吉（站立者）在白洋组宣讲疫情防控知识（卓玛 / 摄）

村民起初不清楚疫情是什么玩意，但知道不是好东西，又觉得离他们遥远。拉萨出现确诊病例后，加上金沙江对面的四川巴塘有疑似病例、阿坝州有确诊病例，终于明白疫情是病魔。看着听众不时点头，我意识到，他们听懂了，而且相信，必须照着政府说的去做，才能远离病毒，才能确保身体健康。

扎巴把我送回公路边。我称赞他的驾驶技术好，他说："如果在这条河上架座大桥，往山上修条公路，白洋组就会大变样。我才三十岁，日子长着呢，我不想一辈子骑着摩托在那么窄的砂石路上蹦蹦跳跳，我想有一天把轿车开到家门口。"

另一个叫日荣的山坳里有四户人家，摩托上不去，只有徒步才能到达。

我们毫不犹豫地接着爬山。卓玛背着我的相机，我有些过意不去，要自己背。她说："我小时候就是这样过来的。你和我爸妈年龄差不多，怎能让你爬坡又背包。"

只要有人居住，不管位于哪个角落，我们坚持宣讲全覆盖，而且收到预期效果。

分餐术

疫情仍在肆虐，成为人们谈之色变的恶魔。

我们在深山中驻村，既要做好工作，又要保护好自己和村民。

我们的生活尤其是进餐方式受到影响，按照防疫要求予以改变。

之前在这方面的分工是这样的，张济荣负责做饭，卓玛负责午饭后的洗刷，西热多吉负责晚饭后的洗刷，我负责吃。早饭不必忙乎，吃糌粑，就是炒熟的青稞磨成的面粉。

我羞于这样的分工，但没办法。四个人中只有我不会做饭，便下定决心刷锅洗碗。

午饭后，我准备洗刷，卓玛说："我年龄小，别人看到你刷锅洗碗，会骂我的。"

她说得有理。她是2019年毕业的大学生，担任乡村振兴专干，总想做些事情，况且本来就勤快。

晚饭后，我准备洗刷，西热多吉说："我年轻力壮，别人看到你刷锅洗碗，会戳我的脊梁骨。"

他说得对。他是我们单位选派的村党支部第一书记，已在此干了一年，得到村民认可，不能坏了他的名声。

我想学炒菜，张济荣说："我是没拿到证件的厨师，实践证明合格。作为队长，你是合格的；想当厨师，你炒出的菜合大家的胃口吗？"

我们在同一个单位，他了解我。我做的饭往往只有我一个人吃，那是只有我一个人在家的时候。

在工作队里，我就这样被架空了。但吃饭的时候，我的食量又大得惊人。

我们平常炒两三个菜，烧个汤，围桌共餐。

如今那样进餐不行，无论疫情事实上的恐怖还是防疫要求，必须分餐。

经过商量，原先共餐方式立即改进。在往盘子里盛菜前，张济荣根据各人食量大小顺手用锅铲在上面划道痕迹。毫无疑问，我得到的最多。卓玛的最少，不是欺负她，她说春节长了四斤肉，一定控制住体重。张济荣和西热多吉在数量上均等。大家拿着固定的碗盛饭，精准地把菜划拉到自己碗里。吃饭期间，原则上不说话，有事饭后商量。

刚开始大家有些不习惯，慢慢就适应了。

我喜欢这种方式。大家仍然围桌而坐，但比先前距离远了，实际上有些自助餐的味道。饭后各自洗刷使用过的餐具，公共餐具轮流刷洗。

这种看似有距离的用餐方式，在日常生活中并不陌生，城镇家庭多于农村家庭，年轻人多于老年人，于人于己有益。也许有人说，那样缺少交流和亲切感。其实，交流不一定非在餐桌上进行，亲切未必在吃饭时体现。

疫情过后，关于如何相处与合作共事等，人们会思考很多，特别是某些习以为常的生活方式。

为了健康，我们要摒弃陈规陋习；为了生命，我们会选择科学文明。

朱巴龙村的工作队员和乡村振兴专干（自左至右：张济荣、卓玛、西热多吉、唐大山）

（向世宁 / 摄）

送补给

我们在一个叫日荣的山坳里宣讲防疫知识。我突然接到电话，说草地村的高压锅坏了，他们中午没吃上饭。

草地村与我所在的朱巴龙村属同一个乡，两个村的工作队均为西藏日报社所派。草地村村委会海拔 3800 米，手机信号不稳定，在我接到电话之前，他们已经试拨多次了吧。

午饭没吃上，不能让他们晚上饿肚子。

西热多吉和卓玛留在日荣继续宣讲，我徒步下山，同时让张济荣从朱巴龙村村委会把我们正在用的高压锅带过来。我们还有用电煮饭的高压锅。山上的草地村尚未通电，太阳能发出的电无法用来做饭，只能用柴火烧的高压锅维持生活。

半小时后，我和张济荣在 318 国道旁会合，接着驱车上山。

沿着 2019 年修通的乡村公路上行，有的急弯需倒车才能拐上去。

车子攀爬四十分钟，终于驶进村委会大院，里面尚有积雪。

旦增晋美接过高压锅，眼泪快流出来了。这个城市里长大的青年，在多次驻村生活中，吹过安多的狂风，喝过芒康的泥巴水，吃不上饭却是第一次。

我们问他还需要什么，他说要肉。

张济荣说：“当时两个村买的肉差不多，我们没吃完，你们的怎么没有了？”

旦增晋美一脸委屈：“叫狗叼走了。”

原来，他们的厨房在一楼，初来乍到，经验不足，晚上吃完饭把门一带上楼睡觉。他们在楼上睡熟了，不知从哪里来的野狗拱开门把肉叼得一干二净。听完后，我们哭笑不得。

来到二楼会议室，刘枫正和村干部一起布置防疫工作。看看时间不早了，还要接在国道旁等待的西热多吉和卓玛，我们悄然离开。

第二天，西热多吉和张济荣去县城买菜和高压锅。

第三天午饭后，我与张济荣驱车去草地村送菜。

看到标有村名的牌子，我们清楚开始上山了。

谁知刚拐过弯就发现前面出现路障。我们虽然知道是为了阻挡车辆和人员而设，还是试图移除面前的庞然大物。研究一番后，明白是徒劳的。不知从哪里弄来的钢架横在路面，两端用铁条固定，并在一头可能移动的地方加把锁。

正给刘枫微信留言，后面一辆摩托驶来。刚停稳，一个小伙子从车上跳下来。他指着路旁的一块牌子，问我们干什么。他的普通话说得不错。我抬起头来，才看到上面写有汉藏两种文字，汉字是“为了你我的安全，村民不外出，外人不放进”。

交谈一会，知道他叫洛松达瓦，今天村里安排他在这里值班。看到有辆车拐上来，他当即骑上摩托来探个究竟。

他说：“路障是昨天上午设置的，村支书和工作队共同下的命令。那种病可怕，千万不要传到这里来。”

问他钥匙在哪里，怎么移除路障，他说只负责看管，发现车辆和人员报告村委会，其他与他无关。

早知道刘枫的电话不通，还好，微信正常，可以及时沟通。

他说，打不通掌管钥匙的村干部的电话，正找车辆下山接货。

等了一个半小时，终于盼来刘枫和次仁卓玛。他俩一边小跑着过来，一边说着“抱歉”。

车子呢？怎么不见他们的车子？他俩齐说，路窄坡陡弯急，司机正在倒车。

刘枫忙不迭地接着递过去的肉和蔬菜，同时解释:“我们设置路障的时候，考虑到生活必需品的补给,又怕个别人不听劝告闯关,不得不如此。今天上午，从网上得知，封路不能胡来。我们正想着怎样做合适的问题。或者在告示牌上留下微信号，以便在确保防疫安全的前提下及时放行有特殊情况者。”

同是驻村工作队，我们理解他们工作的不易。况且，他们的生活已受到影响。

把肉和蔬菜移交完毕，刘枫和次仁卓玛都不上车。

我大声催促着他们上车。

风，撩起次仁卓玛的头发，她就那样怔怔地注视着我们。风，把刘枫的声音送到耳边:“唐老师，以前在单位时，没感觉到谁需要谁。今天在草地村，没有你们送的锅，我们吃不上熟饭；没有你们送来的肉和蔬菜，我们只能一天三顿吃糌粑。”

我的心一酸，对着他们摆摆手，一头钻进车里。

我们返回国道。透过车窗，山崖上还有两个人影向这边挥手……

云登老人

七十岁的云登老人转了六十多年经，这段时间不转了，因为疫情。

云登的转经史从孩童时代就开始了，不是他愿意不愿意的问题，在八廓街，他是被阿妈用羊毛搓成的绳子拴在腰间扯着的。

那一年的入冬，阿妈与村里人一起，从金沙江畔起步，一路磕着长头向西而去。

他们居住在金沙江西岸，阿爸忙完农事经常去东岸的巴塘做生意。因为挨着四川，和西藏的其他地方相比，这里常得风气之先。当年昌都战役打响时，阿爸做过支援前线的民工。民主改革时，阿爸坚决支持，积极参与。用村里人的话说，阿爸干什么都是积极分子。

阿妈不完全赞成。她说丈夫是个好人，敢做很多人心里想做却不能做的事。但是他不去朝佛，她有些想不通。

阿爸问她："我们由农奴变成自由自在的人，是佛给的吗？我们分了土地和牛羊，是佛给的吗？毛主席让咱成为人，共产党给了咱财产。你去朝佛我不拦你，不要拉着我去。有这时间，我去巴塘做趟买卖，能挣不少钱。"

从云登记事时起，阿妈坚持转山转水转佛塔，阿爸胸前一直佩戴着毛主席像章。

云登既受阿妈的影响，又浸染着阿爸的基因。

改革开放后，年纪轻轻的云登在巴塘县城成为人人熟知的西藏生意人。在村里，他的富有是数得着的。

如有空闲，他会围着村头的白塔按照顺时针方向转几圈。他觉得阿妈说得对，无论什么时候，人都要对佛祖心怀敬意，靠自己的双手过日子，不做造孽的事。仔细一想，他觉得阿爸说的也有道理。以自己和身边人为例，他家在江边的土地种着麦子，在山上的牧场放着牛马，靠做生意过得殷实。村里有个和他年龄相仿的男人，一辈子就做两件事，喝酒转佛塔，有时靠着佛塔睡着了，由附近的人把他拉到一边去。看着他的虔诚劲，佛会让他拥有一切。事实上，他被众人瞧不起。

云登清楚，好日子是因为有好政策，由双手奋斗出来的。

渐入老年，子女不让他劳累。他的空闲时间多了，围着佛塔转的次数多起来。他是这样想的，城里人坚持在公园锻炼，农村没有公园，围着佛塔走同样起到锻炼效果。

云登的日子在时光年轮中一圈一圈转着。

2020 年春节到来，老人的生活受到影响。

先是手机里充满疫情信息，云登没当回事，尽管他知道那个“新”不是好东西。

接着电视里不停播报类似新闻，国家领导人在里面讲话，说要打好全民防疫战。

云登开始关注起来。年轻时他从阿爸那里知道，国家领导人强调的事情，是大事，与老百姓有关。

村里人说起疫情，多是笑谈，认为发生在遥远的地方，与他们无关。

心态好不等于没事。不久，巴塘出现疑似病例，连接川藏交通大动脉的金沙江钢架桥一边是四川的检查站，一边是西藏的检查站，事实上封锁了过往车辆和人员。

与此同时，拉萨出现确诊病例。

西藏自治区、昌都市、芒康县三级政府密集发通知，强调严防疫情扩散的必要性。

按照上级文件精神，朱巴龙乡政府要求村民不要扎堆，包括暂停转经。

这是增强自我保护的硬性要求。

村里第一个不转佛塔的是云登。有人说他本来心不诚。

云登说:“这与心诚不诚没有关系。为了防疫，国家动用那么多人力物力财力，为的是老百姓。如果佛祖能消灭病毒或者阻断病毒传播，拉萨不会出现确诊病例。”

在云登的示范带动下，村民停止一切不必要的活动，自觉待在家里。

他们相信，在党和政府有力组织下，一切灾难都会过去。当前，拥护党的领导、配合政府的措施，是人们最好的选择。

隔 离

怎么也没想到，2020 年春节未过，猝不及防的疫情迅速蔓延。

不管你来自哪里，只要进入我的地界，一个词：隔离。不管你什么身份，只要踏上这片土地，一个词：隔离。

一时间，“隔离”成为使用高频词。

听说乡长边俊生从山东老家休假回来了，但没见到。

我 2012 年在昂多乡曲塔村驻村时，他是那里的乡长。不知什么时候起，他调任朱巴龙乡乡长。在来这里之前，我想，到达后第一件事是拜访他，也是驻村报到既定工作程序。来到乡政府，才知他休假了。过了很长一段时间，得知他回来，接着听说他主动自我隔离。

他是藏二代，长期一人在基层工作，从生活环境说，隔离与不隔离的区别不大。记得在昂多乡时，乡政府只有十多个工作人员，去县城的路蜿蜒崎岖艰险，出去不想回来，回来不想出去，虽美其名曰上班，实际上和隔离差不多，如今为了对己对人对组织负责，确实隔离了，不知亲爱的边乡长在做些什么、有何感想。

他早知道我的客观存在。我的住处离他很近，他在猜想我这个工作队队长在干什么、有何想法吧。

我所在的朱巴龙，是西藏的；江对面的竹巴龙，是四川的。我住在朱巴龙乡朱巴龙村，江对面的居民区叫竹巴龙乡竹巴龙村。

我住在金沙江西岸西藏的朱巴龙，抬眼一看，却是金沙江东岸四川的竹

江对岸四川竹巴龙（唐大山 / 摄）

巴龙。

两地在地貌上没有差异。要说区别，是两个地名在汉字上的不同，从字面上一看便知所指哪个地方；含义一样，都是“船夫居住的地方”。

虽一江之隔，两岸民房风格迥异。白天，一下看出哪是西藏的民居、哪是四川的民居。当然，四川的民居具体指的是巴塘一带具有藏族风格的建筑。

我喜欢在晚上眺望四川的竹巴龙。

夜幕降临，我站在西藏朱巴龙的住处，无需开灯，推开窗户，四川便进入视野。

金沙江两侧，平地极少。竹巴龙的民居相对集中于山坳，也有一些散落于山腰，直至山顶。

这样的格局，夜晚便诗意起来。

民居旁边有太阳能路灯。早上，四川的山头遮住射向西藏的阳光；晚上，四川的路灯点亮身在西藏的我的眼睛。山坳里密集的灯光，告诉我那里人们在灯光下的思念。两地村民相熟，亲戚交织。由于西藏优惠政策多，之前，有些竹巴龙乡的人移居朱巴龙乡，或者说，有些四川巴塘县的人搬到西藏芒康县居住。朱巴龙乡政府五十多人中有十多人的籍贯是巴塘县，是政策吸引过来的。随着户籍管理日益规范，江东岸的人想变成江西岸的人，已非易事。

因为山腰上散落的民居，灯光也散落在山腰上，直至山顶属于那几家的那几点灯光。夜幕让天空星光灿烂起来，也把自然界的山头和人间烟火一起裹住，那些路灯发出的光竟与天上的星光混合在一起，一时分不清哪是路灯哪是星星。

这么美的夜景，何必予以区分？这就是天上人间吧。

正月十九的月亮挂在天上，有着竹巴龙的灯光与星光映衬，她更妩媚了。

此时，在自己房间里隔离的边俊生，也在望月，正在悠然见四川呢。

月有阴晴圆缺，人有悲欢离合。这一时期疫情的肆虐，正在啃啮着人民的健康，正在咬取着一些人的生命。就当前的管控力度和科研攻关能力而言，战胜疫情应该为期不远。

我们怎样把悲转为欢？所涉人群自觉隔离，全社会通力合作，整体的欢乐迟早会到来。

为了不久的合，我们须进行必要的离。

握　手

边俊生解除隔离，出现在乡政府大院。

我恰好去乡政府办事，与他不期而遇。

他习惯性地伸出手，忽然意识到此时不宜，略为尴尬地停在空中。

我对他摆摆手：“老友相见，隔空相握；病毒消失，再叙友情。”

因为工作关系，我与他 2012 年相识。一别八年，我俩终相见，只不过换个山旮旯。

我俩有很多话要说。这么多年，他换三个地方，都是一乡之长，对工作依然勤勤恳恳；我一直在编辑岗位上，自得其乐地在字里行间行走。

我俩彼此牵挂着。今天在金沙江畔相见，别说握手，来个拥抱都觉得不够。

是肆虐的疫情隔开了人们伸向空中相握的手。

疫情过去了，我们能像以前那样握手言欢吗？

这次疫情，对我们思维方式的冲击和生活习惯的改变，都是前所未有的。

以我熟悉的农村生活为例。自从务工潮兴起，走亲戚徒有形式。春节过后，乡村热闹一阵子。从年初二开始走亲戚，这一天多是给岳父岳母拜年，中午留下吃顿饭。对姑呀姨呀舅呀等亲戚，只有采取突击形式。把要送的礼品装进车里，一路拉过去，卸下礼品，一个地方坐上十多分钟，饭全免了。

当下和以前走亲戚有很大区别，那时日子紧巴，走亲戚除了叙亲情，还能吃顿好的。当下怕“三高”，有的年轻人觉得别人的饭菜不卫生，不吃更好。主要原因是过了年初五要远征，在家时间短，出门挣钱当紧。

2020年一切都省了。疫情把五湖四海的人们圈在各自家里。开始心里高兴一下，不必去亲戚家假热乎，不必去有求于人的那里套近乎。礼品不必传来传去走形式主义，饭局不必心非所愿害人害己。从家庭角度说，节约了不必要的开支；从社会层面讲，刹住了奢靡之风。

没想到的是，病毒对人类的热情远远超过人与人之间的真情。人们在家待一天，其乐融融；待一星期，有些空虚；待一个月，快崩溃了。

这时，我们想念身在异地的家人，牵挂好久没有走动的亲戚，想起曾经相处的朋友。

宅在屋里，我们有大把时间用来思考。

家人围桌而坐，几双筷子还会同时在菜盘汤盆里搅动吗？亲戚相聚，还能不停地夹上一些菜送给对方吗？朋友叙旧，仍然唾液四溅地推杯换盏吗？

交流感情的方式很多，我们该抛弃陈规陋习了。家人需要什么，就添置什么，有时一句贴心话语让人温暖好长一段时间。亲戚亲戚，不走不亲，谁都懂这个理，关键是采取什么方式让亲情温馨。谁都有三朋四友，朋友多了路好走，但要清楚，酒肉朋友，侵犯了野生动物的生存权，麻醉自己，甚至与吞下去的野物一起消失。

说了这么多，还回到手能不能握的话题。

从国际视野看，握手成为人们见面时通用的礼节，当前为多数人所采用。

握手传到中国，是近代的事情。远的不说，清朝时的人们见面以打躬作揖为主。相对于老一套，握手是改进，程序简化，两手一握，感情升华。

如今，我们再次需要全方位的改进。

说疫情改变一切，有人信；说疫情突如其来，我不信。在21世纪之初，非典非同寻常地飞来，我们慌乱一下，很快恢复平静。不久发生禽流感，没造成多大灾难，没引起人们恐慌。这次不同，先不说小到个人大到国家的损失有多少，单封城封路封人所带来的情形，就让人惊呆了、吓傻了。真傻了，给什么吃什么；假傻者，疫情一过，好了伤疤忘了疼，继续与野生动物握手，甚至接吻。

短短二十年里，想不到的疫情光顾我们三次，尤其是当下的疫情成为全球性的。常言说，事不过三，但对什么新型什么变种的病毒而言，就不敢这样断言。

这段时间，我在深思“距离产生美”这句话。抗疫期间，一家人谨小慎微保持着距离，出门在外更不必说。这是对自己的保护，也是对他人的负责。距离能不能产生美，我不知道；我知道的是，距离确实产生安全感。

这样说来，我们永远视家人如路人、待他人似陌生人吗？当然不是。

人类是聪明的，所以能统治地球；人类是弱智的，所以控制不了地球。聪明与弱智并不矛盾，是对立统一关系。

通过这场疫情的洗礼，让我们用聪明与心灵握手，增进人与人之间的感情；让我们用弱智与地球握手，促进人与自然和谐相处。

牵　挂

“纳兰特来看望大山哥，问候简单却真诚：一直牵挂在心。非常时期，保护好自己和家人。”

这是我收到的一条微信留言。要不是“纳兰”两字吸引我，差点把她忘了。

纳兰是我的妹妹，全名为纳兰泽芸。

我知道她在上海，但不知道她在哪个区、做什么工作，只知道每天都在写呀写。她知道我在西藏，但不知道我是否在拉萨，因为我忽而深入生活，忽而驻村。

一定是西藏出现确诊病例，让她担忧起我来。

结识纳兰妹，纯属偶然。

2017 年 12 月下旬，我到西安参加一项活动，作为鲁迅文学院学员的她恰在古城采风。均为文学上的事情，组织者把两支队伍合在一起，我和纳兰得以认识。

可能是我来自西藏的缘故，她对大山和大山生活的高原产生兴趣。

她轻声细语地自我介绍：“我是鲁迅文学院学员，见到这么多获奖的老师，是个学习的好机会。你是援藏干部还是长期在藏工作？”

我扭头一看，一位都市女郎，心想和我一样是个文学爱好者吧，但没敢轻视她。我知道，能在鲁迅文学院学习的，都不简单。“从户籍上说，我是西藏人。你的家在哪里？”我随口问道。

“我的家在安徽池州，现住上海。”她的语气侧重前半句，后半句好像顺便带出。

“从籍贯上说，我们是老乡。”

她欢快起来：“唐老师，你要多给我说些西藏的事情。”

我的脸一红：“我这次获奖是碰巧。想不到在西安见到这么多作家，我才是来学习的。千万不要叫老师，喊我名字就行。”

她粲然一笑：“喊你大山哥吧。大山响亮哥亲切。”

西安一别，至今未见。每逢节日，她会在微信中送上一句祝福。类似问候多，我没当回事，只是敷衍了事地回复。不过我注意到，她的问候有针对性，每条信息中都有“大山哥”字样。

因为每次都看到“大山哥”三个字，纳兰妹仍留存在我的脑海里，没有把她彻底忘却。

在皖北，已过知天命之年的人对比自己小十多岁的女子喊妹妹，有装嫩之嫌，甚至给人不庄重的感觉。

对偶尔浮现在眼前的纳兰妹没有那些俗味。浏览她的朋友圈，读着她的文字，当初见到的都市女郎渐渐转变为执着于文字的青年作家。

作家不等于口才好，想不到纳兰妹两者兼具。这让我惊讶，才女有的是，童年因病患有语疾的女子成为高校讲堂的常客，少之又少。

她是怎样成长的？2020年1月1日0时32分，纳兰通过微信发来一篇小文《夜来无梦过邯郸》给出答案。我当时一目十行，竟用一句打油的话“字里行间浸真情，来日方长筑新梦”搪塞。

21日，我来到金沙江畔驻村。刚进入春节假期，疫情信息满天飞。

除了必要的工作，我足不出户。平常不大看手机的我，开始三番五次地刷屏。一是工作需要，很多事情在群里通知；二是阅读公众号里的文学作品。

在众人谈疫色变的时候，我收到纳兰妹的温馨提示“保护好自己和家人”。

我忽然想起，应该仔细阅读纳兰文《夜来无梦过邯郸》。她梳理了自己的成长，由于专栏要求的篇幅所限，过于简单。我忙不迭地打开她的朋友圈，寻找纳兰泽芸专栏的内容。

纳兰坚持读书和写作。以2020年1月为例，除了1、2、3和8、9、10六天，她每天都有美文在专栏发表。1日至24日天天晨读，25日至31日假期天天读书并记感悟。

她每天多么忙，只有自己知道。她有单位的工作要完成，有家务要做，要照顾老人和孩子，要参加文学活动，要……一切客观存在，一切做得很好，一切成为她创作与演讲的素材。

站在金沙江畔，远望东方，我在心里默念："我有个妹妹在上海，她叫纳兰泽芸。"

大黄狗

天大亮，两只狗嬉闹着冲进值班室。

我大惊，欲起身躲避。在金沙江桥头值班，如被流浪狗咬一口，狂犬病比疫情还可怕。

仁青多吉笑言:“没事。它们每天这样闹着玩。很多人早上起来锻炼身体，狗是一样的，不锻炼没有胃口，还变得懒惰。”

一会说人，一会聊狗，我有些摸不着头脑。

两只狗确实如仁青多吉所说，觉得这片场地不错，跑跑步、做做操，顺便亲热一下坚守岗位的值班人员。

既然如此，就听仁青多吉聊聊那只肥壮的大黄狗吧。

大黄狗原来的主人是个从内地到此一游的青年。

在川藏公路上，有时能看到一个人或推或拉着一辆简易车子，前面或旁边也许有只狗相伴。苍茫大地上的那个慢得几乎看不到移动的黑点，成为无数游客眼中的一道风景。

在遥远的地方，有了人，爱就在身旁；在荒凉的地方，有了狗，情就有倾注的对象。

那个青年是玩直播的徒步者，那只大黄狗是陪他进藏的伙伴。

他与它满怀喜悦地来到金沙江畔。

是呀，马上就要踏上西藏的土地。过了金沙江，越往前走越刺激，直播越能赢得粉丝点赞。

人生不是不让你玩，而是要玩出快乐、玩出名堂、玩出价值。

来到四川最后一个检查站，他主动掏出证件。

他看见检查人员戴着口罩、穿着一身白色的防护服觉得好笑。要不是担心被警察拦住进不了藏，他真想来次现场直播。

他清楚这是突如其来的疫情使然。

他出发时，一切正常。过了理塘，他看到手机里出现的疫情信息。那时名称挺长，读起来拗口。千里之外发生的疫情与他何干？况且越往西走，离疫区越远。他压根没往心里去。他心里想的是去西藏玩直播。

来到金沙江钢架桥上，他停住车。大黄狗蹭着他的腿。这是四川与西藏的分界线。

据说这座钢架桥一半由四川所修，另一半为西藏所建。多有意思的大桥，就在这里直播，算他进藏的首播。

大黄狗，保持些距离好吗？镜头里不能没有它。

效果不错，他上传完毕，即有网友回应。

当他推车来到西藏检查站时，仍然没有意识到事态的严重性。

检查人员查验了证件，没在他的期待中放行，而是告诉他，进藏通道已封闭。

他不能理解，疫情有那么严重吗？四川那边让过来了呀。

磨破嘴皮没用，疫情重于山，正如网上所说，全国性的防控措施已实施。

他调转方向，一步三回头地撤退。

当他再次来到四川检查站时，检查人员认得他，因为那辆直播车，还有形影不离的大黄狗。

他以为不能前行，回去没问题。谁知检查人员告诉他，在他上次通过检查站后十多分钟，接到上级通知，为了防止疫情蔓延，严格管控车辆与人员。

他被告知，直播车与大黄狗不得通行。至于他本人，由于一个多小时前才从这里经过，可以放行。

他百般解释，人是一小时前的人，车是一小时前的车，狗是一小时前的狗，三位一体，一起来的，还是一起回去吧。

检查人员只说一句："疫情在变化，防控措施在细化，如接到新通知，不知你什么时候能回家。"

他理解检查人员，不敢耽搁，车子不要了，大黄狗怎么办？托付给谁？谁敢要？

路人提示，放生。

对，放生，在西藏，这是个常用词。

放在这里吗？这是四川呀。自己奔着西藏来，没圆直播梦，要把大黄狗放生去西藏。

他带着大黄狗一路小跑过了金沙江钢架桥。他怕距离短，大黄狗跟回四川来。他有意跑到西藏检查站附近。

他与一个同样去不了西藏的车主攀谈，商量搭他的车到四川检查站。

大黄狗在他身后蹲着，用嘴扯着他的裤脚玩。

大黄狗没想到的是，主人猛地钻进车里，快速关上车门，一溜烟跑开。

待它反应过来追赶时，小汽车已在百米之外。

到底发生了什么事？主人那么狠心地扔掉它。它想不明白，一路上，主人吃啥它吃啥，主人睡哪它睡哪。主人抚摸着它的脖子，亲亲它的脸，时常和它说上几句话。它熟悉主人的呼吸，明白主人的神情。一声轻轻的呼唤，它清楚主人发出的指令。

主人肯定遇到什么急事，还会回来接它的。

它没有跑到金沙江钢架桥，便放弃努力。

主人钻进去的车子离它多远，无法判断，因为从它身边又驶过去几辆模样长得差不多的小汽车。

有主人生活无忧，没主人要想法生活。

在狗眼看到的世界里，对它好的是人，对它构成危险的也是人。

主人对它好，不知在哪里；它见过买狗人，再凶的狗看到那把大铁钳都会颤抖。

没有主人的庇护，大黄狗做的第一件事，是想尽一切办法避开人。

它多么想念主人呀，饿得饥肠辘辘时想起与主人在一起的日子。它知道主人要去的地方是西藏，那里海拔高，有些人高原反应。它不明白，主人为啥把它送到西藏扭头就跑。这地方叫西藏自治区芒康县朱巴龙乡朱巴龙村。它是从流浪狗那里偶然听到的。自己的头为什么不晕？是不是狗的适应能力比人强？难道是主人高原反应受不住回去了，把它留在西藏，帮他圆场高原梦？

大黄狗饿呀，离开公路后却不敢靠近公路，尽管那里能找到可吃的东西。

大黄狗有意躲着流浪狗。一只毛色和它差不多的流浪狗主动和它打起招呼，说找到了失散几年的哥哥。

这对狗兄弟很快有饭同吃，玩在一块，住在一起。

大黄狗敢接近人了。从这个没有血缘关系的弟弟经历中，它感到这里的人对狗很好，没见过哪个醉醺醺的家伙用狗肉做下酒菜。

狗兄弟无论走到哪里，都有人拿出东西给它们吃。从眼神中可知，他们爱狗疼狗喂狗。

让狗兄弟高兴的是，朱巴龙村的值班室里有人与它们情同手足。

每天不变的是锻炼场地，变换的是不同的值班人员。无论谁值班，对狗兄弟都友好。

今天，我和仁青多吉等人在桥头值班。

初见大黄狗，我吓一跳。大黄狗见到我犹如遇到老朋友。兄弟俩围着我欢蹦乱跳。玩一会，哥哥沉稳些，似在思考狗生。人有人生，对狗而言，应叫狗生。弟弟兴致不减，用嘴轻轻扯着我的衣袖。

大黄狗看到我是猛地想起主人，还是觉得好男儿志在四方，只要热爱，脚下的土地就是家乡？

在与狗兄弟相处的这一天，我觉得人和狗生活的是两个世界，实际上在同一空间。

十多年前，我从安徽北部一个村庄去了拉萨。2020 年春节前，我从拉萨千里迢迢来到金沙江畔驻村，和朱巴龙村的村民共同生活一年多时间。十多年前，淮北平原上的那个村庄是我家。这十多年，拉萨是我家。2020 年全年，朱巴龙村是我家。

我与大黄狗不约而同来到金沙江西岸，相逢何必曾相识？结合各自经历，我俩息息相通。看到它在朱巴龙村的幸福模样，我忽然听懂狗语。

它附在我耳边说："我不是流浪狗。我们共同生活的地方就是家。"

防疫不易

本打算回家过春节，北方的疫情此起彼伏，坚定了我不出西藏的决心。

从 2020 年四五月份起，总觉得疫情很快过去。这是有根据的，政府防控力度前所未有，全民防疫意识逐渐增强，人财物投入不计成本，技术水平不断提高，无论病毒藏在哪里，我们有办法找出来，有能力消灭它。

疫情暴发一年多了，情形并不让人乐观。原因是复杂的，境外输入与本土病例交织，散发病例犹如按下葫芦浮起瓢，这场防疫战的时长远超预期。

全球确诊病例用亿计算。我国的确诊病例为数不多，但不敢大意，一旦失控，14 亿多人的健康乃至生命不堪设想。

回想起以前鸡生瘟时的情形，我不寒而栗。三十多年前农村养鸡是副业，每家养二三十只，买油盐酱醋的钱和给孩子交的学费，都来自卖鸡所得。有一家的鸡生瘟，全庄人紧张。可怕的是，在出现鸡瘟时，有人不舍得掩埋死鸡，竟给做熟吃了；有人卖给街上开饭店的，本来一只鸡值十块钱，他们一两块钱买下；甚至有人专门下乡收生瘟鸡，五毛钱能买一只大鸡。结果可想而知，一个村庄的鸡很快死得所剩无几。

由鸡瘟联想到疫情，道理一样。这是一场全球性瘟疫，防控办法简单而艰难。说简单，隔离与治疗并举；说艰难，人们的自我隔离意识不够，目前尚无治疗这种疫情的特效药。

面对疫情，隔离是个古老而有效的方法。疫情暴发时，我国政府采取果断措施，对疫区民众予以强行隔离。当时有人不理解，如今越来越多的人认可、支持政府的作为。对我来说，每有出游冲动，就想起村里生瘟鸡一只只倒下去的情形。每当有来路不明的人接近我，身上就起鸡皮疙瘩。

感谢我们的国家，硬性防控与温馨提示齐头并进。2021 年元旦前后，北方出现疫情中高风险区，政府成为灭疫先锋，立即启用行之有效的防控措施。为了减少人口流动，政府倡议工作人员就地过年，曾经热火朝天的春运低调启动，估计不必增加临时客车。

政府作为，还需全体人民配合。春节即将到来，还呼朋唤友家人聚餐吗？今年的天各一方是为了以后更好地团圆。结婚还大摆宴席吗？今天的简约是为了将来幸福美满。侄孙女于 2021 年春节前结婚，我在网上订了 2021 年 1 月 16 日的火车票，承诺参加她的婚礼。看着反复无常的疫情，我的决心转为犹豫很快变成决断，在芒康山区的一个小村落过年。家人会理解的，再大的承诺超不过对生命的承诺。事实上回家的路并不畅通，工作需要是一方面，途经高风险区扫码会变成红色，必被困在途中。

政府再努力，对个人而言，必须有防控疫情的意识，自觉按照要求去做。对自己负责，即是对他人负责；想起对他人负责，就能对自己负责。

在对患者的治疗方面，国家花了大力气，可说不惜一切代价。现实是仍有一些患者离开留恋的生活。从整体上看，防控疫情，治疗是必须的，而根本在于隔离。

从非典到禽流感，再到这次疫情，我们看到瘟疫与人类如影随形。彻底摆脱瘟疫几乎不可能，但我们可以把它控制在最小范围直至消灭。这需要国家的力量、政府的举措和国民的努力。这次超过人们想象的疫情防控已是例证，何时宣告这场防疫战结束，仍需时日。

在举国上下防控疫情中，我们感受到党的领导有力、政府举措得当、国民意识增强。虽说防疫不易，但只要万众一心，我们定能打赢这场防疫战。

战　士

疫情的可怕，出乎人们预判；疫情持续时间之长，出乎人们意料。

放在全球视野，我国的疫情防控得到公认。在某时某地可能出现无法预测的反弹，可谓草已斩根未除，给人一种危险仍在身边的感觉。

这次疫情符合暴发快、传播广等瘟疫的特点。远的不说，非典和禽流感都属瘟疫，均被政府采取果断措施予以控制并彻底消灭。这次疫情是今人见到的波及范围最广的疫情。事实证明，打赢这场防疫战，仍需政府担当指挥官角色，仍需防控人员发挥战士作用。

全民的防控意识提高，是不争事实。众所周知，防控疫情简单而有效的方式，是在疫区实施隔离，在空间上切断传播途径。我们听到某村封了、某小区封了，甚至某城已封，都是隔离举措的体现。

一个封字，把疫区与外部隔离开来，相当于两个世界。封城与围城不同。钱锺书说的围城，大意是外面的人想进去，里面的人想出来。因疫情而封城，里面的人想出来不假，外面人想进去的不多。

回望诸多举措，政府封疫区，是相对的，既有原则性又有灵活性。原则性是刚的，在划定区域禁止人员往来，任何人不得越雷池一步；灵活性是柔的，疫区给封了，里面身体正常的人待在家里，没有衣食之忧。

这种刚柔相济方式能够得以实施，用马克思的话说，是国家机器在起作用；用中国人的话说，发挥社会主义能够办大事的优势。

即使疫区被封，内部不是绝对禁止人员往来，而是根据疫情予以区分，有条件地予以管控。这些条件是戴口罩、登记等，均已为国民知晓并接受。这些管控内容是自我保护措施，放在低风险区同样必须落实。

生活中偏偏有不该发生的事情发生。一退休干部在公共场所不戴口罩，值班人员及时提醒，不料他竟发毛。他理所当然地认为，戴不戴口罩是个人的事，谁提醒他就是干涉他的自由，对他不尊重。他太激动了，激动得忘了自己身处公共场所。在疫情没有彻底消失前，任何一个不采取防护措施的人在公共场所出现，既可能侵犯公共安全，自己也可能受害。他之所以大发雷霆，是潜意识在作怪，在位时大权在握前呼后拥，如今一个保安能奈我何？

无独有偶，同样在小区门口，值班人员要求来访者登记。来访者不予配合，给社区居委会负责人打电话，要求为其开通绿色通道。网上把来访者晒得一塌糊涂，我对其行为却能理解。我们虽然在以法治国，很多人又默认中国是人情社会，而且努力通过人情办事。不知来访者有没有后悔，但当时想的不是什么疫情，而是给领导打声招呼，进小区不用登记，说不定有种优越感。殊不知，即使没有疫情，我们千真万确进入社会主义新时代，规矩不是不知道，关键在守。

无数事实证明，防控疫情，一个守字见成效。守住自己，不让出门就待在家里，可以出门主动自我保护。守住他人，禁入区域坚决不让他人入内，禁止行为一定不能出现。守住村落，远离闹区不抱侥幸心理，返乡务工人员进行必要的隔离。守住城镇，免去呼朋唤友聚大餐，配合治理服从调遣。守住全国，境外确诊病例仍在猛增，切断输入性传播途径迫在眉睫。

防控疫情需加强党的领导。这不是口号，放眼世界，有哪个国家的执政党能够在疫情面前一声令下，全民防控？中国共产党做到了。政府的有力作为和人性关怀双管齐下。哪里出现疫情，政府以最快速度封堵疫区，同时保障居民生活。平时我们把医护人员称为白衣天使，今天我们把医护人员乃至疫情防控人员称为白衣战士。

说到战士，我们想起冲锋陷阵，想起一片厮杀场面。防控疫情是另一个战场，进行的是另一种战争。全国人民，谁敢说与之无关？谁能生活在真空中？既然难以逃避，我们应面对现实，面对考验。只有这样，人类才能避免被病毒感染，最终把病毒消灭殆尽。

疫情当前，我们是人民，同时是战士。是战士就要时刻做好战斗准备，是战士就要接受指挥和调遣，是战士就要迎接各种挑战。

当人人都是防疫战士的时候，疫情就会在地球上消失。

感悟随笔

金沙江

六月初的江水，不是我想象的样子。

冬天我来的时候，水那么清澈，如母亲年轻时的那双明眸；夏天到来，水那么浑浊，如父亲老年时得了白内障的眼睛。

江水涨了很多，尽管朱巴龙一带毫无降水迹象。是山上的积雪化了，还是上游落下雨水？让远方的蓝天白云告诉你吧。

这里的温度比拉萨高 10℃。中午可以穿短裤背心，只差汗流浃背。

让人难以置信的，是空气的干燥。洗好的衣服，不需要脱水，在外面晾晒，两小时后，拿过来就穿。想起在成都的时候，洗好的衣服脱了水，在阳台上挂一个星期，摸起来还是潮乎乎的。

江水为什么冬清夏浊？这里的冬天几乎不下雨，即使落些雪，只是给群山披件白色大氅。缺少降水补给，金沙江饿到劲了。单看水量，与其说是江，不如说是河。或许，金沙江如父亲般思考，在这思考的半年里，他的思想得以澄澈，他的泥沙得以沉淀。

夏天来了，他吸纳着积雪的乳酪，猛喝着上天赐予的饮料。这一流域的植被没有想象的丰富，地表层结构松散，遇到强降水，可谓泥沙俱下。这是金沙江流域易发生山体滑坡等地质灾害的主因。

江水远望泛着黄色，容易让人想起黄河。我用脸盆端来放进房间，近瞧像一盆污水。放置一天，盆底覆盖一层细沙。我异想天开地把它放在阳光下，希望看到闪闪发光的金子。金沙江，从字面上理解，满江都是金沙吧。事实

夏天的金沙江水（唐大山/摄）

的确如此，江水里都是沙，里面有没有金子，只有让大浪来淘了。

单看水，沙多；放眼望滩，砂多。沙轻，随水而去；砂重，偏离中流即停住前进的步伐。年复一年的大浪淘砂，给朱巴龙集体经济的发展送来持久的资源，砂石场让村民财源滚滚。

无论视觉还是听觉，江水都是那么有力。

站在大桥上，往上看，波浪直冲我而来；往下看，浪花对我一笑，拥挤着消失了。他的汹涌，他的颜色，让我想起黄河号子。如果我吼几下，可说声情并茂。我不敢吼，一辆载重大货车爬上桥，脚下的钢板在抖动。货车的碾轧与江水的吼叫让我的心跳加速，立即贴紧护栏站定。

静静站在桥上，江水的流速很大，感觉整条江在动。如果盯着远处的一个波浪，看它翻着身、打着滚跑过来，猛地钻向脚下，觉得头一蒙，好像被它带走一样。

村委会建在江边，我住在二楼。凭高可看到奔跑的浊浪，躺在床上能听到江水的欢歌。

如把向江的房门关上，是另一种效果。声音从后面窗口传来。开始不知怎么回事，想起与我相伴的金沙江，失声地笑了。波涛声被门挡住，它不甘心，越过楼顶，撞在后面山坡上，回过头来通过窗户传进我的耳朵。

金沙江是有力的。何以为证？2018年堰塞湖泄出的洪水一夜之间把朱巴龙的两座桥冲垮即为例证。或许有人说那是特殊情况。其实，平日里的金沙江不可小觑。我踩在石头上舀水，一个水浪打过来，鞋子全湿，险些把我卷入江中。

想想金沙江所处的环境，自然明白他的力气为什么那么大。他从青海奔腾而来，愣是从高山峡谷中冲出一条生路。没有逢山开路、遇石击碎的力量，世上当无金沙江。正是因为他自北向南纵贯，四川和西藏都以拥有他为荣。解决这个问题的办法，是川藏以金沙江为界。

高山峡谷干热气候很难让金沙江沿岸长出参天大树。干燥的地表奈何不了江水的咆哮。尽管水量因季节不同有大小之别，金沙江给人的感觉是永不停息。

这取决于水源和海拔。长江的源头终年积雪，起初为涓涓细流，终因胸怀宽广，不停地吸纳沿途补给，久而久之，到了川藏地段，水量充沛。金沙江上下端落差之大，既实现了水往低处流的夙愿，也产生了丰富的水力资源。苏洼龙等地的水电站，正是金沙江带给当地人的礼物。

简单概括六月初的金沙江，他如父亲般雄劲、有力、不息。

用江水洗把脸

天色放亮，我信步走出村委会。

抬头看看金沙江大桥，几辆车子自东向西而来。他们昨晚住在巴塘，今晨起早赶路。2020 年春节前，318 国道上的车辆一路向东，为的是过大年。进入三月，他们一路向西，返藏上班或复工复产。他们像候鸟一样有规律。

我来到水边，由北而南从金沙江钢架桥下面穿过去。我心里惦记着能不能捡到几块鹅卵石。

我不懂石头的质地，只看它的形状，觉得光滑好玩即捡起。

我在拉萨的住处存有几块从拉萨河畔和喜马拉雅山南麓捡来的石头。如今在朱巴龙住着，无论如何要捡几块金沙江水冲刷出的石头。

我站稳脚跟，洗鹅卵石，水冰凉。把手浸在里面几秒钟，受不了，是彻骨的凉。

再凉，我要用它洗把脸，不仅因为早起没洗脸，主要是想感受一下江水温度。

捧水的手冷得发抖，泼在脸上一哆嗦。时值三月，岸边树有的长出柳叶，有的吐出榆钱，有的桃花满枝头。

据我在西藏对水的体验，即使到了七八月份，感觉与此差不多。江水由冰雪融化而来，只有流出青藏高原水温才有根本性变化。

千百年来，附近的地貌没有改变，金沙江的形状没有多少改变，江水的温度基本上没有变动。

有改变的，是在江边捧水洗脸的人们。

从眼前水量看，属一年中最少时节。自从这里出现人类，他们借助牛皮筏可以渡江，说不定有涉水过江的情形。

唐朝时，这里已形成商旅往来的茶马古道。从康定到拉萨，动辄数月，商旅不绝于途，因各种各样的原因毙于途者亦不鲜见。

进藏的人们，来到金沙江边，自己洗把脸，给骡马饮口水，咬了咬牙，继续向西赶路。为什么咬牙？来到这里，更多的考验开始了。要过强盗出没的芒康，此地曾叫宁静，那是人们对不宁静的地方寄予美好的愿望。

出藏的人们，来到金沙江边，自己洗把脸，给骡马饮口水，松一口气，继续向东赶路。为什么敢松气？离内地越来越近，活着回来不容易。但不能大意，各种难以预料的危险仍可能出现。

不管进藏还是出藏，茶马古道上的商人用金沙江水洗把脸，清醒下头脑，有利于排除万难，把生意做好。

集体用金沙江水洗脸的，当数中国人民解放军第十八军官兵，他们从这里渡江打响昌都战役。

七十多个春夏秋冬过去了，永不停息的江水早已冲去战士的足迹。他们留下的，是在昌都大地飘扬的五星红旗和八一军旗。

十八军战士减员，主要是途中自然消耗大。过了二郎山等高海拔区域，战士们来到海拔 2500 米左右的巴塘一带，从岗托、朱巴龙、索多西等处轻而易举渡过金沙江。

来到这里，十八军因客观原因已付出很大代价。能用金沙江水洗把脸的战士端起枪，鼓起勇气，踏上解放昌都的战场。

十八军五十二师副政委阴法唐和他的妻子李国柱都曾用金沙江水洗过脸。一个是指战员，一个是牦牛运输队的女兵，曾经的场面虽烟消云散，过往的情形铭刻终生。看了李国柱所著《一个女兵的西藏人生》才知道，进军途中，牺牲时常在身边发生，相当一部分战士没有看到西藏解放。今天，阴法唐和李国柱夫妇是经历昌都战役乃至参加解放西藏的高寿者。2024 年，阴法唐 102 岁，尚能提笔写字；李国柱 92 岁，声音依然响亮。

我抬起头来，凝视侧上方的钢架桥。

凌晨两点，有人敲门。他俩是朱巴龙村白洋组的次仁久美和边巴拉姆。他们在四川邛崃务工，藏历年前想回家过年，因疫情被困。可以回来了，他们办好所需证明连夜赶路，用 13 个小时来到金沙江畔。他们接过村委会开好的证明，继续赶路。

当年四路解放军进藏所费时间与所付代价，是难以估量的。今天，务工者自驾轻而易举走完漫漫长途。对过客而言，金沙江大桥只是一个路标。

洗完脸站在江边的我，想起很多：不管哪片地域、哪个民族要发展，必须交往交流交融。基础设施建设突飞猛进，为交往交流交融提供了必要条件。

糌 粑

糌粑伴随藏族人一生。

孩子出生后，起初的喂食各种各样，藏族用的是动物的血沫和糌粑。

一般说来，开始用什么东西喂食，孩子长大后就嗜好那种东西。喂食的东西不需多，用手指蘸一下往孩子嘴里一抹即可。

喂食的往往是母亲。藏族孩子出生后，会有人端来动物的内脏，用牛的居多。母亲伸出手指沾下那坨黏糊糊的东西，附着些糌粑，往孩子嘴里一抹。说来也怪，看起来对外界毫无感知的婴儿会吧唧吧唧嘴咽下去。这一抹，抹出孩子一生的食物结构，吃生肉，吞糌粑。

一方水土养一方人，实际上是一方人靠着那一方水土生长出来的东西维持生命。藏族人为什么用糌粑和血沫喂食？原因简单，高原上常吃的是这两种食物。青藏高原土地贫瘠，牧场像荒山，牧草遮不住地皮，这样的条件只能养牦牛。以前没有高压锅，牧民以风干牛肉充饥。在河谷地带，稀稀拉拉生长着几棵青稞，磨出来的糌粑难以果腹，这是他们唯一能得到的粮食。由于不需生火加热和携带方便，糌粑成为人们出门的首选食物。

说起外界对藏族人的印象，脑子里浮现的往往是老人手摇转经筒或手抓糌粑的情形。他们生活简单，起床后拿起转经筒摇几下。转经筒放在床头或近旁，顺手一摸能拿到。接着把碗放在桌上，往里面放些酥油和白糖，从袋子里抓出几把糌粑。糌粑袋多由牛皮缝制而成，看起来脏兮兮，闻起来香喷喷。

抓糌粑相当于做饭，但比做饭省事得多。左手端碗，右手拇指抵住碗的外侧，其他四指并拢，一擦一蹭一捏，手中碗按照顺时针方向旋转起来。几分钟后，糌粑粉变成糌粑团，而碗壁光洁，居然看不到糌粑的痕迹。

一些人看到藏族人吃糌粑不可思议，认为怎能咽下去。作为藏族人，吃糌粑是一种享受。想起小时候喂食用的是糌粑，能理解他们为什么吃起糌粑来越嚼越香。

出去放牧的人，中午不回来。他们背上糌粑袋，拿起乌尔朵，轻装上阵。放牧的地方有溪流，中午饿了，从袋子里掏出木碗，舀上溪水，抓些糌粑放入其中，几下揉搓出一个个糌粑团。吃完午饭，找个避风的地方，或者直接往草甸上一躺，晒着太阳睡午觉。

一些都市人想过简单的生活，请到西藏牧区来吧，这里每天都是你们向往的什么都不用想的日子。

别忘了一方水土养一方人，那些带着梦想的人来到海拔4000米的牧家，能待上三天真算圆梦。糌粑咽不下去，风干肉嚼不动，酥油茶的味道难以接受，再来点高原反应，不迅速逃离才怪呢。

糌粑、风干肉和酥油茶是藏族人生活中的三宝，食之如饴，饮之余味无穷。想想北方和南方不同的饮食习惯，一切都是正常的。北方人吃米饭总有不饱的感觉，南方人吃馒头害怕噎着。所有担心都是多余的，当地物产养育着当地人。

藏族人生下来就接受糌粑的味道，一生离不开它，去世后需糌粑相助才能把肉体施与秃鹫。说来也怪，即使碎骨，有糌粑搅拌在一起，秃鹫吃得一干二净。如果不撒糌粑，秃鹫居然不吃。

从这个角度说，糌粑陪伴藏族人一生。

根

在金沙江边散步，看到路旁的树，我们聊起根。

“经常刮那么大的风，这里的树枝很少有断的。”

“一年四季地吹，把树的枝条吹得柔韧了。”

“主要是它的根，在下面牢牢抓住岩石。除非把江底的石头吹出来，算把树刮倒了。”

“记得上学的时候老师讲过，树有多高，根有多深；树冠的面积有多大，下面根的铺展面积有多大。”

“你记错了吧，那棵树有十米高，根有十米深？江水有几米深？它能扎到江水下面去？”

“对头。这里是高山峡谷干热气候，水汽跑上面去了，地表反而干燥，根不深，树难活。”

“朱巴龙村村委会海拔比拉萨低 1000 多米，空气和拉萨一样干燥。”

我们顺着水泥路往山上走了一段距离，看到斜坡上露出来的根系，对根的认识加深一层。

“看看它的根吧，肉眼看得到的部分有它上面高度的两倍多。”

“这不是树，是灌木。”

“越是普通的草木，与它的身高相比，根扎得越深。”

“暴雨冲击，山体滑坡，有可能把它的根暴露出来。这里泥土少，或者说与砂石泥土的混合物相连，只要有一丁点根与泥土相连，它的生命都有保障。”

“那些细根往下扎了多少米，除了植物学家，难有人说出精准数据。”

“这话我信。它能熬过干旱季节，证明它的地表部分相貌平常，根系却异常发达。”

“深扎下去，接水分，与枝干血脉相连，才能保证夏天枝繁叶茂。”

“说起根，想起我们的驻村工作，两者有异曲同工之妙。深入基层，接地气，与群众声息相通，才能保证党和国家的政策落地生根，强基础惠民生。”

卷 柏

卷柏，非柏，俗称还魂草。

在芒康山区，卷柏是常见的一种草。奇怪的是，马牛羊不吃它。

山脚难觅它的踪影，山顶不见它的容颜。它生长在干燥的山坡上，偶有灌木做伴。

在村委会二楼房间里，往窗外一望，满山坡是卷柏。它们的存在有些特点，单个看，抱成卷儿，犹如猴头菌。很少有单株，多为一簇簇，好像排兵布阵一样。它们的根部依着斜坡，紧紧抓着碎石间的干土；卷起来的叶子围成一圈，你挨着我，我挨着你，整体朝向内侧圆心。

我从 2020 年春节前来到这里，住了大半年，居然没发现它们。近处的卷柏离我的直线距离没有十米。或者说，偶尔看到山坡上像丸子一样凸起的小包，没有细究它们是什么，仅作为一种干草团而已。

金沙江畔的朱巴龙干燥，夏天的一场阵雨能让山腰腾起一层雾状的灰尘。我清楚出现这种现象的过程。小时候打扫土房子，地上灰尘多，往往先端盆水洒一遍。水到之处，有的在尘土里打个滚，形成个小球跑一下，最后散开浸下去。在水的冲击下，地面形成一片带着微尘的雾状物。七八月份是朱巴龙雨水集中期，植物抓住这段时间使劲生长。

发现一直陪伴我的卷柏，是个偶然。一场大雨后，我凭窗眺望，山坡绿起来。这有些不可思议，前一天的山腰一片枯黄，尽管灌木想冒嫩芽，并不明显。我欣喜地爬上山，去感受那片绿，去探寻那片绿是怎么来的。

太可爱了。以前并不在意的灰色凸包不见了，代之的是一把把展开的绿伞插在山坡上，伞口朝上，叶子怎么看都像柏树。高海拔地带的地柏我见过，那些枝条紧挨地面，但能找到主干，说明是木本植物。卷柏在形体上小巧玲珑，舒展的一团叶子和一大朵菊花差不多。它有柏树一样的叶子，却无主干，中间空荡荡。一朵花尚有花蕊，而卷柏像一朵被掐去花蕊的花朵。与花朵不同的是，花瓣多是弯曲的，卷柏的叶子向四周直铺开来。

美好是短暂的，所以让人留恋。雨过天晴，是这里的常态。当我从窗口搜寻卷柏时，山坡上的绿不见了，所见仍是一个个土灰色的小凸包。

我再次爬上山坡。这些只展示几个小时绿色生命的卷柏，在阳光照耀下，一如既往地抱成团，全是干枯的样子。我揪它的小耳朵，动一下，扯不下来。

在山脚一堆冲下来的碎石旁，我看到一棵卷柏与之俱下。它的根部裸露出来，毛茸茸一团，在体积上比它的地面部分大得多，根系的长度是地上部分长度的五六倍。

我终于明白卷柏何以在常年干旱的芒康山区存活下来，原因简单：抱成团，深扎根。

卷柏遇水绽绿的特性给我启迪：可卷可舒还魂草，能屈能伸大丈夫。

山坡上的卷柏（唐大山／摄）

蝉

住处后面是小山坡，上面零散点缀着一丛丛灌木。我听到那里传来叫声，不能确定是不是蝉。

我对蝉的叫声非常熟悉，为什么一时辨别不出？在我家乡淮北平原，常见的蝉有三种，大者如果集体发声可用震耳欲聋来形容，中者在三伏天时引吭高歌，小者叫声不太引人注意。我在住处听到的这种虫子的叫声明显比小者的大，却远远赶不上大者和中者的声音。当时想起蝉，因未见其形，只把其作为一种虫鸣而已。

一天午饭后，我走进宿舍，在窗台上看到一只蝉。可能是我对它的声音关注度不够，它来到我窗前，想找到一种存在感。

学过法布尔的《蝉》，我知道蝉是复眼，视觉发达。它是聋子，我不必蹑手蹑脚。我不会加害它，想一睹它的容颜。

它和我家乡的蝉不一样，个头介于大者和中者之间，长相接近大者，犹如其弟。

蝉的生活是艰难的。目之所及，皆为灌木，那是一种营养不良的绿，我没见过夏天的绿这么浅这么淡。蝉靠吸取植物的汁液维持生命，说起来算害虫。作为堂而皇之的人，没干过坏事的有几个？灌木活下来不容易，蝉以灌木的汁液为食，想喝饱肚子不是简单的事。

它活得艰辛，本身却是一疙瘩好肉，成为鸟类捕食的对象。风雨过后，我在院子里见到一只蝉，它无力飞起，趴在水泥地上。几只麻雀在不远处嬉闹。蝉想离开这块是非之地，费劲地爬行。这却应了防控疫情的一句调侃：生命在于运动，运动等于找死。蝉挪动几厘米的距离，让麻雀发现了。一只麻雀俯冲而来，啄到它的身子，它的反应是扑扇着翅膀挣扎。我走过去，麻雀飞走，蝉旋转几圈复归平静。

蝉的生命期较短。进入五月，朱巴龙的高温接近 30℃。五月底六月初，温度可达三十三四摄氏度，这是蝉能够生存的基本温度。六月底七月初，雨季到来，对蝉而言，犹如江淮一带的秋天降临，它缺少活动的环境，几乎失去生存的条件。

朱巴龙属高山峡谷干热气候，温度再高，难有汗流浃背情形。这种气候状况，蝉可以生存下来，但不是适宜的生活环境。像山坡上的灌木一样，这里的蝉营养不良。

我们意识到蝉的存在，是因为它鼓腹而歌。我歌故我在。蝉的声音不大，甚至有些嘶哑。只要太阳升起来，温度提上去，它就会扯开嗓子歌唱。这好比生活中的人，歌唱家的声音优美动听，普通人的歌声自得其乐，没有音乐天赋的人哼起曲子来，能自我陶醉一番。

朱巴龙的蝉不在乎生存环境的恶劣，只要来到世上，它就要放声歌唱。

夜 空

将近6点，我按时起床，对面LED上那行熟悉的红色大字，在夜色反衬下尤其醒目：治国必治边、治边先稳藏。

为了躲避施工噪声，我从村委会搬出来，借住在乡政府。我晚上9点左右从村委会徒步去休息，次日早上6点左右从乡政府走出。从不开灯，很多乡干部不知道我住在乡政府大院。

从乡政府到村委会，步行约需十分钟。有时我竟用半小时，因为走走停停，总是仰头看星空。

早上，我从住处出来走到侧下方的篮球场停下。职工周转房、乡政府大门、北斗七星，我从这个角度观望它们，平时，前两个熟视无睹，后一个习以为常；今天，三者组合在一起，别有一番情趣。

白天能清晰地看到乡政府大门上的空间，远处是山，山上是天，偶尔配上几朵云彩。此时因为灯光原因，职工周转房和乡政府大门以夜晚特有的色彩静静地待在原处，其上的空间却发生变化，山不见了，云没有了，撒落在那里的是一把星星。无论怎么看，北斗七星的位置那么好，亮度那么突出。无论谁抬头望去，都不会忽略它的存在。

我是个望文生义的人，以为北斗七星的斗，是计量工具的斗。不对，用来量粮食的斗没有柄。《诗经》说得明白，古代把盛酒的器具称为斗。我想起家乡人把北斗七星叫作勺子星，够形象的。它的英文名称，The Big Dipper，大勺子，同样直观。站在乡政府大院里，有些凉，仍然浮想联翩。

黎明时的北斗七星专为我欣赏而存在。天枢、天璇、天玑和天权组成斗身，斗口正好对着职工周转房，要把它从地上舀起似的。由于海拔原因，这里常被称为天上西藏。我感觉扬起手来，往上一跃，能抓住它的把手，就是玉衡、开阳和摇光组成的斗柄。这些星的名称颇符合此时意境。斗柄末端的叫摇光，拍出的照片比实况精彩，视觉效果上，它是接近人间的一颗星。摇光，它把乡政府的建筑物摇出斑斓的色彩，稍后会摇出晨曦，摇出一个万紫千红的人间天堂。斗柄中间的星叫开阳，多么接地气的名字，再高一些，能看到太阳啦，真是名实相符的名字。让人津津乐道的，开阳星附近有一颗叫“辅”的小伙伴。如果你的视力正常，用肉眼能看到它。古代阿拉伯人征兵时，把那颗辅星用作视力表，看得见它说明视力达标。斗柄上端的那颗星叫玉衡。如果没有它在那里撑着，北斗七星这只天上的大勺子难以立住。勺子要是立不住，真会翻了天，由此可见玉衡的重要。

在朱巴龙乡政府仰望北斗七星（唐大山／摄）

我不能看到星星，一看到星星就如痴如醉；我不能联想它们，一联想它们就收不住感情的闸门。

走出乡政府大门，顺路南行。来到空旷处，情不自禁扭头北望。这一望，又望出一片天地来。

这时的天地空间让人恍惚。北斗七星依然那么显著，那么迷人。是移步换景的缘故吧，山的轮廓出来了，或许觉得天上与人间不应该那么界限分明，几朵云飘来铺垫，把两者连在一起。像天上的街市一样，人间的灯火仍然亮着。左边那栋楼，是西藏朱巴龙乡政府，我刚从那里走过来。那座职工周转房是这一带最高的建筑物，有八层。那样的一个庞然大物，远看只有火柴盒那么大。在乡政府大院里，北斗七星好像连它顶端的一个棱角都盛不下。现在看来，把整个建筑物往勺子口一放，正好装下。右边那一片灯火，是四川竹巴龙村发出的，我曾在那里感受过小桥流水人家。那些绵延到山腰的灯光不是从人家房屋里射出来的，而是太阳能路灯在发挥作用。

哪是天上的星，哪是人间的灯，这是小孩子都能分辨清楚的。不错，上面是天上的星，下面是人间的灯，但要分清天上靠下的那颗星和人间顶端的那盏灯，并不容易。在我尽力分辨天下的星和村上的灯时，远处射来一束光凑热闹。那束忽明忽暗忽左忽右的光好判断，它是318国道上起早赶路的车辆发出的。车灯与太阳能路灯相互呼应，远远望去，像村庄的一个组成部分，使蒙着夜色的村庄辉煌许多。

面前怎么波光粼粼，灯光被拉成灯柱？想起来了，我站在金沙江边的砂石路上。还好，我没浪漫到李白的程度。李白在安徽当涂醉醺醺地弯腰伸手去捞水中月，结束了一生浪漫的生活。头脑清醒的我停住脚步时，知道站在金沙江畔，看星星时却忘了奔腾不息的金沙江。

我这一眼，看到的是一片星空、两个省区。江东边是四川竹巴龙乡，江西边是西藏朱巴龙乡，两岸居民同在一片星空下，共饮一江幸福水。

来到朱巴龙村村委会，旁边的工地灯火通明，旋挖机有节奏地发出沉闷的响声。不久，在金沙江钢架桥南北两侧将出现两座新桥。

我每天早晚奔走于村委会与乡政府之间。我穿越夜的沉寂和晨的清凉，充分感受星空之美。

笔　晕

上午，阳光透过玻璃，照在背上，暖乎乎的；射到白纸上，有些晃眼。

我欲起身拉窗帘，稿纸上出现椭圆形光环。好奇与惊喜让我把臀部放回卡垫。

笔仍在手中，藏式桌子上的稿纸没动，怎么不见了美丽的光环？

我一定找到它，既然在眼前一闪，说明它客观存在。慢慢转动手中笔，在身影边缘，出现扇形光环。我挪动身子，笔向阴影靠近，晃动的光环明亮起来。原来，窗外阳光照到笔帽上的金属，发生折射，投到稿纸上，在白色映衬下不明显，在阴影里显眼。

对我来说，日晕月晕不足为奇，笔晕却是多年未见。如今回想起来，小时候在阳光下做家庭作业，钢笔帽投射出笔晕，当时一心想着赶紧写，谈不到欣赏。

今天不同，偌大的会议室只我一个人，有足够时间观察它。我把玩着手中的笔，在身影配合下，欣赏着稿纸上的笔晕，联想着它的寓意。

以笔尖所指之处为支点，随着笔杆所在位置以及与稿纸角度的变化，变幻无穷的笔晕时而为椭圆形，时而呈放射状，时而像一道延伸开来的彩虹。我不敢奢望像李白那样梦笔生花，至少眼前笔晕告诉我付出不一定有所得，不付出必定无收获。

我兴趣陡增，换支形状不同的笔试验。让人难以置信，在洁白稿纸上，出现一个转经筒的形状。它给人的感觉是正按照顺时针方向旋转。它比真实的转经筒诱人，因为它的通体发出黄铜色的光，而且这种光给人以动感。

我尊重藏传佛教，但非其信徒，佛光之说离我甚远。我一会儿把转经筒投射到洁白稿纸上，一会儿把它移到密密麻麻的文字中。我对它的理解是，身在西藏，要写出具有高原特点的内容，才能让人嗅到文字的香味。在雪域文化万花筒中，宗教文化只是其中一部分，更多的是展示新时代一幅幅西藏大地的发展变化图景，描述生活在这片土地上各族儿女昂扬向上的精神风貌。

笔晕一直陪伴着我，只不过当下感悟较深。看到笔晕并自我陶醉者，应是爱好文字之人。我非作家，但以煮字为乐；我非名编，但以创作为趣。

我的写作方式传统而简单，一桌一凳一纸一笔足矣。我有怪癖，在电脑上打不出想要的东西，想抒发感情必须远离办公室。我有个习惯，无论去哪里，记得把笔装好，把稿纸带上。一旦有所见所闻所思所悟，立即掏出笔让流淌在大脑中的千言万语诉诸笔端，不大会儿，稿纸上出现排成长队的方块字。

在拉萨很难写出东西，似乎验证着“熟悉的地方没有风景”那句诗。闭门造车非我所长，那种情形逼着我走出来。既然是文学爱好者，必须练笔，否则只能是阅读器。近年来，只要有外出机会，我尽力争取。在位于陕西省咸阳市的西藏民族大学挂职时出本散文集《高处不寒》，在喜马拉雅山中深入生活时完成纪实文学《情系玉麦》，如今在藏东朱巴龙驻村是为了在金沙江采撷几朵文学浪花。

我的感觉是，每天要拿起笔，感慨万千时行云流水，即使点滴感悟也要留下白纸黑字存念。只有热爱笔，才会主动寻找练笔的机会，才能抓住练笔的思绪，才能使笔尖灵动地在稿纸上跳跃。

心中装着梦想，梦就有安放的地方。形状各异色泽不同的笔晕告诉我，要想在多才多艺的文学天地觅得一席之地，唯有以笔为犁不停耕耘；要想让更多人的目光停留在自己的作品上，必须抓住西藏特色使之飘出酥油糌粑的味道。

启　迪

在芒康县2020年乡村党建骨干暨驻村干部“抓乡促村、整县提升”第一期专题学习研讨班上，授课人是蒋梦发，我是接受培训的学员。

他在讲到关于信息简报的编写时，很多内容使我受益匪浅。

在获取素材渠道方面，他讲六点：定期收集，预约采编，热点跟踪，重点挖掘，观察捕捉，综合处理。

我对观察捕捉体悟较深。我与人交往能力差，很少主动向人提问题，却是一个文学爱好者，喜欢写作文。从获取素材角度说，这是悖论。梦发讲到观察捕捉，我心中暗自高兴，这正是我获取创作素材的方式。无论走到哪里、接触什么人、看到什么景，我用双眼捕捉所见，用两耳收纳所闻。说来也怪，我的记忆力不好，但在观察事物、捕捉细节时，稍稍用心即能记住。我与周围世界交流沟通的方式是观察捕捉。我用心去观察一切，然后把捕捉到的所见所闻转化为所感所悟流淌于字里行间。

在注重编写方法方面，他同样讲六点：平中寻亮，浅者掘深，狭者拓宽，陈者换新，零者备储，深度加工。

十多年来，我坚持零者备储。在我的写作生涯中，多是随机一挥而就。有用没用暂且不论，能不能发表先不考虑，重要的是快速把心中跳跃的感情符号转化成看得见、念得出的文字。在喜马拉雅山中的玉麦深入生活，须于限定时间完成创作任务。即使在那种情况下，我没有明确的规划。要说有进步，是我主动接触时代楷模卓嘎，努力与玉麦村居民融为一体。每天都在写，四个月后看着数量差不多了，才开始整理归纳共 27 万字的一篇篇散章。我在朱巴龙驻村边工作边写小文章。我的工作是为村民办事，每一件事都是一个小故事。经过一篇篇积累，结合其他五点，中国西藏网上的《大山驻村见闻》得以与读者见面。

梦发强调写简报要坚持五原则：真实性，时效性，层次性，适度性，创新性。

我在数量上是多产的，在质量与风格上是参差不齐的。驻村期间，我经常为中国西藏网和《中国西藏》杂志撰稿，偶尔向其他媒体投稿。图文并茂的短故事，我给中国西藏网送去；篇幅稍长适合纸媒特点的，我发给《中国西藏》杂志社；有些情调的，我投向报纸副刊；时效性强的小新闻，我拜托西藏日报客户端。根据层次性或者说媒体特点分门别类投送，采用率稍高。对没被采用的稿件，我先从质量上分析，再研究所投媒体风格，搞清读者定位，在以后写作中予以调整。从这个角度看，我的写作是有针对性的。

梦发说写简报须做到四个要：标题要醒目，主题要集中，内容要新鲜，篇幅要简短。

我的文章以短篇居多。在已变成铅字的百万文字中，说起单篇文章长度，我有些害臊，比高考作文要求的字数多不了几个字。一些媒体编辑看到我的文件名“大山小文”，以为我谦虚，打开一瞅，多是千字文，才信以为真。我有写长篇的梦想，无奈能写 2000 字就不错了。后来一想，读者能把这千把字看完，已不容易。

梦发在来芒康县委之前，在朱巴龙乡政府工作过，同行者喊他小蒋。这次培训，他授课重点是信息简报的编写，我却从中得到许多文学创作的启迪。

做人与作文一样，简单、直爽，如能带些幽默与内涵，更好。

听老杨说

精气神

与老杨聊天是一种享受。如果以相声角色作比，他是逗哏，我为捧哏。

他是一名退休干部，说起话来抑扬顿挫，带有鲜明的感情色彩。

夜幕降临，站在金沙江钢架桥上，他的声音显得那么响亮："我读了你的《高处不寒》，有真情实感，但全书感受不到你的信心。作者有没有信心，在一定程度上影响着读者有没有信心。无论写什么文章，要使读者有所得。笔，握在你手中，流淌出来的要有一种精气神。这样的文章才符合你的书名，有高度，同时有了深度。"

"我是一名草根，写得肤浅，自娱自乐。"

"不要以为说是草根，一切可以原谅。你我是有工作的人，过的是草根生活。这种生活不是说艰苦不艰苦，而是说人生的一种状态。总写一些自娱自乐的东西不会有出息，即使生活富足，只能算以前说的小资情调。看世态要准，用笔要狠，让人读起来既犀利又不刺眼。不知道你写不写毛笔字，好的作文方式相当于书法中的藏锋。这种犀利不是讽刺挖苦社会，而是引导人们怎样改造社会，特别是在思想上，渗透着一股昂扬之气，或者说向善的正气。鲁迅的《药》治不了华小栓的痨病，却能拯救华夏民族的灵魂，这是一种精神指引。"

"老哥，你对我要求太高，我后悔送你书了。"

“错。你不送我书，我无法了解你。因为读了你的书，才能洞察你的内心世界，才能与你畅所欲言。鲁迅在旧社会写出的文章是匕首，我们在新时代需要的文章是信号弹。匕首直刺敌人心脏，信号弹引领我们前行。”

“每一句都是君子之言。”

“老弟，记住一句话，民间有高手，但高手不会在民间。”

“我听不懂。”

“新时代，每个人都有出彩的机会。首先肯定，民间有高手。举个文艺方面的例子，从中央电视台《星光大道》走出来的人，相当一部分是草根，实力证明人家是高手，抓住出彩机会，一举成名。如果他学而不厌，会成为那一行的人才，待被公认为那一领域的领军人物时，就是人们熟知的什么家。”

“你是说彩—才—家是一个循序渐进的过程，存在着递进的逻辑关系。不管草根还是高手，只要认准方向，持之以恒努力，都有出彩机会，继而成才成家。”

“对头。你抓住具体的人，写深写透，把他的奋斗历程写出来，把他身上的人性光辉描述出来。你的笔端散发出向上的精气神，你跟着出彩了。”

“作为一个文学爱好者，虽然时常练笔，我确实苦于刻画人物不够生动。”

“《高处不寒》说的是作者在高海拔地带的所见所闻，你的人生谈不到高度，包括我，都是草根。没有境界的草根，明年生长出的仍是一棵无人知道的小草；有境界的草根，以后长出的可能是一棵大树。”

“老哥，你退休多年，是朱巴龙山脚下的一棵草，以后变成树的概率有多少？”

“我的情况不一样，没有境界的人能在这个几乎与外界隔绝的村子养老吗？我是金沙江边的一棵草，这棵草长不成树，但有树的风格。”

“老哥的草和我的草不一样，我是一棵弱草，你是一棵劲草，疾风知劲草。”

“有人说我狂妄，有人说我神经病，我有我的思维。”

“大山在聆听。”

“如果我早已长成大树，老弟没机会在这里听我说的一番话。从书中，我读出你没有信心，读出你的无奈。这是你的不对。不谦虚地说，你在精神上达不到我的境界。你有我活得充实吗？你敢像我一样华山论剑吗？”

“你从来不谦虚，赶紧说些拯救我的话吧。”

“老西藏精神，特别能吃苦，特别能战斗，特别能忍耐，特别能团结，特别能奉献。这些内容，几乎人人知晓，但有几人能感同身受领悟精髓？你懂吗？”

“我能背出来，大而化之地知道意思，如此而已。”

“作为一名新闻工作者，只有这个水平，远远不够。我俩身前身后的人白天黑夜在干什么？你说，江中灯火通明，机器轰鸣，他们在干什么？”

“他们在建两座金沙江地段史无前例的大桥。”

“对呀，你是干什么的，一年到头生活在这里，天天见到满身泥浆的施工人员，为什么不把看到的人、见到的事通过笔刻画出来，通过镜头拍摄下来？你笔下流淌出来的文字，是对老西藏精神的具体阐释；你拍下的施工图片，是老西藏精神在新时代打下的烙印。这是多么好的出彩机会，你怎能无动于衷？”

一阵江风吹来，我和老杨都感到凉意袭人。

回到宿舍，咀嚼着老杨的话语，我的心情难以平静，提笔捕捉中国特色社会主义新时代该有的那种精气神。

乡亲情

因女儿在乡派出所工作，老杨选择朱巴龙作为养老地。

“杨大哥，朱巴龙的人好像都认识你。”

“去掉‘好像’两个字，从小学生到老太太没有不认识我的。退休后，我在这里生活多年，有群众基础。我引以为荣的是，只要工作过的地方，无论什么时候回到那里，乡亲们待我如退休前一样亲热，自己有回到家的感觉。”

“这说明你当时对老百姓态度好。”

“我那时对有些人是很凶的。”

“怎么个凶法？”

“牧民间出现草场纠纷，我弄清来龙去脉，对挑起事端者严加训斥；如造成对方损失，令其赔偿。对越界采挖虫草者，只要发现，交给民警处理。对明知故犯的人，反复劝说不起作用，只有依法规范其行为。”

“效果如何？”

“个别人恨我，全县人民支持我。”

“那是因为个别人是害群之马，你主持正义予以清除，受益的是老百姓，他们当然欢迎你。”

“只要心里想的是老百姓，做事情的出发点为的是老百姓，他们在心里感激你，一直记着你。”

“你退休多年，只是因为女儿在朱巴龙工作才来到这里，乡亲们为什么和你一见如故？是不是女儿在派出所的原因？”

“错。女儿是女儿，我是我。她为辖区居民办事是应该的，像你们在村里工作一样。如果没有亲和力，女儿再好，我不受朱巴龙人待见。”

我俩在村里边走边聊。老杨不时地与牵牛的男子、洗衣的主妇打着招呼。

走进次珠家，真是满院风景。

“满树橘子，多喜人。不来到朱巴龙，谁能想到果树品种这么多。这里的橘子不用特意储藏，到藏历年都是鲜的。”

“有什么特别的地方吗？”

“想想去年春节前你们来的时候，有没有见到树上的橘子？”

“见到了。我感到奇怪，橘叶青青，一树黄果在深冬居然完好无损。”

“要说这里有什么特别，就是气候。零摄氏度以下的时候极少，站在院里有时能看到山顶上的白雪。你说怪不怪？老舍写的《济南的冬天》没有这个山窝窝暖和。橘子挂在枝头，深扎大地的树木是最好的保鲜剂。”

次珠伸手摘树上的橘子，老杨举起手接过来，一切那么自然。

“你没有客气，直接收入囊中。”

“我不必对他说客气。熟悉了，融入了，你把他当朋友，他把你当家人。他送几个橘子给我孙女吃，我不接受，他不高兴。信不信，如果不和我一起，你花钱买不来他家的橘子。”

我似信非信地问次珠：“假如你不认识我，会不会把橘子卖给我？”

次珠憨厚地摇摇头：“不卖。送给杨老乡吃可以。”

来到白塔旁边的一处建筑前，老杨问我：“这个地方你来过吗？”

“来过，没有新发现。”

“房子里去过吗？”

“这是一户人家，没进去过。”

“不对，这是一处公共场所。用老家的话说，这是全村的祠堂。”

“我每次从这里经过，见到几个老年人要么转经、要么坐在墙边晒太阳，没发现什么名堂。”

“这里的名堂多得很。这算村里的祠堂，是全村的养老院，成为老年人聚会的场所。一些老年人在家寂寞，来到这里像换个人似的，精神好得很，有人义务为他们做饭，晚上回家睡觉。”

“可不可以进去看看？”

“我带你来是让你了解村里情况的。作为工作队，应该全面掌握村情民意。”

我俩推门进去，靠墙三面坐满人，一面是厨房。我来回看几遍，有些人认识，多数老年人是陌生的。看来，我与村民接触有限。

要离开时，我看到村民达瓦坐在一角输液，便问他：“怎么啦？别人念经你输液。”

“腮帮肿，输液消炎。坐在乡卫生院无聊，我举着瓶子在这里消磨时间。”

“可能是腮腺炎吧。有这么多人念经，你会很快好起来的。”

“疼了好几天，光念经不治疗，好不了。我在这里凑热闹，他们在这里念经。念经算一种生活习惯吧，谁都明白好政策是共产党送来的，好日子是政府提供的。”

我和老杨站在金沙江边。我有些困惑不解：“这么多人聚在一起，村‘两委’知道吗？”

“他们是日常生活，主要是老年人有人照应，事实上起到养老院的作用。”

“政府有集中供养场所呀。”

“他们思想上一时转不过弯来，不愿离开家，想在这里终老，也算遂其所愿。放心，他们念经不带目的性，只是消遣时光。里面有威望的老人衷心拥护共产党。他们是自发行为，没有喇嘛参与。我觉得这是藏传佛教与社会主义社会相适应的表现。”

“表现在哪里？”

“邻里相助，自发养老，不给政府添麻烦。大家在一起相互慰藉，锻炼身体，共度晚年。需要指出的是，这块阵地是由社会主义核心价值观占据着，决不允许有杂念的人染指。”

从老杨的话语中，我感受到他的自信、为民情怀和政治担当。

碑与悲

老杨说话有两个特点：一是逢人便讲，二是观点与众不同。

晚饭后，我们常从江西岸的西藏朱巴龙去江东岸的四川竹巴龙散步。

在竹巴龙老桥遗址不远处，有座 1980 年代立的长漂烈士纪念碑。

我们了解长漂的大意，一批勇士从长江源头漂流直达入海口。在这个过程中，有人成功了，有人牺牲了。沉入金沙江底的人精神永存，后人在此立碑纪念。

有人说长漂是壮举，有人说长漂是冒险，有人说长漂是无聊，有人说长漂不值得。

老杨一说话就带有强烈的情感。同行者继续散步，我和他站在长漂烈士纪念碑前进行了一场对话。

“这是中华民族之碑。”

“这是中华民族之悲。”

“很多人和你说不拢，我俩总有共同语言。对长漂烈士，我俩的认识一致且有高度。”

“我的悲和你的碑不一样，你的碑是丰碑，我的悲是悲壮。”

“你是退休干部，听人说你喜欢高谈阔论。在这件事上，你陷入俗论。”

“我是俗人，所以敢说真话。了解长漂的时代背景，才清楚他们在当时是如何悲哀、怎样悲壮。”

“他们想让世人知道中国人能够全程漂流长江。”

“你说的是结果。长漂的起因既有国内的也有国外的。”

“有那么复杂？愿听你高论。”

“说给别人听，他们认为我是神经病；说给你听，因为你懂我的心。”

“你一直是我的杨大哥。别人喊你杨老汉，开始以为你是朱巴龙村民，到现在也不知道你的名字。”

“我的名字不重要，还是说长漂。1980 年代初，中国改革开放刚起步，国家穷，百姓苦，西方国家看不起我们。现在回头看，社会主义阵营存在很大问题，苏联党和国家领导人非老即病，接连换了好几个；南斯拉夫的铁托死后政局不稳。西方国家不希望我们改革，想让我们跳进发展停顿的深渊。但是，中国实质性地改革开放了，他们企图诱导我们走上歧途。他们把中国看错了。正像鲁迅所说，中华民族中总有一些人是中国的脊梁。长漂是在这样的时代背景下进行的。这些勇士用气魄和生命向世界证明，中国人有能力漂流长江，中国人有能力做好自己的事，中国人永远不比别人差。”

“长漂勇士体现的是中华民族的精神。你说的悲从何来？”

“我生于 1962 年，回想四十多年前情景，我是悲哀的，我的悲哀是所有想改变现状的中国人的悲哀。中华民族哀而不伤，表现在长漂上，成为悲壮之举。实际上，中国的改革开放正是在悲壮中前行。”

“我听懂了你的悲，你的悲哀牵挂着国计民生，你的悲壮展现出国强民富。”

“先把碑转化为悲，再把悲升华为碑，需要一代代人接力奋斗。”

“你的碑、悲之说，把我绕蒙了。”

“以中国共产党为例，她的共产主义信仰，是在中国人民心中树起一块理想之碑，或者说一个努力方向、一个奋斗目标。为了实现这个目标，共产党人做好自我牺牲准备。党章规定‘中国共产党党员必须全心全意为人民服务，不惜牺牲个人的一切，为实现共产主义奋斗终身’。共产党人特别是早期共产党人都是哀民生之多艰、为初心和使命悲壮地赴汤蹈火。从碑想到悲，说的是一种思想准备并身体力行。把悲升华为碑，是我们当代人正在做的事情。在中华人民共和国历史上，我认为有三件事可称为从悲升华为碑的典型。中华人民共和国成立，开国领袖毛泽东与悲壮的中华民族一起向世界宣告：中国人民站起来了。神州大地改革开放，总设计师邓小平与悲壮的炎黄子孙一起向世人宣布：中国人民富起来了。进入社会主义新时代，人民领袖习近平与悲壮的中华儿女一起庄严践诺：中国人民强起来了。”

“没想到你从长漂烈士思考得这么多。”

“我常说秦皇汉武毛泽东。从历史上看，三人的丰功伟绩可以相提并论；从国家层面看，秦皇汉武是封建皇帝，毛泽东是中国共产党领导集体中的核心人物。像长漂勇士在波浪中前行一样，中国共产党的伟大之处在于自我革新螺旋式前进。毛泽东说过‘为有牺牲多壮志，敢教日月换新天’，邓小平指出‘两手抓、两手都要硬’，习近平强调居安思危，说明我们党一直在思考，在防患于未然的同时做好自己的事，争取早日实现伟大目标。”

“碑与悲在你这里富有哲学意味。”

“不管个人还是国家，遇到困难或者挑战时，只有与民同悲，有时甚至举国同悲，才能奋起在历史的坐标中树起一座座丰碑。”

知天命

以前望文生义地理解知天命，以为是听天由命，随他去吧。后来想想这不是孔子的风格，他是积极入世之人，怎能让命运摆布自己？

孔老夫子思想不腐，精神不老，尽管艰难甚至无人理会，他毕生都在宣扬自己的学说。这就是知天命，明知前进道路上遍布荆棘，仍坚信谋事在人、主动作为，至于能不能成全则不在考虑之列。

孔子说五十而知天命，我已迈过五十的门槛，按说该知天命了。要想知天命，梳理一下来时路是必须的。

我差点没机会到人间走一遭。母亲生我时难产，父亲和大哥在风雨交加中把母亲抬到15公里外的临涣医院。费尽周折，我总算牵着妹妹的手来到世上。不幸的是，妹妹没来得及吸上一口人世间的氧气就走完自己的路。

我三岁不会说话，四岁不会走路。如今说起来轻松，母亲当时的感受只有她知道。孔子“十有五而志于学”，在这点上，我比他幸运得多，因为我十岁半入学，至今记得那时情形。邻庄张老师来问谁家的孩子上学，父亲指着光屁股的我说，让他去吧，能不能学会没关系。张老师是认真的，当即来场入学测试。她张开嘴巴，让我跟着学 aoe，我只会啊啊啊。她有些失望，说我大舌头，不想收我。父亲说我在家没用，母亲说上学能认几个字。张老师明白学校的定位，从未奢望哪个学生成才，个头长高就完成任务。

我上学够晚的，不知怎么稀里糊涂与哥哥同了几年学。读完初中二年级，因学校搬到更远的地方，在舅舅帮助下，我与哥哥一同转到临涣中学。需要说明的是，我家在安徽省亳州市涡阳县青疃镇孙庄村唐圩，临涣中学位于同省的濉溪县临涣镇。两镇相连，这是我档案上的籍贯为濉溪县的起因。

为了跟上班，我退回初一重读，哥哥年龄大，从初二重读。开始我与哥哥住在姑母家。姑母一辈子未开怀，守寡几十年，待我与哥哥如同己出。谁知刚过一年，她老人家因急性阑尾炎去世。舅妗接过养护我哥俩的担子。那时他们四十多岁，远没到知天命之年。当时懵懵懂懂在那儿吃住，加上两个年龄相仿的亲戚，妗子常常要做七八个人的饭。我结婚成家后，才感受到舅妗的付出与不易。

我被保送上高中，这与聪明不沾边，实在是比别人多耗两年时间的缘故。连自己都想不到的是，入高中即骄傲。原因简单，在临涣街住三年，班里高人一等的同学多住在街上。上课不安心听讲，有时与老师顶嘴，我竟到了上不下去的地步。听说可以转学，我只有跟舅舅说。学校老师认识舅舅，对我一年来的表现，他比我难为情。我那时没有羞耻的感觉，实际是反应迟钝的表现。

舅舅托人把我转到濉溪二中。我记得清楚，转学费 400 元。这钱当然由父亲出。他为我转学的事恼怒就差狠揍我一顿。多少年之后，我才知道对以农糊口的家庭来说，400 元意味着什么。父亲不让我转学，我居然委屈得掉下眼泪。

我本来笨得不可救药，又耽误一年，来到县城，怎么努力都赶不上一般化，数理化经常不及格。家住县城的同学有优越感，像当年我在临涣高中就读时一样。

第三次高考，我终于达线，考上安徽广播电视大学淮北分校，说得通俗些，就是电大。电大是什么概念，它在人们眼中分量如何？还是用事实说话吧，当时一个同学一连三年被电大录取，发誓永远不上，去宁波打工。我没气得咬牙，谈不上沾沾自喜，而是心平气和去报到。

我忽然感到心满意足，淮北电大委托淮北煤炭师范学院培养我们这个班三十名学生。在常识中，电大面向社会招生，很多人不知道它同时从高考中录取学生。这出现一个尴尬的现象，我们的身份是被人忽视甚至藐视的电大生，却在普通高校就读。我们在填报材料时，写的是淮北电大；必须向人说起时，不约而同自称上的是淮北煤炭师范学院。无论从哪里毕业，都会有个母校，我的大学母校无处可寻。精准地说，我不是当时称淮北煤炭师范学院如今为淮北师范大学的学生，因为学籍在淮北电大。淮北电大早已与其他几个学校合并为淮北职业技术学院，原校址本不熟悉，当时居然不清楚它位于何处。

不管怎么说，我的大学生身份虽不正规，但接受了正规的高等教育。毕业后，舅舅托人使我踏入临涣中学的校门。校长是我初中的几何教师，如今想起仍会把他与邓小平联系在一起，相貌及一年四季的中山装都是一样的。上学时我们对他既怕又敬，怕的是他对违反纪律的学生不留情面，敬的是他几何教得好、学校管理严。在他身上，怕与敬是个统一体。他愿意接收我。一个月后，县教育局下发通知，规定入职中学教师的学历必须是普通高校颁发的专科及以上学历。我的学历是个悖论，国家承认它，但现实中它不属于普通高校所发。我只有按照县教育局的分配，到高皇初中上班。从那时起，我成为濉溪县人，尽管涡阳县的农业户口客观存在。

四年后，校长的不廉洁行为掀起一场风波。我没卷入其中，但似乎站在校领导的对立面。舅舅在镇教委工作，很多人以为我向他打小报告。事实很快改变他们的观点。我性格内向，几乎不与人打交道；不喝酒，难以与人相处融洽。本来对社会上的事知之甚少，加之无论听到什么不外传，感觉同事对我挺好，做到相敬如宾。

我调到同镇的沈圩初中工作。每天骑自行车上班，我骑得慢，到学校需 20 分钟，骑得快的 15 分钟就到了。墙壁有半米厚的老医院变成教师生活区。我先住在母亲 1969 年夏天住过的病房，不久挪到院门北侧稍大的屋子。1999 年底女儿出生，带来的乐趣有限，因为小家庭有矛盾，那年月是小夫妻过渡期。简单地说，妻子想控制丈夫，不仅在收入方面，目标是全面掌控。像我这样有封建残余思想的男子，想保留一点所谓的尊严。舅妗要给眼皮底下的小夫妻纠正生活的轨道，父母为我操心。女儿来到世上发挥了关键作用，拴住她的妈妈没有远走高飞。

几个高中同学考上研究生，鼓动我试试。我有自知之明，能考上电大有份工作结上婚，已经谢天谢地，研究生离我遥远。巧的是，同街住的老友1996年曾考过研，屡败屡战，又扯起考研的风帆。还有一个住在附近的同事，对考研跃跃欲试。我们仨经常见面，随即形成考研同盟。

考了四年研，工作了十年的我走进四川大学。读了三年书，我携妻女来到日光城。我考上研究生，妻子是忐忑的，曾经要甩我的她害怕被甩。我不是好人，当时有甩她的念头。在女同学心目中，我是她们的兄长甚或长一辈的人。那时的我已近不惑之年，形象不堪笨得要命，生存下去已不容易，谁会搭理我？糟糠之妻不下堂，还是白头偕老吧。后来回想一下，我必须感谢妻子，因为她坚定我考研的决心，因为她使我远走西藏。

我的处女作是2008年在《中国研究生》杂志上发表的一篇《读研记趣》。编辑本打算刊登我的照片，收到后放弃了，因为如果采用会影响读者情绪。我的整体成绩不好，但对文学有兴趣。硕士毕业前夕，我在校园网上看到西藏日报社的招聘启事，不抱希望地投份简历。为什么不抱希望？说起报社，眼前出现年轻漂亮的女记者，男的很少，我长得丑，简历只能是胡乱投送。

有些事得说清楚，身份证年龄为什么小3岁？第三次高考报名时，班主任给每人发张小纸条，让写出生日期。我在班里最大，已有年龄危机，抖着手写下“唐大山1972年6月27日”。小1岁2岁不诚实，小3岁也是不诚实，就给自己减3岁，后面的日期实际上为我出生时的农历，是真实的。顺便说一句，2021年8月25日，组织查核档案，根据1992年6月4日形成的《高等院校招生体格检查登记表》，即第一次在档案中记载的出生日期，认定我出生于1969年6月27日。说到长相，不敢恭维，但有一次老友对我说，他妈妈认为我长得好，说我的脸是国字脸。从那以后，我远远地照镜子，觉得自己的脸上写个“国”字。西藏日报社政工人事处让我寄张生活照。我穿起衬衣，打上领带，配上这张国字脸，显得意气风发，洗出来的照片效果很好。西藏日报社录用我，不知道是不是上了那张照片的当。

读研改变了我的职业，西藏日报社给了我一个平台。2016 年，报社有一个去西藏民族大学新闻传播学院交流学习的名额，部门领导推荐我，时长一学年。我有两个收获，一是通过学院上报的散文集《高处不寒》得以由西藏人民出版社出版，一是写的散文《听罗布说无人区》获得第五届中国报人散文奖。自入职报社以来，虽有不少小文章见诸报端，多是新闻类的。在西藏民族大学的收获，佐证了我对文学的爱好。

2012 年，我在芒康县昂多乡曲塔村驻了半年村，所写文章大都收入《高处不寒》。2018 年下半年，我到隆子县玉麦乡深入生活，次年出版纪实文学《情系玉麦》。我由此感悟，走出去才能写出接地气的文章。2019 年是我的知天命之年，我的人生早已定型，不可能有什么改观。我对文学的爱好愈加执着。我读的书少，想走出办公室寻找书中没有的内容。同年底，我主动报名到芒康县朱巴龙乡朱巴龙村驻村。

与其说是来驻村，不如说是践行对文学的誓言。现实中，两者是紧密结合在一起的，驻村是为了写出文章，写文章必须先去做工作，与当地人融为一体，知晓他们的酸甜苦辣。

我在知天命之年作出在文学之路上行走的决定。至于能走多远、走出什么样的轨迹，我没有底数。说天赋，智商低于人类平均值的我没有资格；论能力，做什么事都不能让人满意的我羞于启齿；谈到熏陶，早期受到舅舅的一些影响，后来西藏日报社助了我一臂之力。收获如何无法预知，不能奢求。否则可能走偏路，而且活得很累。

我不信命，因为能来到世上已是幸运。我不信命运，因为我的命运无从说起。没人相信的事情却在我身上发生，父母不知道我能不能活下来，舅妗不清楚我的高考结果，兄弟对我考研究生没把握，乡人不相信我入职报社，同事难以想到我能出书。

社会已进入低调时代，我的显摆只是想说明老天无法安排的命。或许有人问，你信什么？我的信条是，认准了的事，抓住一切机会去做，一些不可能发生的事情往往可能出现，一些不可能实现的目标往往可能实现。

这是我对孔子知天命的理解，也是对社会主义新时代知天命的身体力行。

梁家河

在金沙江边的村委会里，手捧《习近平的七年知青岁月》，我的心情像江水一样汹涌澎湃。

在常人眼里，十六岁还是个孩子；对十六岁的习近平来说，他是成年人。

此话怎讲？1969 年，不到十六周岁的习近平从北京来到陕北梁家河落户插队。虽然没到成年人的年龄，在习近平踏上梁家河土地的那一天，社会提前为他送上成人礼。

“羊羔羔吃奶眼望着妈，小米饭养活我长大。”从知青到大队书记，与面朝黄土背朝天的父老乡亲朝夕相处，习近平在梁家河的七年知青岁月里，熟悉了农村状况，感受了农民艰辛，嗅到了泥土芳香。

当时全国的“三农”情形堪忧。然而，身在梁家河的习近平对脚下的黄土地怀有深厚感情。只要接地气，再贫瘠的土壤都能为他提供源源不断的力量，都能日益坚定他的信仰。

习近平在梁家河度过七个年头。这是人生美好的时光，他流下汗水，踏破布鞋，磨破茧子，青春在陕北大地熠熠发光，实践与理论在革命圣地相继增长。

只有在农村天地里摸爬滚打过的领导人，才能站在国家层面制定符合国情的“三农”政策。

梁家河，是习近平在人生旅途乃至以后的政治生涯中打下的第一块基石。纵览他从大队书记走上党和国家领导人岗位，一直牵挂着农业、农村和农民，连续多年出台的中央一号文件直面“三农”问题，为农业的发展、农村的繁荣、农民的富裕提供政策支持。

进入社会主义新时代，习近平总书记号召全国人民致力于打赢脱贫攻坚战，全面建成小康社会。在 2021 年神州大地回暖之时，他庄严宣告，这一目标在全国范围内如期实现。

通读《习近平的七年知青岁月》，我的思绪在历史的维度回荡，我的情怀在现实的空间激昂。

2011 年夏天，时任国家副主席习近平率中央代表团参加西藏和平解放 60 周年庆祝活动。我站在拉萨市民族路西侧，望着车队自南向北缓缓驶来。看到了，看到了，他从车里探出头来，面带微笑，挥手向人们致意。他是那么平易近人，因为他从来没有离开过人民。他从梁家河走来，走在西藏大地上与各族人民共祝喜庆的节日。他从首都飞来，飞到青藏高原感受祖国最厚国土的温度。

当年十月，西藏自治区开展全面驻村工作，这是对中央精神的贯彻，这是用实际行动喜迎党的十八大的召开。

众望所归，在中国共产党第十八次全国代表大会上，习近平当选为总书记。他在梁家河的时候，村民推选他为大队书记。如今全体党员拥戴他为总书记。从扎根梁家河至今，经过半个世纪的锤炼，人民选择他为国家领导人，历史选择他担负领航中国的重任。

习近平以党和国家领导人身份召开中央西藏工作座谈会。他对西藏各族人民的关爱在党和国家历史上写下浓墨重彩的一笔。

与全国同步，西藏已经全面建成小康社会。习近平总书记在肯定成就的同时，关注起西藏如何做到持续健康发展。在全国推进乡村振兴战略的同时，西藏享受了更多的优惠政策，并可结合区情制定实施更加有效的措施。

为了巩固提升脱贫成果，2021 年西藏决定继续在全区范围内派驻工作队，强化村党支部第一书记的责任担当，培养乡村专干队伍，提升村干部的综合素质。

从个人经历说，2012 年第一次驻村时，我感受到以习近平同志为核心的党中央反腐倡廉力度前所未有。从《习近平的七年知青岁月》里，可以读出习近平深知人民疾苦。作为党和国家领导人的他，没有高高在上，而是一竿子插到底，要让人民满意、社会和谐，必须清除贪官污吏、还原政治生态。我在金沙江畔的朱巴龙驻村，是第二次来到芒康县工作生活。在长达一年多的时间里，结合学习习近平新时代中国特色社会主义思想，我深切感悟到党的创新理论从萌芽到成熟，是一个长期淬炼的过程。习近平新时代中国特色社会主义思想的源头活水在哪里？追本溯源可于他在梁家河度过的七年知青岁月中寻找。

站在金沙江畔，望着永不停息的江水，想着肩负的驻村使命，我深刻感受到，习近平总书记的为民情怀是推进乡村振兴的动力与源泉，是建设美丽西藏的方向与指引。

百年树党

谁能在高海拔的那曲栽活一棵树，政府将奖励十万元。由此可见，十年树木不易。

我爷爷如果活着的话，有一百多岁了，他曾希望我父亲有所作为、继承家业。我父亲垂垂老矣，他希望我守住老宅、引领家风。我已过知天命之年，虽已成长、远未成才。由此可知，百年树人不易。

中国共产党一百多岁了，她有没有在中华大地树起来，有没有在中国人民心中树起来，有没有在世界范围内树起来？

这需要回看她走过的路，比较其他国家的路，才能远眺前行的路，才知道她树的程度如何。

1921 年 7 月，中国共产党第一次全国代表大会在上海石库门树德里弄堂召开。其间，因密探干扰，十三名党代表转移到浙江嘉兴南湖的一只游船上完成使命。这只在风雨中飘摇的红船，承载着中国共产党的初心和使命，也暗示着她命运多舛，道路维艰。

成立之初的中国共产党，像刚来到世上的婴儿，别说昂首挺胸走路，连爬的能力都没有。她的生存环境极为恶劣。她的身体太弱，一个小风浪可能给她带来致命伤害。尽管如此，她没忘初心和使命，于 1922 年 7 月中国共产党第二次全国代表大会上公开发表《中国共产党宣言》，向全社会树起自己的旗帜。中国共产党登上政治舞台，在惊涛骇浪中一路前行。

经过二十八年的浴血奋战，中华人民共和国宣告成立，中国共产党成为执政党。神州大地旌旗飘扬，中华儿女扬眉吐气，中国共产党在中国人民心中扎下根。经过半个多世纪的建设和改革开放，中国共产党带领人民摆脱一穷二白的状态步入整体小康。

进入中国特色社会主义新时代，中国共产党树立新的奋斗目标，摆脱贫困，全面建成小康社会。在一百岁生日到来之际，中国共产党实现了这一目标，全国人民正在分享着丰收的喜悦。

一个国家的执政党怎么样，不仅要经受住国内考验，还要放在世界坐标系中考量。

中国经济连续增长，人民福利不断增多。中国是个拥有 14 亿多人口的大国，中国共产党让人民生活无忧，实属不易。中国的经济总量跃居世界第二，但人均算下来，仍是名副其实的发展中国家。中国共产党清醒地认识到，要在世界范围内站稳脚跟，必须持之以恒统筹国内国际双循环；要让中华民族雄立于世界东方，必须按照全国一盘棋的思路推动全面发展。

谁有能力把全国人民凝聚在鲜艳的五星红旗下？中国百年的发展史和世界风云告诉我们，唯有中国共产党。

与世界其他国家的人民一样，中国人民渴望自由、追求自由，但这种自由必须建立在国泰民安的前提下。谁能使这种自由既体现人权又能在前进道路上保持整齐划一的步伐？唯有中国共产党。

历史和现实一再告诉人们，没有共产党就没有新中国，没有共产党就没有改革开放，没有共产党就没有中国特色社会主义新时代。

中国共产党一百多岁了，放在人类发展的历史长河中，只是弹指一挥间。与一个人相比，她相当于十八岁的年龄，刚进入成年，来日方长。

在高海拔地区，十年树木不易；在一个传统思想根深蒂固的家庭，百年树人挺难；在风云变幻的世界，百年树党少见。

中国共产党一百多岁了，她的根深扎中华大地，她的魂紧系中华儿女，她的心牢记人类命运共同体。

家人亲情

情为何物

元好问的一句“问世间情为何物”，困扰了多少情中人。

我曾站在河北鹿泉小镇的情人槐下发呆。元好问摆脱不了的问题，对我这样的懵懂之人，只能像鹦鹉学舌重复一遍而已。

大凡发自肺腑问“情为何物”的，多是陷在情中难以自拔之人，世人谓之感情丰富的人，或者为情做出非凡之举的人。

想不到这个复杂问题，从妻子的一句留言中轻而易举找到答案。

哥哥长我两岁，虽已有了孙子，在新时代里仍算中年。平常忙家务，洗洗刷刷全包完。一切为了孙子转，小小年纪一会儿学轮滑，一会儿学钢琴，一会儿学绘画，不把他培养成德智体美劳全面发展的社会主义事业接班人誓不罢休。

全国性的疫情防控改变了哥哥的生活节拍。家务由儿辈承担，平常见不着身影的他们被困在家里。孙子不用去上学，甭提什么特长班补习班。天天跟着爸爸妈妈，爷爷成为可有可无的符号。

哥哥以前像上足劲的陀螺，总有干不完的活。现在好了，居然这么长时间无事可做。

无事可做的不止他一人，家中成年人都闲得无聊。

早已收起来的麻将又发挥它的功能。哥嫂加上儿子儿媳，打麻将不招外手。

没想到消磨时光却玩出问题。小孙子聪明，在桌前跑来转去，没人教，麻将却认得，还能说出怎么打。问起花了几千元学的特长，差不多忘完。真是有意栽花花不盛，无意插柳柳成荫，前功尽弃。

打麻将误己之孙，不打麻将空虚得要命。哥哥忽然想起我。对，出去打工，找不着活就当旅游。

我在深山中驻村，虽然受不到疫情威胁，但防控措施与山外世界差不多。全国的情形是一边防疫，一边复工复产。在确保防控安全前提下，人员可以有序流动。

我满口答应实现哥哥出来透气的愿望。稍后觉得，哥哥等疫情完全过去再来较合适。我变痛快为犹豫。

在拉萨的妻子看到我们哥俩在家群里的留言，大惊失色，当即吐露心声："大山，疫情防控期间，不要外出，生命第一！！！"

短短一句话，爱情与亲情都展现出来。

日常生活中，千万遍"我爱你""咱们亲得很"，难以掂量出爱的分量、亲的程度。当具有不确定性的病毒在空中盘旋时，当生命可能受到威胁时，爱情与亲情孰轻孰重可以立马判断出来。

一母同胞兄弟，血缘关系清晰，血是浓于水的。同床共枕夫妻，碰班子伙计，凑合着过日子。

随着时间推移，一切在悄悄改变。有谚语为证，"小时好兄弟，长大好邻居"，说的是兄弟关系越变越疏远；"天上下雨地上流，小两口打架不记仇"，道的是夫妻关系越来越牢固。

有个用来调侃的故事，妈妈和老婆同时掉水中，问一个大男人先救谁。都救，不现实；都不救，禽兽不如；先救妈妈，以后不想好了；先救老婆，不孝。应该让想起类似故事的人充当故事中大男人的角色。其实，答案已在俗语中，"小麻雀尾巴长，娶了媳妇忘了娘"。

对我这个不懂爱的人说爱情至上，令人笑掉大牙。若放在人的一生中考察，爱情超越亲情。不可否认，爱情里包含着浓浓亲情，只不过这里的爱情仅指夫妻而言。

我曾认为，和谁结婚都是一家子；妻子笑言，她嫁给谁都是过日子。在确立婚姻关系之前，各种猜想都是可能的。一旦从法律上确定一对一的关系，夫妻如同上了一条船，注定在人生长河中风雨同舟。

妻子的快速反应没错，居然没想到私聊，救命要紧。慌不择言，有两处引起公愤：开头直呼吾名，脑子里只有丈夫，把哥哥忘得一干二净；结尾三个叹号，是与生命有关的叹号，考虑的是丈夫的生命，一时想不起哥哥的生命同样受到威胁。

比妻子还愚蠢的是我，紧跟一句："我的命一直在你手里攥着，病毒对我的影响微乎其微。"

我的本意是向家人表白，妻子的话是狗屁，我与哥哥才是相依为命的。

细想，这是句假得透顶的谎言。我与哥哥一年能见几次面？与妻子才是朝夕相处的。

病毒无情人有情。我在梦中怀抱娇妻，对着远方深情呼喊："哥哥，我依然爱着你。"

真作假来假亦真，问世间情为何物！

耐得住寂寞

长时间的宅家生活，快把某些人憋疯了。

看来，人生有些像奔驰的列车。以前坐在逢站必停的绿皮火车里，没觉得慢。沿途看见扯着被单当风帆拉炭的板车，或者在土路上用力蹬自行车的人，火车里的乘客有一种优越感。如今不同，坐了几次高速列车，无法容忍像蜗牛一样爬行的慢车。

这次因疫情而待在家里的人们，何尝不是这样？平时为工作奔忙为生活焦虑，时而在内心深处有个渴望：什么时候能停下来，哪怕休闲三天也行。

在2020年的冬季，很多人实现了这个梦想。居家防疫，各种各样的隔离，总之，上班族不用去工作，务工者不必去工地或厂房，学生无须考虑开学的事。

这次举国行动，对老人或者偏远地区的人们影响较小，有的甚至没有影响。比如我的父亲，他一个人生活在农村家中，活动范围在房前屋后，全天工作是捡些风刮落的枯枝干叶。

这场疫情防控战对我没有多大影响。不是说我在深山里驻村的情形，即使在单位，很少走出大院。

就说2018年下半年吧，我一个人在玉麦生活，事实上与隔离并无不同。

玉麦位于喜马拉雅山南麓，全年非雨即雪，难得几个艳阳天。我在风雨交加中过了近半年的深山生活。

我的活动空间是一处十平方米的板房。说牢房不好听，因为不是谁强制我去那里，而是自己费尽九牛二虎之力争取到的机会。大部分时间无网无电，电话十天半月没有信号，与外界失联是常事。

在那段日子里，“孤单”二字从没出现在脑子里，借用方志敏的话说，早已被我从字典里抠去了。

事实上，我不敢懈怠，不能说忙，可用“充实”二字来形容那时的状态。想方设法接近村民，特别是给中共中央总书记写信的卓嘎和央宗；千方百计了解玉麦的风土人情，尤其是与守土有责的细节；只要搜集到素材，或者有感悟，赶紧拿起笔，让千言万语流淌于稿纸上。

或许有人说，有事做，当然不寂寞。

我休假回到儿时的家中，与父亲相依为命，生活按照他的节拍走。在太阳出来前起床，在太阳落后睡去。父亲每天看会电视。我不看电视，手机放得远远的。大把时间干什么？常到地里走走，或者围着村庄转一圈。每天的活是做饭，做几乎没油没盐的饭，做除了我和父亲根本没人愿意吃的无味饭。

那样的日子与隔离有何区别？

如果说有区别，应该说心态不一样。我和父亲的生活是主动而为，自然而成，习惯使然。日复一日的生活，谈不到愉悦与成就，亦无烦恼与失落，用“平淡”二字较为合适。

当下，要说疫情防控与我丝毫无关，既不合时宜也不客观。

驻村工作队做的工作不再赘述。对我们影响较大的，是生活的不便与成本的提高。我们所在的村离四川巴塘是半小时的车程，离芒康县城为一个半小时的车程。疫情发生后，全国各地防控措施大体相同。金沙江成为四川与西藏的界河，根据川藏两省区的防控举措，住在大桥附近的我们，可以去芒康县城买菜，而不能去巴塘。原因简单，我们是西藏的驻村工作队，在疫情防控期不能跨省购物。

说起对个人的影响，有些不好意思。本来工作队出去购物的次数有限，由于是在疫情防控期，不能倾巢而出，要有人值班。作为队长，我主动留下。年初二在巴塘冲次淋浴，已有两个月没洗澡。在讲卫生爱生活的今天，居然存在如此邋遢之情形，简直让人不可思议、难以接受。

我没感觉不舒服。这样的话令讲卫生者不齿。我初到玉麦的一个多月没找到洗澡的地方，后来蹭工地上的简陋浴室享受几次。在深山里驻村，主要是没有洗澡的条件。也许有人认为，怪不得有人说那里的牧民几个月不洗澡。非也，很多家庭有太阳能设备，这里的年轻人比我光鲜多了。还有一个原因，我们不能扰民。

有一年在日光城过春节，七天假期中，我没说一句话。

妻子带着女儿回安徽。单位有一半人休假，另一半人基本不见踪影。我偶尔走出居住的房间，在大院里偶然碰着一两个人，虽面熟或者相识，对方走路直视前方，我没有开口的必要，尽管心里已准备了“新年好”贺词。

当然，说这么多，大家千万别误会，以为我是老子的忠实信徒，信奉“鸡犬之声相闻，老死不相往来”之类的话语。我是个爱热闹的人，只不过独处的时候保持心平气和的状态。

随着疫情的有效防控，我们已经有序复工复产。

春天已经到来，美好就在前方。身在西藏芒康的我，要去四川巴塘洗个澡，回来继续过着事实上的隔离生活。

瘦　了

“你瘦了。”这是边俊生见到我说的第一句话。

他说的是实话。我给他留下的印象停留在2012年在昂多乡的时候，那时的我135斤。

自1995年工作始，我145斤的体重保持到2005年进川前夕，之后渐减。

我自以为心态好，也许是无形的压力——用动力较好——使我清瘦了吧。

我三十六岁在成都读研。同学平均年龄比我小十岁，辅导员不到三十岁。年龄不是问题，关键是我笨。也许有人说，那么笨咋能考上研究生？四年呀，光考就考了四年。硕士研究生读完，只需三年光阴。

虽然上有老下有小，但在天府之国的学习生活是充实而愉悦的。

还有一个收获，毕业之时，我在《中国研究生》杂志上发表一篇小文。准确地说，那是我的处女作。

据家人说，与之前相比，我在成都的第一年白白胖胖。后来没觉得瘦，尽管实际上有些消瘦，但第一年气色好。

2008年上了高原，过段时间，随意在一家商店门前秤体重，138斤。我没在意，觉得瘦些好，省得胖了生出种种毛病来。

工作上无以为虑，虽未做出成绩，也没出差错。几年间写出几百篇千字文，多为填充报纸版面而作。

2016年天上掉馅饼，我居然得到去位于咸阳的西藏民族大学交流学习的机会。这不算出差，却是我第一次以西藏日报社公派名义走出西藏。这样说并不精准，当年的西藏民族学院今天的西藏民族大学从建校之初就属西藏，只不过地点在陕西而已。

不管怎么说，我在一学年十个月里，收获颇丰。

工作仍不多说，给本科生上了两门新闻专业课。

2017年7月，我出本散文集《高处不寒》。随笔之类的集子，谈不上质量，但我出书了。之所以能出这本书，是在西藏民族大学得到的机会。新闻传播学院在工作群里发报课题的通知，我以试试看的心态报一个，半年后，居然被列为西藏自治区喜迎党的十九大献礼图书，得以出版。

当年12月23日，在我结束交流学习五个月后重返陕西，在西安参加第五届中国报人散文奖颁奖典礼。得到这个奖，激励我坚持文学创作。

说起怎样获得殊荣，得益于西藏民族大学的交流学习。我在图书馆翻阅《西安晚报》，看到征文启事。恰巧与来自阿里地区改则电视台的边巴次仁闲聊，听他讲随同领导去无人区的见闻，随手写篇千字文《听边巴说无人区》。我把小文给他看，征求他的意见。他和我一样是来学习的，所说是真人真事。如果是歌颂领导倒也罢了，文中折射出由于领导的任性而出现错误判断。他认为文章如果发出来，可能对自己不利，建议不用他的真名。就这样，2016年11月30日的《西安晚报》上，出现一篇小文《听罗布说无人区》。

文章见报，高兴一下，过去了。类似的征文活动，我经常投稿，多似石沉大海。我清楚自己的写作水平，能做到心平气和。

在西藏民族大学期间，母亲的身体状况越来越糟糕。我于2017年7月23日离开咸阳，在母亲身边服侍一星期后返回西藏。9月27日，母亲永远离开我们。

家事单位事交织在一起，文学爱好的事暂停，征文的事早已忘却。

直到有一天，西安晚报的贾妍给我打电话，问能不能参加报人散文奖颁奖，我才知道获奖。

这个奖的作用很快得到发挥。2018年初，我在网上看到中国作家协会开展定点深入生活项目的通知，作为申报材料，把《高处不寒》和报人散文奖证书复印件一同经由西藏作家协会寄出。5月下旬，我收到立项批准通知。

我立即拿着中国作家协会的函请假，经过层层程序得以批准。5月29日，我从拉萨西郊客运站踏上南下的路途。

在玉麦风雨交加的日子里，可用奋笔疾书来形容我的状态。

还算顺利，2019年9月，纪实文学《情系玉麦》由西藏人民出版社出版。

我把新书寄给新疆生产建设兵团的二妗子。二舅去世不久，我要把第一本《情系玉麦》送到二妗子手里。原因何在？二舅出过三本诗集。我不会写诗，但他的诗集全部通读，最早的一本是我在初中时候读的，这些对我的文学爱好起到启蒙作用。

很快，二妗子打来电话，说我瘦了。

我问她怎么知道的，她说："我翻开新书勒口，一看上面的照片，明显地瘦了。我清楚，写作不是轻松活。你那里是高原气候，要注意身体。没有身体，什么都做不成。你二舅有时候半夜起来写诗，加上喝酒吸烟，少活十年都不止。"

我说："妗子，我没感到累，没有压力，你放心好了。"

她老人家不放心："要是感觉累，就麻烦了。你不要骗我。不到半年写了二十多万字，表面上没有压力，要想着出书的事，心累，还不说在外面的生活条件怎么样。同时，我给你提个小建议，读完全书，没留下一些值得回味的东西。这是致命伤。"

二妗子是第一个说我变瘦的人，而且是根据我在玉麦的留影说的。因为二舅，她对文学上的事和为文学而执着的人有些了解。

我认真地秤下体重，确实比在昂多乡时少了两斤。边俊生厉害，我这消失的两斤肉原来长在脸上的能有多少，居然被他一眼看出来。

这次驻村，是我主动要求来的。我有个怪癖，干工作时再多人都不受影响，想铺陈些自己的文字，在办公室一个字写不出来。我到金沙江畔驻村，深层次的原因是文学爱好把我牵引来的。

在来之前，我提醒自己，不要树立写作目标，有感而发，反正小散文出不了名，不丢下爱好，慰藉心灵而已。

应该说是文友纳兰泽芸促使我抛弃懒惰思想，尽量写些东西。

身在上海的她，那么忙，每天坚持读书写作。我在深山中，即使不发生疫情，也和隔离差不多，有大把时间看日出日落，为什么不把所思所想所感诉诸笔端？

于是，我想起什么写什么。

今天清晨，忽然想起在不同场合不同时间段有十多人对我说着同一句话：你瘦了。

驻村前的体检报告写得明明白白：除了胆结石，其他没发现问题。

看来，我得的是老病：文字消得我清瘦。

这一趟

本来有些傻傻的我，从金沙江畔的朱巴龙回到家乡，真傻了。

姐姐走路费劲，我带着侄孙，把她送到街旁打出租车。

来了两辆出租车，显示有客。看到第三辆过来，而且是空车，赶紧招手。谁知车内司机看都不看我一眼，直往前开。

姐姐和我的思路差不多，只要坚持，早晚能坐上出租车。

谁知站在一旁的侄孙不乐意了："六爷，你咋不用滴滴打车？你一喊，不要五分钟就来到。"

"我不会。这里出租车不少，一定能坐上。"

"看你笨的。空车不停是让人叫走了。打开手机，我教你。"

我几次想学滴滴打车，一是在西藏的芒康山区用不着，二是对手机持排斥态度，三是脑瓜确实不行。眼前的侄孙要教我，试试吧。我不让他碰手机，只让他告诉我怎么操作。简单点几下，完成叫车程序。侄孙让我查看车子到哪里了。只等三分钟，姐姐坐上我为她叫的车。

时间过得真快，一转眼，到了我离开的日期。

淮北，这座来了无数次的城市，我竟不熟悉。

以前去火车站要么是哥哥开车送，要么从住处直接打的。这次时间宽裕，我决定坐公交车前往。我在附近公交站下车，从这里慢腾腾走到火车站，不需十分钟。我对这一片区域陌生，眼望公交站牌却不清楚火车站在哪个方向。

记得我在林芝市区问一对走出家门的夫妻客运站在哪里，男的热情告诉我怎么走，女的笑着说“用导航呀”。是的，走在大街上，问路人少之又少。不能我行我素了，必须在离开家乡前学会导航。按照要求输入文字，根据提示确定选项，用手指轻轻一点。哇，前行 295 米右拐，看到火车站上方两个红色大字：淮北。

火车票是从网上购买的，我急急忙忙去取票。走进去一看，只有稀稀拉拉几个人站在自助售票机前操作。靠近一台机器，屏幕上滚动着一些内容，其中四个绿色大字吸住我的眼球：无需取票。

通过这些小事，我深切地感觉到，长期居住在西藏的我，几乎不懂人间烟火。住在成都的一位校友说过，即使当地居民，出门离开导航可能“四顾皆茫然”。

这是由两方面原因造成的：环境和个人。什么样的环境造就什么样的人，个人的天赋同样重要。两者缺一不可，两者齐备诸事顺利。

在朱巴龙，我熟悉的是汽车和牛。318 国道上的汽车日夜往来穿梭，邻居扎西家的花牛每天从我所住村委会前经过。多数居民知道的是，滴滴出行是手机上的一个功能，如此而已。不管走国道还是去牧场，熟悉得用不着导航；听说过高铁这个名词，从来没看到高速列车长得啥模样。在成都不同，要方便用滴滴出行，求精准用导航，需速度选高铁。生活在智能社会，傻瓜会划拉智能手机；生活在偏远牧区，精明人脑瓜里装的是牛。由此可见环境的重要性，智能环境让普通人享受到科技成果，闭塞环境导致牛人牛不起来。

当然，也要从自身找原因。同在西藏生活的人，为什么有的什么都懂，为什么我如此笨拙？这需具体分析，环境一改变，有天赋的人立马显出才能来，无天赋的人墨守成规。当年在深圳闯荡而今拥有巨额财富的人，有几个是大学毕业生？有的小学没读完，居然混出人模人样来。人家是在“时间就是金钱，效率就是生命”的大环境中干出来的。当年如果我去深圳，恐怕难有立足之地，根本谈不上发展。我一无所长，生性懦弱，在深圳早被淘汰了。

纵向看，西藏发展很快；横向看，西藏仍似一片未开垦的处女地。

1954 年青藏公路和川藏公路同时建成，汽车成为西藏发展的标识。2006

年青藏铁路通车，进藏旅游成为常态，景区附近居民拓宽视野。相信在不久的将来，川藏铁路建成通车后，拉萨自然而然融入成渝经济圈，整个西藏会阔步前行。

随着交通设施升级换代，西藏与内地交往交流交融日益加速。内地人领略西藏的宽广与魅力，西藏人享受内地的科技与生活。

格桑花

要不是四顾无群山，我以为身在西藏。

时值秋日，看着路旁连绵不断的八瓣梅，我陡然想起西藏。

西藏有什么特有的标识吗？有人说蓝天白云，如今有蓝天白云的地方比比皆是；有人说光秃秃的山，行走在大西北此类山并不少见；有人说高原之舟牦牛，实际上牦牛最多的省份是青海……在我眼里，西藏的标识是色彩缤纷的格桑花。不是吗？西藏每个县都能见到她婀娜的身姿。可能是我西藏之外的地方所游有限，在其他地方很少见到她的存在。

格桑花是什么样子？众说纷纭。有人说八瓣梅就是格桑花，有人说格桑花不是八瓣梅，有人说在西藏凡是叫不出名字的花都是格桑花。不管怎么说，多数人心中的格桑花指的是八瓣梅。

我来西藏后，在单位院子和公园里，都能看到她。她有花的芬芳，却不艳不淡，给人以温柔，送人以温馨。有人喜欢这种花，有人厌恶那种花，没听说谁不欣赏格桑花，见到者报之以微笑，轻嗅其味道。

哥哥说，在安徽省淮北市所有乡村公路的两侧，都种上了格桑花。她能长一米多高，车行其间，让人饱览平原新景；徒步路旁，使人赏心悦目。

我说，今年哪来这么多格桑花，需要多少花种呀。

父亲说，不管从哪来的，方圆百里的第一棵格桑花是咱家种的，其他格桑花是从咱家引出去的。

父亲的说法不能成立，却有依据。

2011年，年近八旬的父亲来到拉萨，看到报社院里的格桑花，连声说好，叮嘱我待花种成熟后收些回家。如父所愿，当年休假，我把采集的格桑花种带给他。他说，要让格桑花开遍淮北平原。我笑着告诉他，格桑花的祖籍在内地，说不定安徽就有。清朝末年，驻藏大臣张荫棠从家乡广东把八瓣梅种子带到西藏，像一百多年后的我从拉萨把花种带回家一样，只不过方向相反。想不到她对西藏的土壤和气候适应，种子撒落之处，皆有花儿盛开。人见人爱的八瓣梅，很快被藏族兄弟姐妹传往西藏各地。人们互问这是什么花，无人知晓其名字，只清楚是张大人带来的，于是称为张大人花。

父亲把花种撒在西地。由于土壤肥沃和气候温暖的缘故，格桑花一人多高，种子成熟落地，很快萌芽开花。她长得过于繁茂，影响庄稼生长，种花的父亲挥起镰刀像割野草一样予以清除。母亲说，孩子带来的格桑花好看，不需施肥不用浇水，在地边留些。看到这些花，我想起西藏，想起儿子。

十多个年头过去了，穿行在格桑花丛里，我想起说着这些话的母亲，也想起远在天边的西藏。

虽然同为一种花，西藏的张大人花和家乡的格桑花形态悬殊。拉萨市郊的花儿一尺多高，花茎细而柔，风一吹，整株花在摆动，颜色不一的花朵，像藏族姑娘映着高原红的脸庞。淮北乡村公路旁的花儿身高和人差不多，花茎粗得像藤条，若不是顶着那些可人的花朵，以为是长得茂盛的杂草。两相对比，我觉得长在高寒贫瘠土地上的格桑花耐看。格桑花是一种朴素的花，生长在哪里都不属浓妆艳抹型，西藏的张大人花属小巧玲珑型，安徽的八瓣梅属高大粗壮型。不管属什么型，是就她的体形来说的；无论在哪里生长，她们花朵的大小、颜色和形状相同。这证明她们同根同源。

张荫棠身为行政官员，却对八瓣梅情有独钟。我想，当时他带到西藏的应该有好多花种，唯有八瓣梅存活下来。后人脱口而出的张大人花，是对他的纪念。在拉萨市宗角禄康公园，有一尊与树比高的张大人花雕塑。

作为在西藏生活的我，每年利用休假时间回到淮北平原。虽然知道格桑花是张荫棠从内地带到西藏的，但在内地愣是没见过格桑花。如今在家乡公路旁，随处见到一簇簇高大的格桑花，怎不令人欣喜？难怪父亲认定，内地的格桑花是从我家传出去的。这反映出他对格桑花的感情。

无论娇小妩媚的张大人花，还是健硕疏朗的八瓣梅，她们有一个通俗悦耳的名字——格桑花。无论生长在高海拔的西藏，还是生长在土壤肥沃的内地，格桑花总是那么令人心驰神往。

在我心中，格桑花的花盛开在西藏，她的根生长在家乡。

父与女

父，是我的父亲；女，是我的女儿。

对父亲，我谈不上孝顺；对女儿，我说不上负责。

说这话，没有自责，没有愧疚，只是我的生活常态，吐露一下内心平淡如水的世界。

在外人看来，儿孙满堂的父亲一个人住在农村老家，我辈要背着不孝的名声。

父亲不愿跟儿子住在一起，开始我以为是不方便的原因。后来给他腾出一套单独的住处，过了三天，还是回到老宅。

究其原因，是生活环境决定着他的去留。

跟儿子住在一起，不，即使住在儿子附近，没有疫情，也和隔离差不多，每天一个人像神仙一样在屋里坐着。家人络绎不绝，儿女照顾生活，但性格内向的他只是静静地听，半天不说一句话。那里没有他的话语体系。

在村里不同。一个大院子都是他的，成为他的势力范围。有两三个老头常来串门。几个老人吃完饭一抹嘴，就聚到一起。

父亲辈分高，年龄是全庄最长的，不管谁来，他说不说话都是主角。在老地方，他有归属感。

姐姐每天给父亲打电话。她时不时交待我给父亲打电话。

母亲在时，我每星期都往家里打电话。往往是父亲先接，打个招呼，然后把电话递给母亲，同时告诉她是哪个儿子打来的。然后，才是正式通话。

2022 年春节全家福（唐若辰 / 摄）

母亲离开后，我往家里打电话的次数骤减，平均一个月能给父亲通一回话，好像没有多少内容可说。

我无须为父亲操心。此话怎讲？大哥感觉到差不多了会回家陪父亲过上一星期，父与子都在精神上得到安慰；二哥早期为大家庭付出很多，后来健康状况欠佳，他身体正常，父与子心都安；家里的门窗修缮等零碎活，三哥干得妥帖；回家为父亲做几顿可口的饭菜，是四哥的强项；添置衣物或者换季洗衣被，非五哥莫属；打扫卫生以及收拾父亲种的蚕豆等作物，成为弟弟的专利。

平常的嘘寒问暖，在姐姐每天的电话里体现。

我一无所长，休假回家过段时间，父亲看我做饭窝囊，自己做起来。

数我离父亲远，这不是原因，打个电话能费几个钱，况且套餐用不完。

我为父亲做的，一年奉上两千元人民币，这是近几年才实行的。据父亲说，他一年连一千块钱都花不完。

我对父亲就是这个态度。父亲对有没有我这个儿子，好像不太在意。至少我是这样认为的，但愿是错觉。

我与父亲的共同语言越来越少，主要是思想认知上的不同。

父亲读过私塾，不善于语言表达，但在农村，语文功底是数得着的。有一次，我说曹文轩的《青铜葵花》写得好，读过之后，自己作的难根本不值一提。父亲不知道曹文轩何许人，不了解书的内容，但听力有些下降的他脱口而出："什么人能有我作的难多。"

大哥跟我说过，无论父亲说什么，不要反驳，九十岁的人了，不必惹他不高兴，我们听着就行。

父亲的观点时常停留在过去的日子里，但对眼前的变化还是心怀喜悦的。有一次，哥哥开车拉他去镇上洗澡。看着平直的水泥路，他说："以前要走一个多小时的路，现在十多分钟到了。不说共产党好没有良心啊。老了享的是共产党的福，政府每月给我发钱。"

父亲说的是实话，截至目前，我孝敬他的钱远远低于他领到手的农村养老金。

对待父亲马马虎虎，对待女儿怎么样?

刚结婚时，夫妻常拌嘴，是女儿的出生维持了这个脆弱的小家庭。

妻子赌气说离婚。以我的长相和能力特别是财力而论，再婚的可能性为零，时常有些窝囊气堵在心头。母亲知道我的处境。她没有评论妻子，只是对我说了这样的话："不要离婚。就是能说个媳妇，孩子不管没有娘还是没有爹，可怜。我不能给你领孩子。"

我忍气吞声。妻子没有继续发作，女儿回到妈妈的怀抱。

磕磕绊绊糊弄到女儿幼儿园毕业，我远走他乡继续上学。

待我携妻女奔上高原，夫妻间的矛盾被抛到九霄云外。在这个呼吸困难的地方，吵嘴愈加消耗生命。远离家乡，空气稀薄，为了生存，仇人变成亲人，何况本是一家人。

女儿在拉萨一小读到六年级，这是我和女儿待的时间较长且生活氛围较好的地方。

有时与妻共忆母亲说的话，才明白她老人家的用意。她深知儿子的笨拙，儿媳妇一气之下胡言乱语，不能当真，不能计较。再说，折腾得妻离女散，经济上是损失，对孩子影响大，对大家庭有弊无利。正是因为当年母亲说的一番话，才有今天幸福指数不断攀升的高原小家庭。

每天早上，妻子送女儿上学。我偶尔送一次，不是我忙，而是觉得天天去送会增加她们的依赖性。即使偶尔送学，我不给她背书包。走在路上，不给孩子背书包的家长极少。有孩子上学的家长体会到，书包挺重，还是在高原呵。

要说我疼女儿，人们能看到的，仅此而已。

小学读完，女儿回内地人读寄宿制学校。她与同龄的堂弟是个伴，高中在同一所学校。我负责出生活费，说不上费心。费心的是我的家人，前三年每星期要接送，后三年牵挂着她的安危冷暖。

我与女儿很少说话。小时候，她有些怕我；长大了，在她心目中，我就是那么回事。参加过高考后，居然有一个问题困扰着她：这样的爸爸当初是怎样考上研究生的？

随着工资的增长，每年休假，我尽可能出去旅游一次。只要有可能，女儿是必带的，其次是陪父亲。说得好听些，我陪着父亲带着女儿旅游五六次。天南地北游过几次，父亲心情愉悦，坐过几次飞机；女儿成长锻炼，出门在外不再胆怯。

女儿上大学后，多是与她妈妈通话，我偶尔捎带几句不着边际的话语。可能是遗传基因在起作用吧，前些年我给母亲打电话，父亲捎带着跟我“啊，知道了，跟你娘说吧”说上几句话。

有一天早上5:34，女儿在微信中留言：“我当地的电话卡过期。手机短信发不了，只能用微信QQ。你有空说一声。”

她留言的时间是美国芝加哥15:34。她在当地过下午，我在金沙江畔睡梦中。

我在梦中见过很多亲人，唯独没梦到过女儿。有人说想孩子想得吃不下饭睡不着觉，我没有那种感觉。实际上没做到位，不想说假话，给人印象是不尊老不爱幼。在一起驻村的队友，几乎每天与家人视频或打电话。我的电话轻易不响，打出去的电话很少。在队友眼里，我有些难以理解。

我看到女儿留言时，已到7:51，给她留言："在室内散步。随时可语音通话。"

我是一个待得住的人，用队友的话说，经常自我隔离。多亏挨着我住处有个"朱巴龙乡人大代表之家"，平常无人光临，正好成为我的运动场。

女儿吃完晚饭是北京时间9:07。她看到留言即拨通语音电话。

这次通话时长为19分50秒，成为二十年来父与女通话史上最长的一次。

看看时间快到9:30，我说要参加乡政府组织的集体锻炼，才结束横跨半个地球的聊天。

她说机票已订好，芝加哥→洛杉矶→东京→上海，一路飞来。

我说好快乐呵，经过那么多大城市。

她说，由于国内疫情影响，好多航班取消了，所能选择的回国线路有绕道土耳其的，有经过俄罗斯的，还有飞到非洲再转回来的。

由于出去旅游过几次，路途上没有问题。她担心的是，回到家怎么办。

她于2020年2月24日到达上海。疫情整体的蔓延势头得到控制，但政府的防控措施依然很严。全国人民理解且主动配合，女儿不管到哪里，会自觉接受隔离。

女儿长大了，对我早无恐惧感，想想对她天马行空式的引导，终有感悟，知道拿起电话跟我说话。

我比女儿大三十岁，想想父亲在意志和忍耐方面对我的影响，亦有所感，为什么不向女儿学习拿起电话喊声"大"呢。

想起父与女，祈福父亲身体健康，尽量推迟需要儿子照顾的时间；祝愿女儿长出天使般的翅膀，在蔚蓝天空翱翔。

女儿飞

原计划2020年2月8日返回的璞，因国内疫情推迟到半个月之后。

她这次去芝加哥，带有很大的偶然性。

2019年暑假，女儿璞与侄子渔从长沙坐火车来到拉萨。

过了几天亲热劲，看着他们歪在沙发上划拉手机，我提议以学英语取而代之。他俩的英语薄弱。从长远看，本科生到处都是，研究生早不稀罕，英语不好怎能往上考？

璞说："没什么事做，不看手机看什么？况且我不是总看手机呀。英语那么差，不是这几天能补上来的。"

渔说："你现在看我玩手机，到了需要用功的时候，我学到半夜。谁有谁的学习方式，该发力的时候不会玩。"

时代不同了，面对两个寄予厚望的大学生，我无言以对，无计可施。

熬到开学，璞和渔先后回到各自的大学。

他们千里迢迢来日光城，我高兴，心里灿烂许多。提到学习，似乎没有共同语言。他们有些不耐烦，我觉得话说多了没趣。

开学不久，璞说有个国际志愿者实习项目。我告诉她报名试试，能参加就参加，不能参加拉倒。

我支持她参加这个项目的初衷明确，在英语环境中感受一下，对英语水平的提高或多或少有些帮助。至于出国留学，不是我们的目标，孩子没有语言能力，我没有经济基础。

我抱着让她出去见识的心情予以鼓励，她抱着出去旅游的心态踏上飞往美国的飞机。

璞有没有学到知识，本来不重要，有一点可以肯定，她玩得开心。同样清楚的是，她这一趟花费我半年薪水。只要安全健康快乐，半年薪水算得了什么，环球旅游，拉动了人家的经济。

疫情犹如半路杀出来的程咬金，拦住璞回来的飞机。

返程机票早就订好。先是芝加哥飞往北京的航班取消；接着，芝加哥飞往上海的航班没了；再次改订芝加哥飞往香港的航班，然后转机到上海，很快又被告知取消。

为期一个月的国际志愿者实习项目已经结束，疫情使航班纷纷取消，不是中国的飞机飞回来不去，就是人家的飞机不愿意飞来。

璞的寄宿家庭知晓中国疫情状况，主妇宽慰两个住在家里的大学生，说除了支付些生活费，随便住。

经过一番折腾，在外欢乐的璞有些想念祖国。

再次研究航班信息，终于选择一条一波三折的航线：芝加哥→洛杉矶→东京→上海。

别说孩子，大人常常这样，在国内待久了想去国外，到了国外想回来。

我曾对璞说："支持你出国，但学成后一定回来报效祖国。"

她比谁都清楚自己的能力："我得有出国的本事呀，等到大学毕业了再说吧。"

想不到她在大三期间出去转一圈。

在芝加哥的日子里，虽然活动圆满，寄宿家庭很好，我们还是为她担心。

听说她去美国，我的家人一片反对之声，甚至指责我不负责任。

美国经常发生枪击案，其中校园枪击案占有一定比重。我的老父亲坚持每天看新闻联播，一看到美国枪击案，浑身一颤，有时冷不防大喊一声孙女的名字，附近的人吓一跳。我的姐姐本来身体不好，听说侄女在美国，经常一夜无眠。

我是这件事的始作俑者。面对家人质疑甚至批评式的关爱，我诚恳地点头称是，实际上没当回事。

人们常说放飞心灵，璞是我的心灵。

我只有这一个女儿。我有一大把侄子侄女，曾试着视他们如同己出。实践一再证明，他们是我的侄辈，终究不是我的子女。璞承受了我对下一代百分之九十九的爱，只是她没感觉到。

怎么放飞？在学业上，我无能为力。她上小学时，我辅导不了她的功课。话说回来，正常的教育没用好，让人辅导的孩子，成才概率很小。

在人生路上，我无法为她树立远大理想或者具体奋斗目标。我已过了知天命之年，以前做的事不必提，现在干什么稀里糊涂，以后怎么样无从知晓。这样的爸爸能为孩子规划人生蓝图吗？换个角度看，让爸妈牵着鼻子前行的孩子，能力超过上一辈的可能性不大。

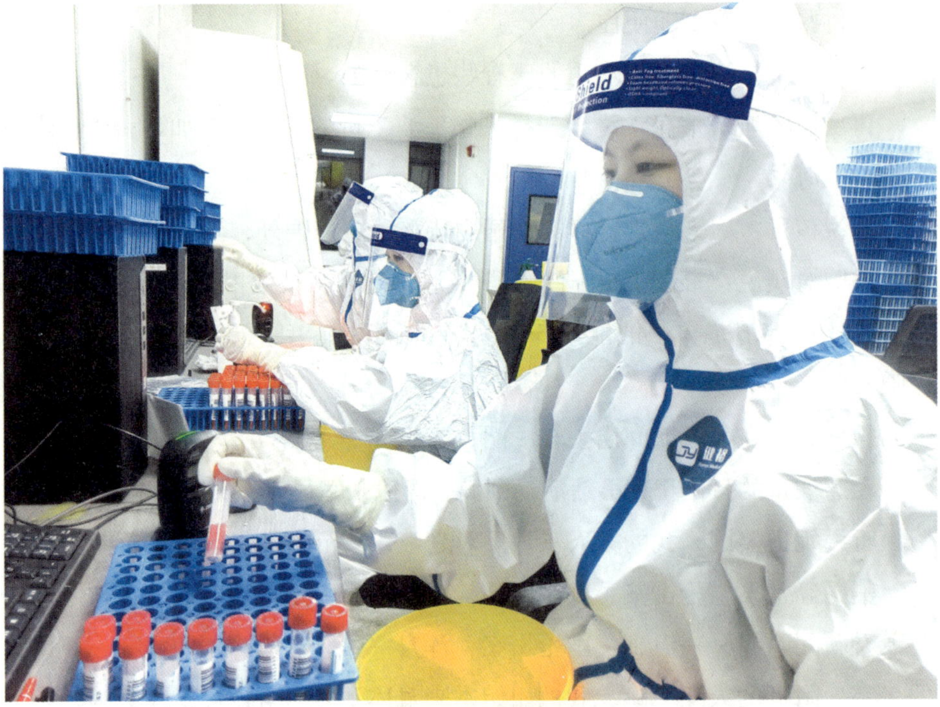

唐若璞（右一）在做志愿服务（志愿者/摄）

我怎样使女儿飞得高且远，手里还能攥着那根线？尽力为她营造一个适合成长的环境，该投资的，在所不惜；不必要的跟风行为，一毛不拔。

这是在钱上说话。主要是以身作则，引导她判断何为是何为非、何为荣何为辱。

给女儿绑上再多的翅膀，不如让她长出翅膀，自己飞。

纸玩具

哥哥带着孙子来了，看着活泼可爱的小家伙，不爱说话的我被他调动起来。

侄孙在房间里给我展示轮滑动作，让我跟着学。看着我笨拙的样子，他指指点点下了一番功夫。

他上小学一年级，对周围的一切感兴趣。我这个爷爷，想让他玩些不一样的东西。

偶然发现女儿用纸折成的类似魔方的手工作品。我把侄孙喊过来："这个玩具好不好？试试会不会玩？"

他的两只小手摆弄着这个彩色立方体，一会儿变成"大哥大"，一会儿变成圆圈，能变幻出五六种形状。

看着他爱不释手的样子，我自作主张："你这么喜欢，小姑送给你了。"

"真的？谢谢小姑！"他头也不抬地感谢着。

我是他所称小姑的爸爸，把长期放置在角落里的手工作品送给侄孙，是情理中的事，不用向谁打报告。

侄孙玩着这个充满魔力的玩具。我怎么有些心虚？告诉女儿我已把手工魔方送给她伯父的孙子、她的侄子，难道她会拒绝，除非不懂事，连小孩也不如。

我点开手机视频，让他俩直接通话，心想这样效果好些。

女儿："这是在哪？你玩的是我的玩具，玩好记得放回原处。"

侄孙:“小姑，你已经送给我了呀。”

女儿:“我没说送给你，我说玩好放回去。”

侄孙一脸愕然地把头扭向我:“小姑说送给我又不送给我，说话不算数。”

我赶紧对着女儿喊:“是我替你说的。来，你给小姑说喜欢不喜欢。”

侄孙:“喜欢。”

女儿:“你问小姑喜欢不喜欢。”

侄孙反应不过来，手里拿着魔方愣愣地看着我。

我强压心中怒气:“一个纸折的玩具，送给他吧。”

女儿:“不送。”

我知道对女儿用强硬语气不管用，耐着性子说:“你小时候跟着伯父伯母上学，他们多么疼你，把魔方送给你的侄子，大不了再折一个。”

女儿:“你说啥都没用。这个手工作品看起来简单，我花了几个小时才折出来。以后你不要把我的东西特别是手工作品，不跟我说随便送人。”

我几乎想扇她一耳光，说出来的却是这样的话:“有人分享你的劳动成果是多么让人高兴的事。”

女儿:“说不送就不送。以后我可以教他折纸做手工作品。”

我要挂断视频，侄孙伸过头说：“小姑，你放假回来别忘教我。”

我气女儿如此不懂事。哥哥似乎要用事实证明能实现孩子的愿望，用手机录下仍在翻转的玩具，发给做幼儿园教师的邻居。果如所料，几分钟工夫，邻居发来如何做玩具的抖音。

通过这件小事，我收获三个“想不到”。想不到我的话对女儿不起作用。我之所以敢擅自做主把她所折的一个不起眼的小玩具送给侄孙，觉得远在外地的女儿不会把这个纸叠的东西当回事，况且是送给谁见谁爱的侄孙。结果我在视频里向她道歉，竟没换回想要的结果。想不到女儿在这件小事上的态度如此决绝。从出生至今，我与她在一起的时间有限，谈不到溺爱，说不上严管。她抱怨我不该不经同意处置她的东西，尤其是手工作品，说是花了心血做成的。想不到侄孙能承受如此大的打击。如今一些孩子想要啥必须得到啥，否则不依不饶。侄孙没有得到玩具，一时显得失落，很快恢复常态，接着玩耍。

细想一下，一切释然。做父母的要转变观念，不要以为儿女是自己的，说什么都服从。其实，儿女只是借助父母这个载体来到世上，父母给儿女的是身躯，不能自以为是左右他们的思想和灵魂。否则，父母可能自讨没趣。做儿女的敢对父母说不，在新时代没有什么大惊小怪的。在不犯原则性错误的前提下，他们有自我判断的自由。一句“你问小姑喜欢不喜欢”，既引导下一代进行换位思考，不能夺人所爱；又提示上一代凡事不能越俎代庖，要互相尊重。如今的青少年，小皇帝有之，懂事的孩子更多。小皇帝是由大皇帝惯出来的，懂事孩子的父母多为懂事之人。什么样的家庭环境造就什么样的孩子，做父母的不可不慎，要爱憎分明，把握引导孩子的方式，注重教育孩子的方法。

无论在家庭里还是社会上，如果能站在对方立场考虑问题，家庭会多些幸福，社会能增添和谐。

身教胜于言传

我小的时候，父亲是吸烟的。

一些人家在房前屋后栽烟，主要用来卖钱。家里如有吸烟之人，栽上十棵八棵，自用，省钱。

我记得父亲吸烟的样子。

吃完饭，父亲往床上一坐，顺手把盛烟叶的小筐拿到面前，捏起一撮在手心里揉，时而用食指和拇指碾几下。

他拿起一张写满字的作业纸，小心翼翼折两下，沿着折痕撕下一个长方形纸片，握成一个凹槽，撮些碎烟叶放在里面，轻轻卷成一头粗一头细的筒状物。用小指把粗头看得见的碎末往里捣，把纸折起，拧一下。用舌尖舔下细头部分，用指甲掐掉一点，碎末似露非露。

这个过程，是一个农民生产卷烟的过程。接下来，把烟卷细的一端噙在嘴里，拿起烟筐里的火柴，抽出一根划燃，开始享受。

那时，我对烟味是什么感觉已想不起来。

无论父亲在哪儿，我们都不敢靠近。他吸烟，我们离得更远。全家人只有他一人吸烟，烟肯定是个好东西。

父亲不在家，我没有伸过头看他的烟筐。母亲不让我们碰那些东西。她说，每年栽烟不费多少事，也不容易，卖钱给你们交学费，卖不出去剩的烂叶碎屑才用来吸。

母亲说烟味呛人。父亲吸着好受，他是一家之主，由着他好了，反正不用花钱买。

若学比我小一岁，我和他出去玩，在粪池边捡到一个烟斗。我俩观点相同，用它吸烟有派头。

没有烟叶怎么办？谁都不敢回家偷烟叶。仰头叹气，几棵向日葵映入眼帘。那硕大无比的叶子多么诱人，下面几片早已风干，挂在秆上像晾晒的烟叶。

我扯下一片向日葵干叶，若学几下揉碎摁进烟斗。

我把鼻子凑到烟斗前闻闻，没有什么味道。一想，点着火吸几下才好受吧。父亲每次是那样，看起来很惑。干了一天的活，累得不想说话，吸几口烟，好像轻松许多。

若学的想象力比我丰富。叶子装在烟斗里，像水倒进碗里一样，还是水。水烧开变成茶，喝起来才热乎。吸烟同样道理，不点着什么味道都尝不到。

我家离得近，若学拿着烟斗，一起走过去。母亲正在挑水往大缸里倒，准备淘红芋片。

我俩像贼一样溜进屋。我快速从锅屋风箱上拿来火柴。若学已把烟斗咬在嘴里。我俩配合默契。进屋前我俩已商量好，点着后，他吸第一口，因为是他先看到烟斗的，接着我吸第二口，随后一人替一口地吸。

我刺啦一声划着火柴，若学头往前伸，烟斗离我更近。

关键时刻，我听到母亲给人说话的声音，好像要进屋。我心一慌，赶紧把火柴杆往床下一丢，撒腿跑出去。若学见我扭头往外跑，知道不妙，一溜烟跟着跑。

跑出屋有安全感，我俩接着玩。

不知什么时候，在门口忙碌的母亲发现屋里往外冒烟，意识到不对头，立即提着一桶水过去。

原来，我逃得急，火柴头上有没有火都不清楚，就扔床下。床上铺着用来取暖的干草，透过苘绳间的空隙，掉在地上一层。没熄灭的火柴头慢慢燃着干草，烧坏软床。母亲进屋时，火头已经蹿起来。再晚些，可能烧到房顶。

母亲浇灭火，想起往外跑的我。我的厄运随之而来，被痛打一顿。

父亲中午干活回来看看火灾现场，清楚原委后，居然没说话。

这是出乎意料的。按照惯例，类似情形我会再挨一顿揍。父亲一向认为，对做错事的孩子，要揍个淋漓尽致，才能使儿子长记性，才有长远教育意义。

父亲走到桌前，拿起烟筐往外走，把里面的碎烟叶倒进粪池，小筐放在一个不起眼的角落。

从那以后，父亲不再吸烟。

四十多年过去了，母亲与邻居拉呱，聊起有人躺在床上吸烟烧着被子，自豪地说："俺家三十多口人，没有一个吸烟的。"

我听后笑着说："多亏母亲大人当时让我长记性，多谢父亲大人戒烟全家再也没有吸烟的。"

写给父亲的一封信

尊敬的父亲：

你好！

我在芒康山区驻村，提起笔来给你写信，感觉真好。

今天是春节，我想起你进藏时的点点滴滴。2011年春天，你要进藏看儿子，看布达拉宫。家人劝阻你，你的回答是：快八十岁啦，如果不去，恐怕一辈子看不到西藏。

参观完布达拉宫，在广场上，你看着西藏和平解放纪念碑对我说："儿啊，为了西藏的和平解放，多少解放军官兵躺倒在高原。从气候上说，我不想让你在这里工作；从感情上说，你必须留在这里工作。这个感情，不是父子感情，而是对国家的感情。"

你做了一辈子农民，说出这样的话，我丝毫不感到惊讶。你读过私塾，常看新闻，关注国家大事。自从我去了拉萨，西藏成为你的牵挂。

前几天我打电话，你把村里的事问得很细：朱巴龙村的人是不是姓朱，能不能听懂村民的话，地里长的啥庄稼，金沙江宽不宽，老百姓来办事你是什么态度。

父亲啊，请让我一一为你解答。朱巴龙村人的名字和多数藏族人的名字一样，这个叫扎西，那个叫尼玛。朱巴龙是藏语音译，意思是船夫居住的地方，和姓不姓朱没有关系。多数村民会说普通话，驻村工作队和他们交流没问题。朱巴龙山上牧场可放牛，江边有地种庄稼。庄稼和咱家种的一样，有小麦，有玉米。和家里不一样的是，这里的核桃树粗得几个人抱不过来，出产苹果和梨子。过藏历年了，许多人家院落里的树上挂着橘子，像一个个小灯笼，好看。金沙江不算宽，一年四季水很凉，夏天颜色比黄河还黄，现在变清了。村民来办事，我们热情接待，根据政策可以办的，以最快速度办好；不符合政策的，耐心给他们解释清楚。

父亲啊，我明白你的意思，我们家祖祖辈辈是农民，知道农民的酸甜苦辣。上级派我来驻村，正像你说的，能为老百姓做些实事，应该的；如果不能办成事，千万不能伤他们的感情。

朱巴龙村有四个组，过年挺有意思，因为春节和藏历年连在一起，这里的人们一下过两个年。更有意思的是，白洋组的藏历年和日喀则的一致，不知是巧合还是有什么联系。朱巴、岳巴和卡玛三个组的藏历年一致，和拉萨一样。

驻村工作队有三个人，这是我们在朱巴龙过的第二个春节。能和村民在一起过年，是你期待的。你多次说过，接地气是和百姓一起过日子，和百姓一起干活。

父亲啊，请放心，只要你老身体健康，儿在哪里都有家。

此致

敬礼！

你的儿子：大山

2021 年 2 月 12 日

写于西藏自治区芒康县朱巴龙乡朱巴龙村

母亲的梳子

母亲没有能力梳头了。

不梳头，母亲难受。

母亲说："不管穷富，头是要梳的。"

在母亲最后几年时间里，给她梳头，成为我们尽孝的一种方式。

就年龄而言，八旬多的母亲头发好，整体上看不出稀疏，大概有五分之一的白发。这些白发看得到，不明显，长在母亲头上，恰到好处地展现了一位老人的沧桑与慈祥。

在我的记忆中，母亲是窝着纂的。窝着纂的母亲时常穿件老式蓝布褂子；到了夏天，换成一件式样相同的白色褂子。

从我记事时起，母亲的手就疼，后来腿也疼，还有其他部位的不舒服。总之，疼痛伴随母亲三四十年。

究其原因，大多归结于在东北十六年的生活落下了根。

母亲去世后，我与哥哥陪同父亲去了趟黑龙江省佳木斯市桦川县横头山镇日升村。

五月天气，我把手伸进村东头的小溪里，只有几秒钟时间，赶紧缩回来，水太凉。那条小溪，是母亲春夏秋冬洗衣裳的地方。对母亲来说，五月天的水温已经不错了，开春用棒槌砸碎冰凌洗衣裳才冷呢。母亲说，当时没觉得怎么样，洗会衣裳，用嘴哈哈手，接着洗。

小孙女说："奶奶，你要再洗衣服，戴上胶皮手套，手不冷，也不疼。"

母亲笑了:“下次洗衣裳，戴胶皮手套。手不疼，给你扎小辫。”

母亲不可能给她的小孙女扎小辫，因为当小孙女可以扎小辫时，她连自己头后面的纂都扎不起来了。

不得已，姐姐用剪刀忍痛把母亲的头发剪短。母亲无奈地接受。她不喜欢短发，说那不是老年人的样子。

当妻从西藏带来牦牛角梳子时，母亲还能用它拢几下头发。只是拢几下，凭自己的能力，不可能达到曾经的梳头效果。

母亲对她的孩子说:“不要再买梳子，我数数，有十把。我梳不动头了。年轻时，一把梳子梳得剩不了几个齿，还得用它梳。”

小孙女说:“那得用好长时间吧。”

母亲说:“时间最长的一把用了十年。那是你爷爷送的。说了你不懂，不说你永远不知道。”

小孙女说:“我懂。那叫定情物。”

母亲用手戳下她的头:“才上几年级的小丫头，懂得多。那时候不像现在，媒人在男方和女方家来回传话。男的和女的没有见过面，对方长得啥样不知道，都是老人说了算。说得差不多了，男方会托媒人送来一把梳子，这把梳子决定着两家能不能成为亲家。”

小孙女忽闪着眼睛:“那把梳子后来呢，还在吗?”

母亲觉得现在小孩子比大人知道得多:“小不点儿，你怎么知道那把梳子还在不在。”

小孙女:“我知道你收下爷爷送来的梳子。你要是没收下，不会有我爸爸。没有爸爸，我怎么做你的孙女?”

母亲扯扯她的小辫:“你说得对。我收下你爷爷送来的梳子，梳子生下你的爸爸，后来有了你。”

小孙女:“奶奶骗人，梳子不会生小孩。你快告诉我，那把梳子在哪里。”

母亲清楚记得:“你去过临涣文昌宫，那是淮海战役时邓小平住过的地方。那一年，我来到唐圩。1953年，你爷爷下东北，和电视里《闯关东》差不多。

第二年，我带着你的伯伯和姑姑，还有那把梳子，也下东北了。女人走到哪里都要梳头，那时候买把梳子难。你爷爷送的那把梳子，带到东北又用五六年。有一次去双鸭山，见到国营商店里有梳子，想想家里的梳子实在没法用，就用卖烟叶的钱买把新梳子。”

小孙女：“爷爷送的那把梳子后来带回来了吗？”

母亲若有所思：“那把梳子烧炕了。”

小孙女：“我听不懂。奶奶，快说呀。”

母亲接着说：“现在的孩子，不该懂的懂了，该懂的听不懂。烧炕了，就是用它烧锅取暖了。”

小孙女有些可惜：“爷爷不会生气吗？”

母亲笑了：“他不会生气，是他送到火里烧的。我在做饭，你爷爷干活回来，我让他攒把火。平时放在炕上筐里的梳子，不知什么时候掉进柴火堆里，

奶奶教小孙女包饺子（唐大山/摄）

你爷爷连柴火带梳子一起抓起来。等我再去攒火时，看到梳子烧红了。本来没有几个齿，没啥可惜的，就这样烧锅做饭，热气通到炕里取暖了。”

母亲说得轻松，小孙女觉得是大损失。

母亲好像安慰她：“奶奶一辈子没离开过梳子。你看，这十把梳子，有的一次没用过。日子好了，梳子用不完了。”

小孙女：“我想看看爷爷送你的那把梳子。”

我把女儿引到一边去玩。

给母亲梳好头，我开始为她剪指甲。

我蹲在她面前，指甲剪一半，听母亲有些感慨地说：“儿啊，你的头发咋少啦，没有娘的头发多呢。”

我的头发确实少了。这十多年来，由浓密到稀疏再到看得见头皮。不过，从正面猛一看，不是太明显。

这次给母亲剪指甲，俯首在她面前，头上稀稀拉拉的几根发，让她看得清清楚楚。

母亲说：“西藏地方高，不要那么累。我一辈子做那么多活，没像你这样掉头发。从地里回来，有时梳头梳掉一小把，看着吓人，老了少得不明显。”

我无言以对，默默地剪着她的指甲。

我心里明白，母亲的梳子，梳去了大把岁月，梳来了儿孙满堂，梳理了一门家风。

朝西看

天气渐渐暖和，到了晌午，母亲会坐在过底朝西看去。

十多年了，行动不便的她每到天热时候都是这样坐着、那样看去，先看弟弟后望儿。

母亲的弟弟、我的二舅，远在新疆。他从 1960 年代起成为新疆生产建设兵团的一员，1980 年代中期第一次从遥远的西部回家探亲。

二舅来看望他的大姐、我的母亲，全家人甭提多高兴。我们想起三个舅舅时，感到兴奋，他们都吃商品粮。

二舅来我家时，小麦刚好泛黄。大人坐在板凳上，我怯生生地站在母亲身旁。

母亲：“都知道有个新疆，新疆在哪个地方？”

二舅：“大姐，新疆就在新疆，那是个好地方。”

母亲：“你说那地方好，指指在哪个方向。你回去了，我想你时，就朝那里看。”

二舅：“咱在安徽北边，我住的地方叫奎屯，在新疆西边。大姐，朝正西看，新疆在那边。”

母亲：“知道了，朝青疃集看，就是新疆。”

二舅：“赶青疃集，一直往西，能走到。过了青疃集，再走三个月，能到新疆。”

母亲：“别说得那么吓人。我这辈子走不了那么远的路。”

二舅："旁边这孩子老几？有没有上学？"

母亲："老六。在临涣集跟他三舅读初一，明天起早骑车去学校。"

二舅："过来，我问你，喜欢写作文吗？我初中毕业当兵，到部队学写作文。在新疆，每到星期天，别人出去玩，我在办公室写，时间长了，写成一本书。"

我有些害怕，往母亲身后躲。

二舅走后，母亲没履行诺言，她没时间坐下来，偶尔朝西看，不是看远在新疆的弟弟，心里想的是西地庄稼长得怎么样。

随着身体的衰老，母亲停住下地干活的脚步，每天有时间坐在床上朝西看。

2008 年夏天，我在进藏前安慰母亲："在西藏工作，有休假，每年能回

在金沙江畔朱巴龙驻村时的唐大山（向世宁／摄）

家看你。”

出发前，我对西藏一片茫然。促使我去西藏的原因有两个：一是工作，二是心态。我要去的单位是报社。我不能像二舅那样成为诗人，可像他一样煮字为乐。我想起二舅说过的一句话，“文学爱好需要环境的滋养”，报社是滋养文学爱好的地方。从心态上说，拉萨发生打砸抢烧事件，没什么可怕。之前，我给二舅打电话征求意见。他的话语是军人风格：“拉萨发生的烂事，成不了气候。他们能成气候？中国共产党就不是中国共产党！中国人民解放军也不叫中国人民解放军！”

家人对我进藏之举支持声与反对声并存。在这件事上，母亲没表态，这让我难以理解。临走，我给她磕个头。她说：“那里工作好，在那里待；要是喘不过来气，赶紧回来。不管在哪里，只要好好干，都能吃上饭。”

夏季来了，西藏的感觉犹如春秋天，安徽酷热难当。晌午，母亲拄着磨得光溜溜的竹竿，从堂屋挪到过底，坐在北侧板床上，面向大门口，朝西看去……西边的新疆有她的弟弟，西边的西藏有她的儿子。

那棵柳

母亲喜欢柳树，在我的记忆中一直是那样。

离大门不远处有棵大柳树。那是父亲像我这个年龄时栽的。在此用“栽”字并不准确。母亲说，那是别人锯树时掉下的一根枝条，和手指头粗细差不多。父亲把它捡回来，随手插在坑沿。没人关注它能否成活，不久长成一棵像模像样的小树。

邻居的羊有草不吃，想啃这棵不起眼的小树。母亲发现及时，找来一把荆棘，用布条扎个严严实实，来串门的羊才没找到下嘴机会。

等我出去上学了，门前柳树已经长大。

那时一星期上六天学，星期六傍晚从学校回来。回到家是充实的。当天晚上把作业做完，次日早上起来把课文背会。吃完饭，和母亲一起下地干活。中午回来，母亲往柳树下的石磙上一坐，我从村里井中挑来一担水，舀上一瓢送到她手上。这十多分钟，是她享受幸福的时刻。接着是我烧锅，她做饭。父亲利用中午短暂的半小时，歪在床上休息。早上我背书的时候，他在地里干活。

我结婚后，母亲很少下地干活，家务活一如既往。用她的话说，不慌不忙，累不着人，慢慢做。

母亲生下十一个孩子，夭折三个。早期生活自不必说，后来全国人民好起来了，我家日子也有起色。

母亲的七男一女中，我是最后一个结婚的。我不用“成家”两个字，有父母在，他们住的地方就是我的家。家一直在，只是她的儿女没有一个在身边。

所幸我的住处离家不算远。我居住的小镇离母亲有 15 公里的距离。

我差不多每星期回家。

进了村庄，离开主路往南一拐，能看到我家的房子。

快到家的时候，天没黑，第一眼瞅见门前大柳树。柳树下的母亲摇着扇子，说声回来啦，接过我买的馓子吃几根。

我的女儿出生后，母亲特别喜欢。她只有一个女儿，远在百里之外，疼孙女是自然而然的。

女儿从会走路起，乐意跟我一起回家。

自从有了双休日，我带着女儿回家的时间改为星期六上午。

女儿小的时候，坐在自行车前绑定的小竹椅里；稍大一些，转移到后座上。

母亲等待的时间因我和女儿的到来出现变动。

我们一般 10 点左右到家。那时，太阳暖和了，长着叶子的柳条随风一摆，大树下的母亲不再坐石磙，改坐在用苘绳襻成的软床上。床上放着一个针线筐，邻家老嫂子坐在床的另一头，拉着家常。

看到母亲，女儿会从自行车上下来，一边喊着奶奶跑过去，一边要我给她做小响，正式名字叫柳笛。

我不愿折母亲上方的柳条。母亲撩撩风吹散的头发，女儿看到了说："奶奶有白头发了。"

母亲笑着说："奶奶老了。等你长大了，再回来时，要是见不到奶奶，这棵大柳树就是奶奶。"

女儿听不懂，她撒娇地说："爸爸快给我做小响，我要吹给奶奶听。"

我看着跟前柳树像把巨伞给母亲遮阳，不忍下手，想到远一点的柳树上折枝条。

母亲说："在这棵树上折一根吧，以后这树上的枝条都用得着。早吹晚吹都是吹，不如活着听孙女吹的小响。"

我的心一抖，母亲怎么说出这样一番话来。

随着年岁的增加，母亲走路越来越困难，我却到千里之外的地方去了。

当我每年一次回家探亲时，母亲连拉动软床的能力都失去了。

天热的时候，邻居把软床搬出来，放到柳树下。母亲拄着一截竹竿挪出来，坐在上面，总是对着大路的方向。

2017年秋天，当我接到哥哥的电话回到家时，几天没有进食的母亲躺在床上。她认得我，却说不出话来，多数时候处于昏迷状态，嘴里时断时续传出“俺娘俺娘”的呻吟声。

我想起母亲在柳树下乘凉时说的一句话：“人不遇到难事不喊娘，人不感到疼痛不喊娘。”

母亲不停地喊着“俺娘”，定是难受到极点，连自己也意识不到了。

那一天，还是来了。

我拄着哥哥从门前大树上砍下的柳枝做成的孝杖，把母亲送到西地。

我和哥哥共同把幡棍放在母亲跟前。

2024年春天我回家的时候，母亲跟前的柳树长得很旺。

时间一晃过去七年，那个让人思念远去亲人的日子又到了。

母亲还在柳树下，今天，儿子所能感受到的，是她通过青枝绿叶发出的气息。

热爱春天

早上打开微信，看到表弟发过来一个链接，新疆人民广播电台推出的有声特辑里面，是我二舅的诗作《热爱春天》。

听着具有感染力的诗句和声音，二舅浮现在我眼前。

二舅在新疆的人缘怎么样，我不清楚，在家乡是不招人待见的。

二舅初中毕业先在南京当兵，后来转业到新疆生产建设兵团第七师。从新疆第一次回家探亲，是十六年之后。我不知道那时情形，只从母亲那里听了个十六年。

退休后，二舅回来三趟，是我姥姥健在的缘故。那三趟，我都见过二舅，因为我在附近学校工作。

村支书听说二舅返乡，特地去看望他。

三舅介绍，村支书是本家，三十多岁，看起来年轻，但长一辈，应喊小叔。

二舅一脸不屑，似乎说，凭什么喊他叔？

“那么小，凭什么喊他叔？凭辈分呗。”二妗子读得懂二舅的表情，说得出他想说的话语，“喊你一声小叔吧。来，我敬小叔一杯”。

村支书小叔感觉难为情，远道而来的侄子退休时是副处，相当于濉溪县的副县长，还是敬着点。

三舅感到尴尬，只能喊着喝酒为村支书解围。

二舅把人得罪了，一点没有意识到，还认为自己受些委屈。

姥姥病危，二舅火速赶来。

姥姥命大，奇迹般地活过来了，接着延长一年多的寿数。

在闲聊时，大舅与三舅说了老规矩，万一到了那一天，只要有人来，不分辈分不管年龄，要给人磕头。

二舅说：“我小时候知道这个规矩，六十多年过去，没改嘛，真是愚昧透顶。”

三舅解释：“有人来，说明母亲为人好，我们有面子。磕头，是表达谢意。”

二舅愈加不解：“表达谢意的方式很多，为何非得见谁都磕头？要磕你们磕，反正我不磕。”

给姥姥送终的时候，二舅没给任何人磕头，包括我的姥姥。关键的一趟，二舅没来，家人不理解，亲人有埋怨，左邻右舍有了谈资。

两年后我去新疆，二妗子道出原委：“你二舅吸烟喝酒的毛病改不掉。那段时间，因为在卫生间摔倒，脑血栓，在医院治疗。你姥姥去世，他是儿子，当然要回去。我接到电话，为难呀，既不能告诉老家人他在住院，又不能告诉他你姥姥走了。”

我抬头看着慢慢拖地的二舅，他确实失去了往日的精气神。

记得有一次他很有感触地说：“六十年前，我离开张圩时是条土路；六十年后，我走进张圩，还是条土路。家乡落后，看不到明显的改变。新疆虽远，我住的奎屯比淮北大多了，交通方便。”

实际上，在他最后一次离开家乡的次年，他曾经居住的村庄通了水泥路。遗憾的是没人告诉他，他永远没看到。

二妗子是个聪明人，但在为人处世上不圆滑。

农村过年，像二舅二妗子这样的辈分，见到亲人的孩子要发压岁钱，何况有工资有身份。

与二舅一样，二妗子对这些老规矩不说深恶痛绝，也是不屑一顾。

我姨带着孩子走娘家。二妗子开门见山对她说：“我不给你孩子压岁钱，你不要给我孩子压岁钱，都省事。”

姨清楚她哥嫂的做事风格：“是省事。你不怕人说，别发压岁钱。你的孩子在新疆，我发啥压岁钱，再说都上班了。你和我哥那么高的工资，存那么多钱干啥？”

二舅远在他乡，想回家看看。从几次回家效果看，反倒有损形象。

他不回家，乡亲知道他在新疆生产建设兵团很好，有职务，写诗出书。他回家，与家人亲戚相处一段时间，事事处处不合拍。家乡人觉得他高傲，他认为家乡人虚伪。

我对二舅谈不上崇拜，但至少是尊敬。

我上初中时，读过他的诗集《绿海》。后来上班，他送给我诗集《紫铜岁月》《西风红柳》。

在爱好文学方面，三个舅舅对我都有影响。通读二舅的三本诗集，羡慕。我学着写些东西，回头看只能算日记，但培育了我的文学情愫。

在西藏工作多年后，想想二舅在家乡的言谈举止，才知道他和二妗子是西部思维，方方面面与家乡有了隔膜。

我揣摩着他的笔名。屈直，是否含有能屈能伸且正直的意思？他留给我们的印象是直，直来直去的直，丝毫看不到屈的影子。

回想自己说话与做事，何尝不有些像二舅？这不能说是受他的影响，因为我只见过他几次面，他没有给我讲过什么道理。我思来想去，倒应了家乡的一句老话：外甥像舅。家乡的外甥像舅，侧重于相貌；我这个外甥像舅，更多地体现在性格方面。

我听着二舅的诗句：

西部的春天很短暂
很短暂，也是一个季节的开端
我必须面对春风
把冬天的沉重扔进深渊

我在西藏。他在新疆，而且永远留在了新疆。

我和二舅都是西部人。西部的春天再短暂，也是一年的开端。

不管行事风格如何，我们对春天怀着憧憬，对生活抱有期待。

我们都热爱春天。你看——

老鹰的天空多么辽阔
孩子的笑脸多么丰满
为了春天，我必须把幸福或忧伤写进诗篇

后 记

2021年3月底，我在朱巴龙驻村结束之日，便是《进藏第一村》初稿完成之时。2024年底，怀惴着对春天的期盼，《进藏第一村》付梓出版。

欣喜之余，回望这部书，可以说是集体付出的结果。西藏日报社派驻朱巴龙村和草地村共6名工作队员，特别是与我同村的西热多吉和张济荣，主动承担诸多工作，为我提供充足的时间和丰富的素材。朱巴龙村乡村振兴专干卓玛是位善解人意的好姑娘，知道我为朱巴龙创作，她无怨无悔、全力配合。

村“两委”成员、村民为我鼓劲，乡党委、政府为我营造宽松环境，县强基办等部门看到中国西藏网上宣传芒康的文章为我点赞，派驻单位为我创作《进藏第一村》提供了难得的机遇。

该书获得2021年度西藏自治区文艺扶持项目后，西藏人民出版社编辑苏远尚和李慧及时与我对接。我们因书结缘，成为好友。他们的建议和付出，为《进藏第一村》增添了美感和深度。

我的妻子主要是情感的付出。从组织委派和我的爱好出发，她是支持驻村的；从个人感情而言，她难以割舍。我俩都过了知天命之年，她知道她的天命是家庭，更知道我的天命是文学。

我庆幸，走到哪里都能遇到那么多帮助我的人。大恩不言谢，只记在心中。